Retratos da leitura no Brasil 3

CB015156

Retratos da leitura no Brasil 3

Zoara Failla

organizadora

INSTITUTO
PRÓ-LIVRO

imprensaoficial
GOVERNO DO ESTADO DE SÃO PAULO

Em princípio, só numa sociedade igualitária os produtos literários poderão circular sem barreiras, e neste domínio a situação é particularmente dramática em países como o Brasil, onde a maioria da população é analfabeta, ou quase, e vive em condições que não permitem a margem de lazer indispensável à leitura. [...] Pelo que sabemos, quando há um esforço real de igualitarização há aumento sensível do hábito de leitura, e portanto difusão crescente das obras.[1]

Antonio Candido

A pesquisa Retratos da leitura no Brasil, aplicada pela terceira vez, em 2011, em âmbito nacional, nomeia este livro, que a Imprensa Oficial do Estado de São Paulo tem a honra de coeditar. Esse levantamento vem sendo promovido pelo Instituto Pró-Livro, resultando em questionamentos que extrapolam os aspectos mercadológicos. A ideia é analisar indicadores que permitam orientar programas e projetos de inclusão cultural da população brasileira, além de identificar fatores que levem à leitura e promovam o acesso ao livro em grande escala.

Leem mais aqueles que pertencem às classes sociais privilegiadas. Mas, por outro lado, políticas públicas, como a distribuição gratuita de livros a escolas e o abastecimento de bibliotecas têm se mostrado insuficientes para incidir significativamente sobre os números dessas estatísticas.

É sabido que a escola é centro de formação de leitores, com o respaldo do professor, de sua atuação e métodos de estímulo. Retratos da leitura no Brasil confirma que a mãe que lê para os filhos exerce influência fundamental no futuro leitor. É triste a constatação de que à medida que deixam de ser alunos, o índice de leitura diminui de maneira tão drástica.

---

1 in *Vários escritos*, p. 186-187, Duas Cidades | Ouro sobre azul, São Paulo/ Rio de Janeiro, 2004

A tabulação dos dados traz à tona mais perguntas do que respostas quando se examina o desempenho do leitor brasileiro. Qualquer decréscimo é lamentável se consideramos a leitura importante ferramenta civilizatória, de inclusão social ou mesmo de humanização, direito essencial do cidadão, como concebe Antonio Candido.

Dentre as inúmeras indagações, várias têm origem em problemas tão evidentes que não requerem sequer sondagens para ser respondidas, mas sua complexidade não parece indicar solução imediata.

Implementar medidas como a matrícula de todas as crianças em idade escolar é essencial, assim como alfabetizar adultos e adotar políticas visando atividades nas quais os pais estejam incluídos. Seria uma maneira de se trabalhar simultaneamente com gerações distintas. Também têm se mostrado eficazes os programas direcionados à formação e reciclagem de professores, e aqueles de incentivo à leitura nas salas de aula, estabelecendo-se um modelo permanente de aprendizagem.

Convém não negligenciar um aspecto ressaltado por Celso Furtado, quando Ministro da Cultura: [...] a qualidade de vida nem sempre melhora com o avanço da riqueza material de um povo. [...] a elevação do nível material está longe de ser seguida automaticamente de melhoras nos padrões de vida cultural. [...] a tendência predominante é para a reprodução da estratificação social herdada do passado."[2]

Visando corrigir distorções como essa, este livro traz textos de especialistas empenhados na conquista do mais amplo acesso aos livros, para que um dia as estatísticas nesse campo mostrem que meros consumidores foram capazes de se transformar em leitores.

Marcos Antonio Monteiro
Diretor-presidente
Imprensa Oficial do Estado de São Paulo

---

2 Celso Furtado, "Economia e cultura", in *Ensaios sobre cultura* e o *Ministério da Cultura*, p. 109, Contraponto/Centro internacional Celso Furtado de políticas para o desenvolvimento, Rio de Janeiro, 2012

Fazer do Brasil um país de leitores é o nosso desafio

Karine Pansa

Vargas Llosa dizia que "um público comprometido com a leitura é crítico, rebelde, inquieto, pouco manipulável e não crê em lemas que alguns fazem passar por ideias". O Brasil ainda não atingiu os níveis de leitura satisfatórios para que possamos afirmar que temos um público comprometido com a leitura.

Por muitos anos ouvimos que este é o país do futuro. Embora sejamos testemunhas de que esse futuro tem se tornado cada vez mais presente, mais real, sabemos que ainda há uma longa estrada a percorrer e grandes batalhas a vencer.

O leitor está prestes a conhecer a análise de diversos especialistas a respeito da 3ª edição da pesquisa Retratos da leitura no Brasil, promovida pelo Instituto Pró-Livro e aplicada pelo Ibope Inteligência, que ilustra os avanços obtidos até aqui e os desafios que temos pela frente.

Segundo os dados obtidos, temos no Brasil 88,2 milhões de leitores, ou seja, 50% da população – 7,4 milhões a menos do que em 2007, quando 55% dos brasileiros se diziam leitores.

Será o preço do livro o que lhes impede o acesso às obras? A pesquisa aponta que não. O preço fica em 13º lugar como razão para se ler menos do que se lia antes, com 2% dos entrevistados. A falta de interesse fica em primeiro lugar, com 78% e a falta de tempo em segundo, com 50%.

Também foi apontado que o livro tem hoje uma série de concorrentes – 85% das pessoas preferem assistir tevê em seu tempo livre e 52%, ouvir música ou rádio. A opção pela leitura aparece em 7º plano, com 28%.

A boa notícia é que houve maior fidelização dos leitores aos seus queridos companheiros, os livros: atualmente, 49% deles leem mais, ante os 40% de 2007, equivalendo a um acréscimo de cerca de 5 milhões de leitores.

O índice de leitura por prazer também subiu em 2011: é de 75% contra 70% em 2007. A média de livros lidos em casa aumentou: de 25, em 2007, foi para 34, em 2011. Crescimento de 36%.

Convido o leitor a adentrar essas páginas, a mergulhar na pesquisa e nas análises feitas a partir dos índices apontados. Agora é o momento de nos aprofundarmos neste estudo e refletirmos acerca das principais mudanças no comportamento e no perfil dos leitores.

De posse desses dados, poderemos traçar um histórico de indicadores, relacionando resultados a investimentos, políticas de governo e ações da sociedade voltadas ao fomento à leitura e o acesso ao livro em nível nacional. Assim, conheceremos o impacto regional e local dessas políticas a fim de trabalharmos na construção de caminhos que nos levem a melhores indicadores.

Este estudo nos possibilitará ainda avaliar os acertos e o que pode ser aperfeiçoado. Também nos dará diretrizes para o desenvolvimento de ações efetivas.

Os resultados até aqui obtidos revelam que ainda há mais perguntas que respostas, por exemplo: Como despertar no jovem o gosto pela leitura? Quais práticas são efetivas na mediação da leitura? Como formar professores-leitores? Como transformar municípios em municípios leitores? Qual o percurso para a construção de um país de leitores? O que já alcançamos nesse sentido? O que falta construir?

Por outro lado, sabemos das precondições necessárias para a efetivação de ações de fomento à leitura e para o acesso ao livro. Sabemos que não basta investir em bibliotecas, se o leitor não for cativado, e que não será possível cativar leitores se ele não compreende o que lê. De nada valerá a redução do preço dos livros se a eles os jovens preferem celulares ou redes sociais.

Estimular a aplicação deste estudo, difundindo os resultados dessa terceira edição é o compromisso do IPL, empenhado em garantir a periodicidade de três anos entre cada pesquisa. Esperamos, por fim, contribuir para o aperfeiçoamento da metodologia proposta pelo Centro Regional para o Fomento do Livro na América Latina e o Caribe – Cerlalc e possibilitar a comparação eficaz com os indicadores de outros países.

Por meio da educação e da leitura, acreditamos ser possível inverter diametralmente a classificação do Brasil em relação a outros países, que apesar de estar classificado entre as dez maiores economias do mundo, figura entre os últimos quanto à educação e ao desenvolvimento humano.

Nenhum país constrói cidadania sem educação de qualidade e sem leitura.

Boa leitura!

Karine Pansa é administradora de empresas e profissional atuante há quase 20 anos no mercado editorial. Empreendedora da Girassol Brasil Edições, tornou-se a segunda mulher presidente da Câmara Brasileira do Livro em 2011, depois de haver servido à CBL na condição de diretora estatutária e ter sido responsável por projetos como o Minha Biblioteca, que anualmente beneficia 500 mil alunos da rede pública da cidade de São Paulo. Teve participação relevante nas comissões internas da CBL, que discutem a melhoria de Bibliotecas, Pesquisa sobre o Mercado Editorial Brasileiro, Bienal Internacional do Livro de São Paulo e Feiras Nacionais. Desde março de 2011 também se tornou presidente do Instituto Pró-Livro, com a missão de contribuir para o desenvolvimento de ações voltadas a transformar o Brasil em um país leitor.

Abrelivros, CBL e SNEL se unem ao Instituto Pró-Livro na luta por um Brasil de leitores!

Sérgio Quadros – Karine Pansa – Sônia Jardim *

A terceira edição da pesquisa Retratos da leitura no Brasil, promovida pelo Instituto Pró-Livro é um marco, uma vez que a periodicidade desse estudo torna possível o acompanhamento da evolução do hábito de leitura dos brasileiros, suas preferências, motivações e também os fatores que dificultam o acesso ao livro e à leitura. Com base na pesquisa, o Pró-Livro apresenta um conjunto de estratégias e projetos destinados a promover a competência leitora, especialmente voltados à inclusão cultural da população brasileira. A pesquisa é ainda uma diretriz para a formulação de políticas públicas para melhorar esse índice e enraizar a leitura no dia a dia dos brasileiros.

É por essas razões que a Associação Brasileira de Editores de Livros Escolares, a Câmara Brasileira do Livro e o Sindicato Nacional dos Editores de Livros sentem-se honrados em apoiar essa iniciativa.

A união das três entidades, juntamente com as editoras, é de fundamental importância para o fomento à leitura e à difusão do livro. O IPL atua como uma grande ferramenta para que tais objetivos sejam alcançados, pois se propõe a desenvolver suas atividades por meio da execução direta de projetos ou a apoiar programas e iniciativas selecionadas, desenvolvidas por outras organizações sem fins lucrativos ou órgãos públicos.

Através desses incentivos é possível que o Instituto Pró-Livro continue trabalhando para fazer com que a leitura chegue aos mais diversos cantos do Brasil, cumprindo a missão de seus apoiadores e dando uma resposta ao compromisso assumido entre representantes do governo e as entidades do livro. Uma aliança que tem como principal estratégia orientar políticas públicas e democratizar a leitura.

A Abrelivros, criada para colaborar no desenvolvimento educacional e cultural do país, através de atividades destinadas a aperfeiçoar políticas referentes à educação, à cultura, à formação do educador, ao incentivo à leitura e ao aprimoramento da qualidade do livro, acredita que essa terceira edição da pesquisa convirja totalmente com sua missão e valores. "Buscamos uma constante manutenção do diálogo e de um trabalho em parceria junto aos órgãos governamentais, visando à contínua melhoria da qualidade física e pedagógica das obras e da operacionalização dos Programas Nacionais do Livro", comenta Sérgio Quadros, presidente da Abrelivros. "A pesquisa Retratos da leitura no Brasil é um instrumento de grande valia para auxiliar na formulação de políticas públicas para o livro e na construção de estratégias para levar a leitura a todos os cantos do país", completa.

A missão da Câmara Brasileira do Livro é atender aos objetivos maiores de seus associados e ampliar o mercado editorial por meio da democratização do acesso ao livro e da promoção de ações para difundir e estimular a leitura. Isso tudo se enquadra perfeitamente nesse trabalho realizado pelo Instituto Pró-Livro, com a Retratos da leitura no Brasil. "Esse estudo foi muito feliz ao retratar o perfil do brasileiro, não apenas do leitor, mas também do não-leitor, e a CBL está satisfeita em ver o crescimento de um projeto que chega à sua terceira edição e passa a ser a principal referência quando o assunto são os hábitos de leitura", afirma Karine Pansa, presidente da CBL. "Não poupamos elogios a esse trabalho, pois é um excelente caminho para criarmos uma cultura de leitores no país".

O Sindicato Nacional dos Editores de Livros, por ter como objetivo a avaliação e a coordenação das atividades editoriais no Brasil, também vê com satisfação a realização dessa terceira edição. "Estudos dessa natureza feitos com tanta qualidade e amplitude nos ajudam muito e a todo o mercado editorial a entender melhor o perfil dos leitores e dos não-leitores, fornecendo subsídios técnicos que orientem a análise e o planejamento de melhores ações", afirma Sônia Jardim, presidente do SNEL. "Estamos muito satisfeitos com o Instituto Pró-Livro, que mais uma vez conseguiu desempenhar um papel fundamental no futuro dos leitores e dos editores de livros do país".

Nós das entidades do livro reiteramos a importância dessa iniciativa.

---

* Sérgio Quadros, Karine Pansa e Sônia Jardim são presidentes respectivamente de: Abrelivros; CBL e IPL; SNEL.

sumário

Leituras dos "retratos"
o comportamento leitor do brasileiro

Zoara Failla

"Por que ler livros?"

Foi essa a indagação de um jornalista de 30 e poucos anos, feita a mim, ao buscar respostas para os resultados da 3ª edição da pesquisa Retratos da leitura no Brasil, promovida pelo Instituto Pró-Livro. Confesso que necessitei de um minuto de silêncio para encontrar argumentos. Ele não se referia à substituição do livro impresso pelo digital, mas ao que os livros têm como significado social e cultural enquanto "suporte" de conteúdos para a leitura. Também questionou por que na pesquisa não se considerou a leitura nas redes sociais, portais e *e-mails*, já que a leitura e a escrita nunca foram tão frequentes como meio de comunicação entre as pessoas, mesmo que virtualmente.

A crença sobre a importância do livro é tão inquestionável para mim que é quase fé. É fácil encontrar argumentos para quem tem as mesmas referências das gerações que, como eu, somente por meio dos livros impressos, acessavam conhecimento e ficção. A geração que aprendeu a linguagem virtual antes da alfabetização e os que aderem facilmente a novas tecnologias (*"early adopter"*), provavelmente disporiam de argumentos que não foram fáceis para mim.

Comecei pela importância do acesso ao conhecimento produzido por toda a humanidade, já que o livro, desde que era "líber" (escrito em pergaminhos), é o depositário de tudo o que o homem já pensou; criou; investigou e produziu como ciência, história e literatura.

– Mas podemos acessar esse conhecimento pela internet, contra-argumentou o entrevistador.

Respondi o que temos respondido: que não podemos confiar integralmente nas informações que acessamos via *sites* e provedores de busca, pois qualquer um pode postar suas ideias como se fossem teses. E acrescentei: necessitamos considerar a diferença entre informação e conhecimento. A internet e as mídias em geral nos possibilitam acesso a uma leitura "utilitária" que nos informa sobre acontecimentos, nos atualiza e até nos prepara para algumas tarefas. Uma leitura crítica é a que desperta diferentes visões de mundo e da realidade e possibilita criar novos conhecimentos. A informação pasteurizada leva a uma sociedade homogênea, onde o pensar não cria, mas reproduz e copia. Leva ao empobrecimento do que nos humanizou. Leva à alienação e à massificação.

Creio que essa indagação me propiciou buscar, em meus pensamentos, ideias que li e guardei, porque me impactaram. Mas senti que deveria usar argumentos também que dissessem respeito à importância da literatura, enquanto arte. Mais uma vez, resgatei pensamentos de vários autores e misturei com minhas reflexões.

A leitura de literatura, continuei, possibilita fantasias e desenvolve a imaginação. O livro, como nos ensinam vários estudiosos, somente ganha vida quando aberto pelo leitor, e traz sempre uma história incompleta, por mais detalhada que seja a narrativa. Nenhum cenário está acabado, nenhuma emoção se transporta do autor para o leitor. Elas são suscitadas e cabe ao leitor, com sua subjetividade e referências, recontar para ele mesmo a história. É nessa "recriação" que exercita sua imaginação e suas emoções. O leitor se encontra nos "cantos" da história como um personagem observador. Torna-se íntimo do autor, coloca-se no seu lugar para descobrir o que não foi contado. Enquanto o autor também busca esse leitor ausente: Escrevo para quem? Onde ele está ou em que tempo estará lendo o que conto? O que pensa? Por que lê?

Entusiasmada com tudo que encontrei em minha "biblioteca interior", continuei: a criança desperta suas fantasias e sua imaginação na leitura de histórias infantis, que podem levá-las a gostar de ler, se quem promove essa leitura – família ou escola – possibilita que descubra a emoção dessa "viagem".

No meio dessa reflexão encontrei uma observação que preferi não expor: a de que na evolução humana muitas habilidades deixaram de ser desenvolvidas com o surgimento de novas tecnologias. E continuei: Nós nos tornamos sujeitos daquilo que produzimos como conhecimento e nos humanizamos quando tomamos consciência desse processo. A ausência de uma leitura crítica, que nos dê sentido e significado à vida e a nossa existência e de leituras que desenvolvam nossas fantasias e nosso imaginário podem criar uma alienação de nós mesmos.

Empresto a seguir trecho de texto citado por Fabiano dos Santos Piúba, pois sintetiza o que queria encontrar em meus arquivos de pensamentos:

> "Assim como não é possível haver equilíbrio psíquico sem o sonho durante o sono, talvez não haja equilíbrio social sem a literatura. Deste modo, ela é fator indispensável de humanização e, sendo assim, confirma o homem na sua humanidade. (...)" Antonio Candido – *O direito à literatura*.

Mas além do despertar do imaginário, o livro já significou ameaça aos poderosos por seu poder libertador de consciências. Foi queimado em praças e proibido como instrumento revolucionário. Também já representou instrumento de domínio e manipulação de massas, ao difundir crenças; ideologias ou fé religiosa. Alguns trazem um significado em si mesmo, como a Bíblia, o Alcorão, a Torá. Mesmo em ambientes laicos, como em um júri, os acusados juram com a mão sobre a Bíblia. Nas casas, ocupam lugares sagrados como se trouxesse proteção àquele que traz esse livro para perto de si. Outros pregam uma ideologia e disciplinam o comportamento de uma sociedade, como o livro vermelho de Mao Tse-Tung.

Roger Chartier, citado por José Castilho, apresenta o poder revolucionário dos livros na revolução francesa, ao fazer paralelo com o Brasil, e analisa como a "dessacralização" da leitura contribuiu para a ruptura e a transformação da sociedade francesa.

Adquirem também significados pessoais – como nosso "livro de cabeceira"; o primeiro que li; que transformou minha vida ou que gosto de folhear.

O livro sempre transportou um reflexo do seu tempo, ganhando significados diferentes na história da humanidade: dos manuscritos para as prensas simbolizou uma transformação tecnológica e uma revolução social ao ser levado para fora dos mosteiros.

Apesar das transformações, o livro continua transportando histórias, informações e ideias que se comunicam em diferentes tempos e lugares, atravessando mares e séculos.

Essas "caixas" de ideias, que folheamos e degustamos, sem que o seu autor saiba, nos leva a invadir intimidades, fantasias, sonhos e vidas. Esse objeto guardou e renovou por séculos essas possibilidades, com uma capacidade incrível de mutação, sem perder o significado. Mas, hoje, com as novas tecnologias já se questiona se o livro sobreviverá. Seria somente uma mudança de embalagem sem perder seu significado e magia? – Refiro-me à abordagem apresentada por Ana Luiza Fonseca, em *Além da Biblioteca*.

A indagação do jornalista me levou a pensar nas mudanças de paradigmas. Alguns defendem que talvez estejamos vivenciando uma transformação que extrapola a mudança tecnológica que apresenta o livro em novo suporte, o digital.

Sem dúvida não será esse o objeto deste estudo, mas quero dividir com o leitor tais inquietações.

Não podemos deixar de considerar a complexidade do momento que vivemos. Se, por um lado, ainda nos deparamos com números expressivos de analfabetos absolutos ou funcionais no Brasil, e descobrimos que 50% dos brasileiros não leram nenhum livro nos três meses anteriores à pesquisa Retratos da leitura no Brasil; por outro, encontramos jovens com nível superior que não têm interesse em ler livros por acreditarem que seja um objeto ultrapassado pela tecnologia da informação. E, pior, que se satisfazem em ter acesso a milhares de informações sem qualquer interesse em criticá-las ou em refletir sobre seus significados ou intenções de seus autores. Jovens a quem não foi possibilitado sonhar com castelos; temer monstros ou acreditar que o bem sempre vence o mal.

Pensar em políticas públicas e ações efetivas em um cenário tão complexo é um grande desafio e tarefa para toda a sociedade – governo, pesquisadores, entidades e cadeia produtiva e mediadora do livro. Para quem compreende a leitura como uma habilidade essencial para o acesso ao conhecimento, à cultura e para uma formação plena e humanizada, conhecer essa realidade, seus reflexos sobre livro e leitura e o comportamento leitor da população, em especial das crianças e jovens, é fundamental para avaliar e identificar novos caminhos.

O desenvolvimento econômico de nossa sociedade e sua almejada importância cenário internacional não podem ser obtidos sem que nosso povo domine habilidades básicas para seu crescimento pessoal.

O principal objetivo da pesquisa Retratos da leitura no Brasil e desta publicação é contribuir para a reflexão de alguns dos principais gestores e especialistas na área do livro e da leitura, a fim de que possam buscar os melhores caminhos rumo ao desenvolvimento da população.

A pesquisa

Retratos da Leitura tornou-se referência quando o assunto é comportamento leitor do brasileiro, desde que foi lançada a primeira edição em 2001. É a única pesquisa sobre comportamento leitor realizada em âmbito nacional.

Tem contribuído para a avaliação das políticas públicas do livro e leitura no Brasil e para fomentar o debate entre especialistas. Seus resultados subsidiam estudos, decisões de governo e são citados por especialistas e dirigentes da área do livro e leitura. Orientaram pautas em artigos e entrevistas na mídia especializada, que vem ampliando espaço para apresentar o tema à sociedade brasileira, possibilitando que a leitura seja mais valorizada no imaginário coletivo. Os resultados da pesquisa orientaram também importantes projetos do Instituto Pró-Livro[1].

A primeira edição, promovida pelas entidades do livro: Associação Brasileira de Livros Escolares – Abrelivros, Câmara Brasileira do Livro – CBL e Sindicato dos Editores de Livros – SNEL, com apoio da Bracelpa, teve como principal objetivo conhecer o comportamento do leitor e do consumidor de livros. Com essa orientação definiu-se

---

1. Os resultados da pesquisa orientaram importantes projetos do IPL, como o programa "O Livro e a Leitura nos Estados e Municípios" que desenvolveu em parceria com o Plano Nacional do Livro e Leitura – PNLL; MinC e MEC; voltado a estimular e preparar estados e municípios para a adoção de Planos do Livro e Leitura entre outras ações em parceria com o PNLL. A campanha "Mãe, Lê Pra Mim", inspirada nos resultados da 2ª edição da pesquisa, teve grande repercussão na mídia e distribuiu *kits* com mais de 4 mil livros para mães em comunidades carentes. As instalações infantis em bienais do livro de São Paulo (Biblioteca Viva; O Livro é uma Viagem); Rio de Janeiro (Floresta de Livros) e Maceió (Túnel de Livros).

a amostra da pesquisa com a população de 15 anos ou mais e com pelo menos três anos de escolarização.

Após a criação do Instituto Pró-Livro – IPL pelas três entidades, em 2006, a Retratos da Leitura passou a ser promovida e coordenada pelo IPL, que contratou o Ibope Inteligência para a aplicação da segunda (2007) e da terceira (2011) edição. Afinada com a missão do instituto, que tem por objetivo o fomento à leitura e a democratização do livro, a pesquisa ampliou seu foco e redefiniu seus objetivos para possibilitar, principalmente, a avaliação e a formulação de políticas públicas do livro e leitura.

Com essa finalidade e orientada pela metodologia proposta pelo Centro Regional de Fomento ao Livro na América Latina e no Caribe – Cerlalc/Unesco, passou a considerar, na amostra, a população de mais de cinco anos de idade e sem limitação quanto à escolaridade.

Conhecer o comportamento leitor na faixa etária de cinco a 15 anos é fundamental para a avaliação de políticas e ações dirigidas a crianças e jovens em idade escolar e, portanto, potenciais leitores.

Um dos critérios para a pesquisa adotados pelo IPL foi a composição de um modelo de amostragem – o qual se manteve um pouco acima de 5 mil entrevistados – que representasse a população de todos os estados da federação, ampliando o número de municípios visitados para a aplicação da pesquisa (de 44, em 19 unidades da federação, para 312, nas 27 unidades, incluindo todas as capitais e grandes metrópoles). Com isso teríamos uma avaliação de amplitude nacional, o que nos possibilitaria conhecer e comparar o impacto regional e local das políticas públicas.

O instituto adotou a metodologia desenvolvida pelo Cerlalc para possibilitar a comparação dos resultados do Brasil com o de outros países. Essa metodologia foi desenvolvida a partir de uma demanda apresentada pelo país, em 2005, no bojo dos preparativos do Ano Ibero-Americano da Leitura, ou, "*Viva Leitura*" na versão brasileira.

Com o apoio da Organização dos Estados Ibero-americanos – OEI foram realizados encontros na Colômbia, México e Brasil, para definir objetivos e traçar uma estratégia para uma construção conjunta. O Brasil ofereceu sua experiência baseada na primeira edição da Pesquisa Retratos no Brasil, aplicada em 2000, e em um projeto piloto realizado em 2004, pela prefeitura de Ribeirão Preto, no interior do Estado de São Paulo. Em 2005, foi formado um grupo de trabalho, com especialistas do Brasil, Colômbia, México e Venezuela, para dar início ao desenvolvimento de uma metodologia comum. Já em 2006, o Ibope Inteligência testou a metodologia no Rio Grande do Sul, em estudo financiado pela Câmara Rio-grandense e com apoio da OEI.

O Brasil foi o primeiro país a por em prática as recomendações do Cerlalc, na segunda edição da pesquisa, aplicada em 2007. O Instituto Pró-Livro contratou o consultor Galeno Amorim, que compôs o grupo de trabalho do Cerlalc, em 2005, para coordenar a 2ª edição da Retratos da Leitura e orientar a aplicação dessas recomendações.

O acompanhamento periódico das mudanças quanto a interesses, representações sobre leitura e livro, influenciadores, motivações, limitações, preferência por suporte digital ou impresso, entre outras variáveis; possibilita traçar tendências, segundo perfil da população e identificar políticas e ações que deram certo.

Conhecer o comportamento leitor do brasileiro e o perfil daqueles que leem é ferramenta para se identificar ações efetivas na formação de leitores.

A busca constante do aperfeiçoamento da metodologia – as inovações desta edição

O desafio para se apresentar o que chamamos de comportamento leitor do brasileiro é grande, pois a complexidade desse estudo não está somente no tamanho da amostra e amplitude da sua aplicação em todo o Brasil, mas principalmente na dificuldade em se definir e qualificar o objeto dessa investigação. A opção pela metodologia; a definição da amostra; a preparação do instrumento para a entrevista (questionário) e o treinamento de entrevistadores são também decisões estratégicas para garantir a qualidade da investigação.

O Instituto Pró-Livro, desde a segunda edição, tem procurado, com a assessoria de especialistas e do Ibope Inteligência, oferecer um estudo que mostra o retrato mais fiel possível sobre o comportamento leitor do brasileiro. Questões como: quem é leitor?; qual leitura interessa para esse estudo?; o que considerar como um livro lido?; inquietaram a equipe de coordenação da pesquisa.

A confiabilidade nas respostas foi amplamente discutida para buscar uma ferramenta de investigação que pudesse captar declarações mais fiéis e objetivas possíveis, sobre a realidade da leitura em nosso país.

Como pesquisa de opinião, enfrenta o dilema da definição do objeto da investigação e de como conseguir respostas fidedignas sobre o número de livros lidos pelos brasileiros. Não se aplica a conferência sobre as declarações dos entrevistados, por exemplo, se o declarante realmente leu o livro que informou ter lido recentemente. Mas, nessa ultima edição, buscou-se uma validação por meio de perguntas sobre o último livro lido, como: título, autor e se estaria no domicílio.

Para esse estudo, todas as respostas foram importantes, inclusive quando o entrevistado disse que "não sabe onde está o livro". Mais importante do que números exatos é conhecer o que pensam sobre a leitura esses representantes da população brasileira. Quando cruzamos informações, descobrimos fatos curiosos e que merecem mais estudos. Essas indagações são fundamentais.

Assim, o grande desafio foi conseguir a maior objetividade possível na formulação das perguntas e na aplicação da pesquisa.

Isso levou a equipe a mudar a sequência das questões, iniciando pela pergunta fundamental quantos livros leu?, antes de qualquer questão que abordasse a importância da leitura e que pudesse induzir para uma necessidade de informar que leu ou que é leitor.

A busca de maior objetividade e precisão nas respostas sobre livros lidos nos levou, também, após avaliarmos as dificuldades encontradas na edição anterior, a outras definições importantes para garantir o entendimento único na formulação do instrumento e entre entrevistadores e entrevistados.

Assim, foi definido o que deveria ser considerado como livro e se o livro foi lido inteiro ou se foram lidas partes (trechos ou capítulos) do livro. Também se buscou identificar, entre os livros indicados pela escola, quantos eram de literatura e quantos didáticos. Esta questão foi introduzida para aqueles que responderam que leram pelo menos um livro nos últimos três meses, mas não foi incluída na investigação sobre os livros lidos nos últimos 12 meses. Atendendo recomendação do Ibope Inteligência, buscou-se detalhar mais as questões sobre o livro lido nos últimos três meses, pois, em teste, poucos conseguiram lembrar exatamente o que leram nos últimos 12 meses. De qualquer forma, para viabilizar a construção de séries históricas e a comparação com outros países, todas as questões, incluindo a identificação quanto a livros lidos inteiros e em partes, mas com exceção dos livros indicados pela escola[2], foram mantidas, também, para os livros lidos nos últimos 12 meses.

Alguns pesquisadores preferem as pesquisas qualitativas pela possibilidade de conferir, testar, checar, observar. Mas, ainda que se tenha maior controle, nenhuma pesquisa é isenta de respostas ou interpretações subjetivas ou idealizadas. O mérito de uma pesquisa quantitativa é sua abrangência e a possibilidade de comparação dos resultados entre o Brasil e outros países e a construção de séries históricas. Oferece um panorama, um primeiro diagnóstico e, o mais importante, fomenta o debate e a reflexão sobre seus resultados e traz a inquietação pela busca de respostas que mostrem caminhos mais efetivos, abrangendo toda a sociedade.

Marisa Lajolo propõe uma reflexão sobre o que informam os entrevistados, nas últimas edições da pesquisa, ao comparar respostas sobre quais livros foram citados como o último lido, o mais marcante e o escritor brasileiro mais admirado. Suas contribuições deverão orientar a segunda fase deste estudo, a ser promovido pelo Instituto Pró-Livro, para o aprofundamento da análise sobre os resultados das três edições da pesquisa; com a criação de grupo de estudo, em parceria com universidades, e a realização de pesquisas qualitativas orientadas por esse diagnóstico.

O que dizem os números

Os "indicadores" de leitura revelados pela pesquisa estão sendo amplamente divulgados pela mídia de todo o Brasil, e os títulos da

---

2. Dado o período de aplicação da 3ª edição, entre os meses de junho e julho de 2011, optou-se por não perguntar quais os livros indicados pela escola nos últimos 12 meses, pois conteriam duas diferentes séries escolares, o que poderia dificultar a identificação e a contagem .

maioria dos artigos compõem um "retrato" do comportamento leitor do brasileiro bastante pessimista, enfatizando a redução no número de leitores.

Mas há informações mais reveladoras e que dependem do aprofundamento desse estudo, para, de fato, avaliarmos o que tem sido feito e buscarmos novos caminhos ou o aperfeiçoamento das ações que vem sendo adotadas pelos governos federal, estaduais e municipais, além da sociedade civil.

Esta é a principal proposta desta publicação. Possibilitar a análise de especialistas renomados, de diferentes segmentos da área do livro e leitura sobre os resultados da pesquisa. Com essa expectativa, foram convidados pelo Instituto Pró-Livro estudiosos e dirigentes que atuam no governo, academias, entidades do livro e organizações do terceiro setor para avaliar esses resultados e contribuir com proposições que possam orientar ações mais efetivas.

De qualquer forma, será impossível por meio desta publicação apresentarmos soluções para todas as inúmeras revelações que a terceira edição da pesquisa possibilita, quando nos aprofundamos na análise e no cruzamento de dados por todas as categorias que definiram o perfil do entrevistado.

Mas uma leitura mais atenta e a comparação dos principais resultados e indicadores evidenciam descobertas reveladoras.

Houve, afinal, redução no número de leitores no período de 2007 a 2011?

Essa será, com certeza, a pergunta mais frequente a ser apresentada ao IPL a partir do lançamento da terceira edição.

Nossa resposta será sempre: não! A oscilação não foi tão significativa, e pode não ter havido essa aparente oscilação negativa nos indicadores de leitura.

Segundo análise apresentada pelo Ibope Inteligência, o aperfeiçoamento do questionário que orientou as entrevistas em campo, mudando a sequência das questões, que iniciaram pelo número de livros lidos e não mais pelo interesse e representações sobre a leitura, pode ter possibilitado uma resposta menos idealizada. Também a definição para o entrevistado do que deveria considerar como livro lido, inteiro ou parte, pode ter levado a uma resposta mais exata e confiável.

Outra explicação possível sobre a redução no número de leitores em 2011 vem da composição demográfica da amostra de entrevistados. Outras pesquisas já informaram: estamos envelhecendo! Com 7,1 milhões de brasileiros a menos na faixa etária de 5 a 17 anos, temos menos estudantes e, portanto, menos leitores. Essa redução é sensível nas regiões brasileiras com mais habitantes nas faixas acima de 30 anos. Segundo dados do PNAD (2009), Quadro 1, esta faixa teve uma ampliação de 4%, enquanto a faixa de 5 a 17 anos, uma redução de 29% para 24%.

Maria Antonieta Cunha indaga se a mudança na data de realização da pesquisa de dezembro para junho, não poderia também influir nesses resultados e talvez explicar a redução nos indicadores de leitura.

Assim, é possível que não estejamos assistindo a um retrocesso com a redução no número de leitores, mas, certamente, este indicador é mais preciso.

Comparação/distribuição por faixa etária – amostra 2007 e 2011 (Base PNAD)

Faixa etária	PNAD 2009	Amostra 2007	Amostra 2011
5 a 17	24	29	25
18 a 24	13	13	13
25 a 29	9	9	9
30 a 39	16	15	16
40 a 49	14	13	14
50 a 69	18	16	18
70 e +	5	5	5

Nota – A amostra da pesquisa representou 93% da população brasileira (PNAD de 2009) ou 178 milhões; destes, 50% (88.2 milhões) declararam-se leitores. Em relação a 2007, constatamos uma redução de 7,4 milhões de leitores (eram 95,6 milhões ou 55% da população estudada). Este número quase coincide com a redução de 7,1 milhões de pessoas, na faixa de 5 a 17 anos, entre 2007 e 2011, passando de 29 % para 24% do total da amostra na 3ª edição da pesquisa.

Mesmo com todas as explicações, não podemos deixar de concluir que não avançamos como deveríamos e esperávamos.

Os índices de leitura: 4,7 (2008) ou 4 (2012) ao ano, incluindo os didáticos – ainda são muito baixos. Se compararmos esses indicadores com os de outros países ibero-americanos – que desenvolveram a pesquisa seguindo a mesma metodologia proposta pelo Cerlalc – percebemos que o Brasil, com 4 livros lidos/ano, está melhor do que o México (2,9) e a Colômbia (2,2), mas lê menos do que a Argentina (4,6); o Chile (5,4) e menos da metade do que se lê em Portugal (8,5) e Espanha (10,3)[3].

Por outro lado, não podemos deixar de enfatizar que, se olharmos para os números a partir de 2000, a melhoria dos indicadores foi significativa.

Quando comparamos a população de mais de 15 anos (conforme amostra da 1ª edição), saímos de 1,8 livros lidos/ano, em 2000, para 3,7 livros lidos/ano, em 2007, e 3,1 livros lidos/ano, em 2011. Esses resultados não podem ser desprezados. Eles não deixaram dúvidas de que os investimentos orientados pelas políticas públicas, se olharmos para os últimos 12 anos, trouxeram bons resultados. Esse foi o caminho que trilhou Galeno Amorim, ao identificar a importância da pesquisa na avaliação das políticas e na orientação dos rumos e novos programas da Fundação Biblioteca Nacional – Ministério da Cultura; apesar de reconhecer que o ritmo sempre será mais lento do que o país necessita, pois transformar comportamentos exige tempo.

Apesar de comemorarmos o aumento no índice de leitura quando comparados os resultados divulgados em 2001 e 2008, tínhamos a clareza de que os números ainda não eram satisfatórios, pois a maioria dos leitores eram estudantes e, como sabemos, deixam de ler quando saem da escola.

O número de leitores estudantes que nas duas últimas edições foi cerca de duas vezes maior do que o da população fora da escola, o que nos possibilitou concluir que a distribuição de livros didáticos

---

3. Comportamento do leitor e hábitos de leitura: comparativo de resultados em alguns países da América Latina, de Bernardo Jaramillo H., subdirector de Produção e Circulação do Livro da Cerlalc y Lenin G. Monak S., da Area de Estadisticas da Cerlalc, apresentado no II Seminário Retratos da leitura no Brasil, março de 2012.

para estudantes de todo o ensino básico, incluindo o ensino médio a partir de 2005, contribuiu para que se leia mais quando se está na escola. Essa condição confirmada aponta para um caminho que pode ser estratégico: identificar ações efetivas para conquistar esses leitores, que leem por obrigação enquanto estão na escola. Temos nesse cenário a oportunidade de encontrar a chave que pode abrir a "caixinha de soluções" para transformarmos leitores por obrigação em leitores por prazer; como nos apontam vários autores desta publicação.

Se desta vez não vamos comemorar um aumento do número de leitores, talvez devêssemos reconhecer que uma pausa é importante para que surjam inquietações e que estas provoquem novos estudos sobre a efetividade das ações que estão sendo desenvolvidas ou sobre a necessidade de torná-las mais abrangentes para todo o Brasil. Mesmo que o caminho esteja certo é preciso decidir como caminhar. As ações devem ser contínuas e sustentáveis. O cenário muda com muita rapidez. Essa "pausa" na curva ascendente deveria estimular a busca de novas estratégias, para não entrarmos, de fato, em uma curva descendente na próxima edição.

Assim, reformulamos o mesmo desafio: como melhorar esses indicadores? Como formar e conquistar leitores em um cenário cada vez mais complexo e ao mesmo tempo superar um atraso histórico? Como desvendar o desafio que me foi proposto pelo jornalista "Por que ler livros?".

E pelo Brasil, houve mudanças?

A redução no número de leitores impactou todas as regiões brasileiras, mas apresenta diferenças que possibilitam descobertas importantes. Enquanto no Nordeste o número de leitores quase não mudou, passando de 4,2 para 4,3 livros lidos por ano e o Centro-Oeste de 4,5 para 4,3; o Sul sofreu uma redução significativa de 5,5 para 4,2 livros lidos, seguido pelo Norte, que variou de 3,9 para 2,7 e Sudeste de 4,9 para 4.

A primeira explicação encontramos, mais uma vez, na composição demográfica da população estudada. No Sul e Sudeste houve uma redução importante na população de 5 a 17 anos, o que reduz o número de estudantes entrevistados. Sabemos que eles leem mais do que a população fora da escola. Por outro lado, no Nordeste, temos mais estudantes. Essa hipótese é confirmada pelo número de leitores que lê livros indicados pela escola e, em parte, no Nordeste: entre os dois livros lidos nos últimos três meses, 1,19 é indicado pela escola. Já no Sudeste, entre 1,4 livro lido, 1.19 foi por iniciativa própria, enquanto no Sul, entre 1.68 livro lido, 0,94 foi por iniciativa própria.

Portanto, se por um lado temos mais leitores estudantes no Nordeste, por outro, temos mais leitores por iniciativa própria, e que estão fora da escola, no Sul e Sudeste.

E quem são os leitores?

O perfil do leitor – aquele que leu pelo menos um livro nos últimos três meses da pesquisa – revelado pela 3ª edição, confirma o perfil do leitor aferido na segunda. Apesar das variações nos índices de leitura, o perfil de quem lê reitera as principais conclusões sobre a importância da escola e da escolaridade.

Entre os 88,2 milhões de leitores, correspondentes a 50% da população, 57% são do sexo feminino; 43% deles estão no Sudeste. E a grande maioria é moradora das capitais e municípios com mais de 100 mil habitantes.

Se analisarmos por categorias, descobrimos que encontramos mais leitores entre os 56,6 milhões que estudam (74%); os que têm nível superior (76%); os que pertencem à classe A (79%) e as crianças na faixa etária de 11 a 13 anos (84%), seguidas dos jovens que estão na faixa de 14 a 17 anos (71%).

Quem são os leitores de livros digitais? Os livros digitais podem conquistar novos leitores?

A avaliação de tendências pode orientar ações dirigidas às novas gerações. Nesse sentido, não poderia ser deixado de fora desta edição da Retratos da leitura no Brasil, a investigação sobre o perfil do leitor de livro digital.

Com 45% dos entrevistados informando que acessam a internet, e entre eles, 33% todos os dias ou algumas vezes na semana, conhecer o que pensam sobre o livro digital pode nos ajudar a desvendar se esse suporte poderá alterar ou não o retrato da leitura e dos leitores, nos próximos anos.

Entre os usuários de internet, 7% informam que já baixaram ou leram livros pela internet. Já ouviram falar de livros digitais, 18% dos entrevistados, entre eles, 17% informam que já leram algum livro no computador e 1% no celular.

Sobre o perfil desse leitor, a maioria está na faixa dos 18 aos 39 anos e 49% são estudantes.

E o acesso ao livro digital, como fica?

Uma questão que interessa diretamente à cadeia produtiva – que está investindo em pesquisas para conhecer melhor esse mercado e os recursos tecnológicos que podem ajudar tanto na proteção ao acesso quanto às novas formas de negócios – é a forma como esses livros estão sendo acessados. As mudanças tecnológicas, os livros virtuais, por exemplo, trazem novidades nas relações entre autor, produtor e usuários. Alguns acreditam que estamos vivendo uma mudança de paradigmas, mas ainda não é possível avaliar todas as implicações que tais inovações poderão promover. Nesse contexto ainda nebuloso, em que devem ser feitos novos arranjos, um debate importante está acontecendo entre defensores e opositores do livre acesso ao conteúdo pela internet. Felipe Lindoso, em "Não Existe Almoço Grátis", pondera acerca da questão do acesso ao conteúdo virtual dos livros – quem paga essa conta? Porém, não cabe nesta publicação abrirmos espaço para esse debate ou para apresentar as diferentes posições sobre a questão. Estamos buscando conhecer o comportamento leitor e não o comportamento da cadeia do livro frente a novas tendências ou tecnologias. Quem sabe, em um próximo estudo?!

Assim, a pesquisa buscou explorar possíveis tendências quanto ao acesso aos livros digitais.

Para aqueles que já leram livros digitais, a grande maioria, 87% baixaram gratuitamente o arquivo e 13% pagaram pelo *download*. Entre os que baixaram gratuitamente, 38% não tiveram receio em informar que eram "piratas".

Essa é a informação a ser considerada neste estudo. O número dos que pagam é bastante baixo, mas já estão disponíveis *downloads* de muitas obras em domínio público. È possível que o número de cópias "piratas" seja maior, pois muitos dos entrevistados podem ter ficado receosos de informar que foi essa a forma de acesso às cópias. É uma pista a ser mais bem investigada, pois revela uma tendência que deve crescer com a multiplicação de *tablets* e de livros digitalizados, disponibilizados na internet e pelo interesse demonstrado pela maioria daqueles que já acessaram ou têm interesse em conhecer.

O livro digital pode substituir o livro impresso?

Apesar do número de leitores de livros digitais ainda ser muito pequeno (7% da população estudada), as respostas positivas apontam tendência ao crescimento desse número, pois, entre os que tiveram acesso, 54% responderam que gostaram muito e 40% que gostaram um pouco. Somente 6% deles dizem que não gostaram. Entre a população que nunca leu: 48% acham que podem vir a usar e 33% acreditam que nunca farão uso dessa tecnologia. Esses números podem mudar, pois estão entre esses entrevistados aqueles que não conhecem o livro digital ou o *tablet*, o que dificulta uma avaliação mais acurada. Por outro lado, sabemos que essa tecnologia se renova dia a dia, e que a possibilidade de suportes mais funcionais e de conteúdos em novos formatos, como em "hipertextos", podem levar os resistentes a reverem seu interesse pela novidade.

Sobre o fim do livro impresso, a maioria respondeu que acredita na convivência dos dois suportes por muito tempo (52%). Menos mal para a indústria editorial, que terá tempo para buscar novos modelos de negócios.

Uma questão fundamental – o livro digital pode cativar novos leitores?

A resposta que temos oferecido, especialmente aos jornalistas que nos inquirem sobre essa possibilidade, é que os leitores podem ser conquistados pelos conteúdos e pelas emoções que eles propiciam, e não pelo seu suporte. A pesquisa confirma esse argumento. Aqueles que informam que foi a mãe quem despertou seu gosto pela leitura, certamente vivenciaram a leitura em relações afetuosas e de troca, nas quais a mãe lia para eles, presenteava com livros, visitava livrarias ou feiras de livros, tinha livros em casa e dava o exemplo, mostrando a importância da leitura, ao ler na frente desses futuros leitores por prazer. Também as práticas leitoras na escola, que são bem-sucedidas, apontam para um professor que fez a diferença como mediador e como alguém que criou situações impactantes e inesquecíveis para seus alunos, como argumenta Sergio Leite.

Enfim, o suporte digital deve ser o preferido daqueles que gostam dessa ferramenta ou que aderem facilmente a novas tecnologias (*early adopter*). Ajuda no transporte de livros, pois fisicamente os impressos ocupam mais espaço e, assim, podem ser acessados de qualquer lugar. Mas tenho como hipótese que alguém que não gosta de ler livros impressos dificilmente passe a gostar de ler porque se trata de *e-book*. Porém, estamos falando de quem já passou pelo processo de letramento. Entendo que se deva investir em novas pesquisas para avaliar se crianças que iniciam práticas leitoras preferem os livros impressos ou digitais. Sem dúvida, os "hipertextos" poderão despertar mais interesse das crianças, especialmente se usados em histórias infantis. Mas são ainda especulações.

Contudo, será importante avaliar se os hipertextos não empobrecem as fantasias e a imaginação, transformando o livro quase em um vídeo (DVD) e roubando o prazer de imaginar e sentir as emoções pelo autor.

A nova classe média comprou mais livros? Está lendo mais?

A melhoria na renda do brasileiro na última década, possibilitando a mobilidade social das classes mais baixas para a classe denominada média, conforme apresentado no perfil da amostra das duas edições da pesquisa (figura 1, abaixo), possibilitou acesso a bens que antes não entravam nas listas de consumo.

Comparação perfil da amostra 2007 e 2011 por classe social

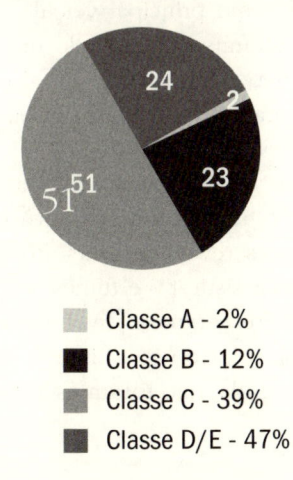

- Classe A - 2%
- Classe B - 12%
- Classe C - 39%
- Classe D/E - 47%

Distribuição em 2011 (pizza) e 2007- *A Classe A manteve-se em 2%, enquanto a Classe B passou de 12% para 23%; a Classe C, de 39% para 51%; e, as Classes D e E reduziram de 47% para 24%*

Sabemos que houve grande incremento no consumo de bens duráveis, em especial automóveis e eletrônicos, como TVs digitais, computadores e celulares, mas não percebemos ampliação no consumo de bens culturais, em especial, livros, quando analisamos as opções dessa classe social. A mudança no padrão de consumo depende de mudanças culturais que são mais lentas e envolvem a valorização e interesse desses consumidores.

Apesar de ter havido o crescimento na venda de livros, com a ampliação de lançamentos, conforme nos informa a pesquisa do setor (O Comportamento do Setor Editorial Brasileiro – 2010 – CBL/SNEL/ Fipe), não identificamos nos resultados da Retratos da leitura no Brasil um aumento nos índices de leitura ou de compra de livros pela classe média. Quando comparamos os dados referentes a compras de livros pela classe A (46%) com os da classe considerada média, classe C (14%), concluímos que a classe média comprou 1/3 dos livros comprados pela classe A. (Quadro 2 e Quadro 4).

A ampliação das compras de livros deu-se provavelmente pelos mesmos consumidores de 2007, motivados pela queda de preços e diversidade de novos lançamentos. Enfim, não são novos consumidores dessa nova classe média, infelizmente, como analisam, também, Fabio S. Earp e G. Komis.

Mudar hábitos de consumo depende de estímulos para despertar novos interesses, e esse é o desafio da área de publicidade e marketing, tendo a mídia como principal veículo. Mas o despertar do interesse pelos bens culturais depende de um processo educativo mais complexo e abrange a formação cultural de novos leitores ou apreciadores de literatura, músicas clássicas, artes plásticas, dança, teatro e outras produções artísticas.

A pesquisa confirma esta leitura ao compararmos os resultados de 2007 e 2011 (Quadro 4) quanto à ocupação do tempo livre pelos entrevistados: ler e escrever foram as atividades que sofreram maior queda; enquanto assistir TV e filmes, encontrar com amigos e navegar pela internet cresceram sensivelmente, mostrando que as atividades culturais como ler ou ir a cinema, teatro e exposições, apesar da melhoria na renda, não foram escolhidas para preencher o tempo livre.

Penetração e média de livros lidos nos últimos 3 meses - p/classe social

Penetração de Leitura	Unidade	TOTAL	CLASSE A	CLASSE B	CLASSE C	CLASSE D/E
Leitura em geral	%	50	79	62	51	33
	milhões	88,2	2,3	25,6	46,2	14,1
Livros inteiros	%	26	62	43	24	11
	milhões	46,2	1,8	17,7	22,2	4,5
Livros em partes	%	39	51	45	41	29
	milhões	70,3	1,5	18,9	37,4	12,5
Livros indicados pela escola	%	21	26	25	21	17
	milhões	37,7	0,7	10,4	19,5	7,1
Livros lidos por iniciativa própria	%	38	63	51	39	22
	milhões	67,5	1,8	21,2	35,2	9,3
Leitura de Bíblia	%	16	20	16	10	6
	milhões	28,8	0,6	6,6	16,3	5,3

Média de livros lidos nos últimos 3 meses	TOTAL	CLASSE A	CLASSE B	CLASSE C	CLASSE D/E
Livros em geral	1,85	3,60	2,75	1,79	0,99
Livros inteiros	0,82	2,01	1,46	0,76	0,26
Livros em partes	1,03	1,59	1,29	1,03	0,73
Livros indicados pela escola	0,81	1,06	1,05	0,80	0,57
Livros lidos por iniciativa própria	1,05	2,64	1,71	0,99	0,42
Bíblia	0,17	0,22	0,17	0,19	0,9

Penetração de compras de livros - p/classe social

Unidade	PENETRAÇÃO DA COMPRA DE LIVROS POR CLASSE			
	Classe A	Classe B	Classe C	Classe D/E
%	49	27	14	5
Milhões	1,4	11,4	12,4	2,2

O que os brasileiros gostam de fazer em seu tempo livre comparação 2007-2011 - (%)

	2011	2007
Assistir televisão	↑ 85	77
Escutar música ou rádio	52	54
Descansar	51	50
Reunir com amigos ou família	↑ 44	31
Assistir vídeos/ filmes em DVD	↑ 38	29
Sair com amigos	34	33
Ler (jornais, revistas, livros, textos na internet)*	↓ 28	36
Navegar na internet	↑ 24	18
Praticar esporte	23	24
Fazer compras	23	24
Passear em parques e praças	19	19
Acessar redes sociais (*Facebook/Twitter/Orkut*)	18	-
Escrever	18	21
Ir a bares/restaurante	18	15
Jogar videogames	13	10
Viajar (campo/praia/cidade)	15	18
Desenhar/ pintar	10	-
Ir ao cinema/ao teatro/dança/ concertos/museus/exposições	10	9
Fazer artesanato e trabalhos manuais	6	12
Média de atividades por entrevistado	**5,3**	**4,8**
* 2011: Destes, 58% leem frequentemente		

Base: População brasileira com 5 anos ou mais 2007 (173 milhões) / 2011 (178 milhões)

Quais os livros mais lembrados?

Sem dúvida, a Bíblia é o mais lembrado. Foi citada por 42% dos leitores (aqueles que leram pelo menos um livro nos últimos três meses), como o último livro que leram ou estão lendo, o que representa 41,1 milhões de brasileiros. (Quadro 6). Há fortes suspeitas de que, para muitos, foi o único livro lembrado. Provavelmente não quiseram confessar que não leram nenhum livro recentemente. Se essa hipótese for verdadeira, passa a ser especialmente preocupante o fato de ficar em 5º lugar entre os livros mais citados por crianças e jovens entre cinco e 17 anos.

Ao avaliarmos as respostas de quem menciona ter lido a Bíblia descobrimos que, na maioria dos estados do Norte e Nordeste, a frequência é bem maior, variando de 10% (AM) a 23% (ES). Já em estados do Centro-Oeste, Sul e Sudeste, a Bíblia é menos citada, variando de 2% (GO) a 7% (SP), enquanto RN, PI e RJ ficaram na média, com 9% de citações. Esses resultados fortalecem a hipótese de que a Bíblia é citada por aqueles que não lembram outro título, já que nos estados do Sul, Sudeste e Centro-Oeste é onde se lê mais por gosto ou iniciativa própria.

Por outro lado, se compararmos a relação de livros e autores citados em 2007 e 2011, constatamos haver mais títulos que estão nas prateleiras, um bom indicador de que, ao menos, os entrevistados em 2011 estão mais bem-informados sobre os livros que estão sendo lidos e vendidos. (Quadro 5)

Último livro que leu ou está lendo – comparação 2007 e 2011

	2011	2007
Bíblia	1º	1º
Ágape	2º	-
A cabana	3º	-
Crepúsculo	4º	-
Violetas na janela	5º	7º
O caçador pipas	6º	11º
O pequeno príncipe	7º	-
Amanhecer	8º	-
Dom Casmurro	9º	12º
Harry Potter	10º	4º
Chapeuzinho vermelho	11º	6º
O segredo	12º	3º
O alquimista	13º	-
Eclipse	14º	-
A escrava Isaura	15º	-
Pais brilhantes, professores fascinantes	16º	-
Lua nova	17º	-
A bela e a fera	18º	-
A menina que Roubava Livros	19º	-
Iracema	20º	18º
Marley e eu	21º	-
Memórias póstumas de Brás Cubas	22º	-

Base: Leitor 2007(95,6 milhões)/2011(88,2 milhões)

51% não estão lendo nenhum ou não se lembram do último livro que leram

E este livro está aqui?

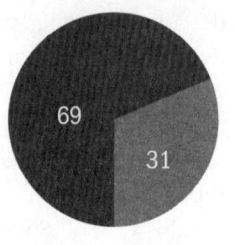

69 / 31

■ Sim   ■ Não

↓

Onde ele está?

59% Devolveu para a biblioteca
22% Emprestou
7% Em outro lugar
2% Perdeu
2% Deu de presente
8% Não sabe

Base: O livro não está aqui (727)

Gêneros que costuma ler – p/faixa etária (%)

Base: Leitor (em milhões)	TOTAL	SEXO		IDADE								
		Mas.	Fem.	5 a 10	11 a 13	14 a 17	18 a 24	25 a 29	30 a 39	40 a 49	50 a 69	70 e mais
	(88,2)	(38,3)	(49,9)	(12,5)	(8,6)	(10,0)	(12,2)	(7,7)	(13,8)	(10,5)	(10,5)	(2,3)
Bíblia	42	36	46	24	19	24	40	45	51	54	65	73
Livros didáticos	32	34	30	47	47	55	35	27	26	19	8	0
Romance	31	20	39	4	20	41	44	43	36	34	28	28
Livros religiosos	30	23	36	11	10	13	29	31	42	49	50	48
Contos	23	19	26	27	30	30	25	21	22	18	16	15
Livros infantis	22	19	25	66	34	11	10	18	19	14	7	3
Poesia	20	15	24	15	27	28	25	19	19	16	15	11
História em quadrinhos	19	21	17	36	33	27	14	13	15	13	3	5
Auto-ajuda	12	10	14	2	3	7	13	19	21	20	15	7
Livros técnicos	11	15	9	1	1	5	22	22	19	11	8	3
Biografias	11	11	11	2	6	6	13	20	19	15	8	7
História, Economia, Política e Ciências Sociais	11	13	9	3	9	8	17	15	17	11	8	10
Livros juvenis	11	9	12	11	28	26	7	4	7	7	2	2
Enciclopédias e dicionários	9	10	9	5	10	11	11	15	11	9	5	5
Culinária, Artesanato, Assuntos práticos	7	3	11	2	2	2	7	11	11	14	10	9
Artes	6	7	6	8	8	6	7	5	6	3	6	4
Viagens	5	6	4	2	6	5	5	6	6	5	4	3
Ensaios e Ciências	4	5	4	3	5	5	5	6	5	4	1	5
Esoterismo	2	2	3	0	1	1	1	3	7	3	3	2

Há pistas interessantes quanto aos influenciadores

A melhor atuação do professor como mediador de leitura em sala de aula pode estar sendo revelada pela posição que o professor conseguiu na terceira edição da pesquisa, como influenciador, subindo 12% em relação à anterior (de 33% para 45%) e superando a mãe, a mais citada pelos que gostam de ler em 2007 (de 49% para 43%), conforme quadro 7.

Quem mais influenciou leitores a ler – comparação 2007-2011 – (%)

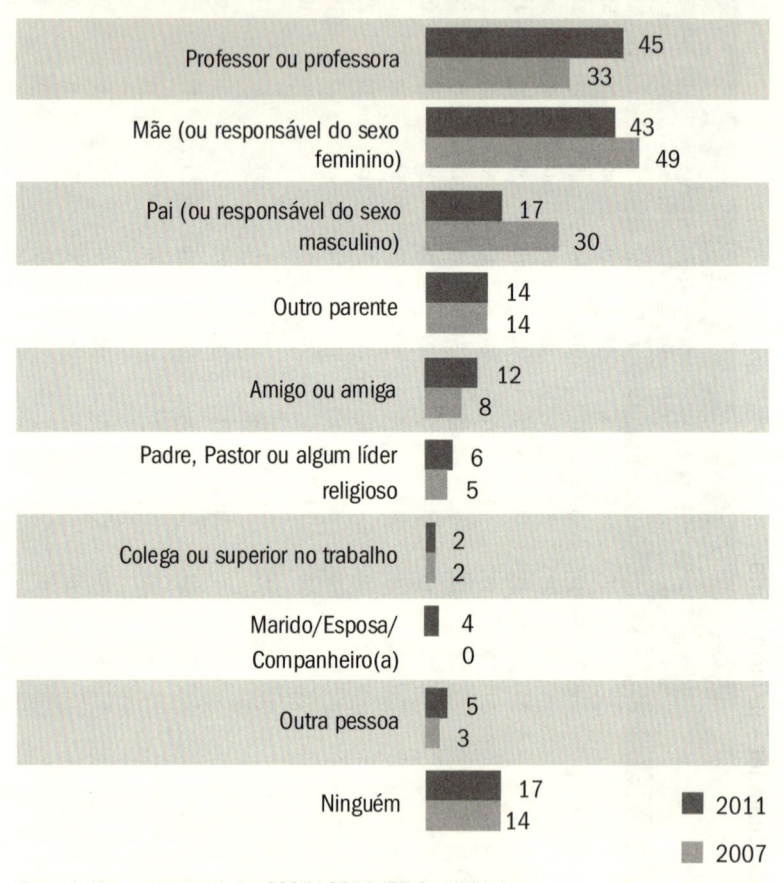

Base: Leitor que gosta de ler 2007/ 2011 (77,2 milhões)

Ao investigar os hábitos e a frequência da leitura entre as crianças de 5 e 12 anos, que correspondem a 16,8 % da amostra, descobrimos que 45% delas leem sempre e sozinhas; 39% leem às vezes e 16% nunca leem.

Nessa faixa etária é maior o número de crianças que responderam que outras pessoas leem para ela. É um bom sinal. Entre os mais citados, o professor tem lido mais do que a mãe, para as crianças até 12 anos, conforme revelam os números: a mãe que sempre lê foi citada por 17% das crianças e a que lê às vezes por 43%. O professor que lê sempre foi citado por 45% delas e para 41% lê às vezes.

Esses números confirmam o que dizem os entrevistados de outras faixas etárias, na edição de 2011 (quadro 7).

Esse pode ser um dos resultados mais positivos da pesquisa, mesmo que a memória daqueles que já saíram da escola não seja tão precisa. Os estudantes nessa faixa etária percebem o professor lendo mais para eles. Essas respostas dão pistas de que os caminhos estão certos e que devem ser incrementados os programas voltados à melhoria das bibliotecas escolares; à formação de professores mediadores e ao fomento das práticas leitoras em sala de aula.

O papel do professor como o principal agente na formação de leitores ou como mediador de leitura no "processo de constituição do aluno como sujeito leitor" é reiterado pelos autores que abordaram esse resultado da pesquisa em seus artigos para esta publicação.[4]

Sem dúvida, o investimento na formação do professor-leitor e o desenvolvimento de sua habilidade como mediador de leitura, além do investimento em acervos com obras de ficção ou de consulta dirigidas ao professor, estão surgindo como uma das mais importantes ações a serem implementadas pelos governos, devendo estar presentes na pauta das agendas e nas políticas públicas.

O que dizem os números por região do Brasil sobre o papel do professor como influenciador

A importância dessa revelação justifica uma melhor investigação dos resultados da pesquisa por estado, pois traz pistas interessantes sobre a presença do professor, o que, de certa forma, explicam os dados sobre a melhoria do indicador de leitura no Nordeste.

---

4. Todos os autores defendem a importância do papel do professor como mediador privilegiado na formação do leitor. Ezequiel Theodoro da Silva, Sérgio Leite e Tania Rosing tratam diretamente do assunto baseados em seus estudos e experiência acadêmica.

Enquanto nessa região cresceu 4% o número de leitores, quando comparados os resultados de 2007 e 2011, nas demais regiões do Brasil houve queda nesse indicador, conforme Quadro 8 (abaixo).

Penetração de leitores por regiões do Brasil – comparação 2007-2011

Total Brasil				Sul	2007	2011
	2007	2011		% do total de leitores	14	13
Penetração (%)	55	50 ▼		Penetração (%)	53	43 ▼
Milhões leitores	95,6	88,2		Milhões leitores	13,2	11,3

Norte	2007	2011		Nordeste	2007	2011
% do total de leitores	8	8		% do total de leitores	25	29
Penetração (%)	55	47 ▼		Penetração (%)	50	51
Milhões leitores	7,5	6,6		Milhões leitores	24,4	25,4

Centro-Oeste	2007	2011		Sudeste	2007	2011
% do total de leitores	7	8		% do total de leitores	45	43
Penetração (%)	59	53 ▼		Penetração (%)	59	50 ▼
Milhões leitores	7,1	6,8		Milhões leitores	43,4	38,0

Esse melhor indicador de leitura no Nordeste e o maior número de estudantes na faixa de 5 a 17 anos, nessa região, também têm relação com os resultados que o professor conseguiu por estados do Norte e Nordeste, quando perguntado aos leitores dessa faixa etária quem os influenciou a gostar de ler.

Essa análise fica mais precisa quando priorizamos a primeira pessoa indicada, que é provavelmente a que mais o influenciou. (Ao entrevistado foi possibilitado indicar a primeira e a segunda pessoas que o influenciaram).[5]

Quando olhamos para esses números separados e não somados (primeira e segunda opções), o professor foi citado por 28% daqueles

---

5. Maria Antonieta Cunha, já citada, defende que a primeira opção do entrevistado é a que deveria ser considerada para uma análise mais precisa dos resultados da pesquisa.

que gostam de ler e a mãe por 27%. Esses resultados ficaram muito próximos quando analisamos o Brasil.

Vale a pena analisar a primeira indicação do influenciador por estado: Os professores ficaram acima da média (28%), em 11 estados: RN (51%); PA (48%) ; PB (39%); GO (38%); SC (34%); BA (33%); ES (33%); CE (31%); DF (30%); AM (29%); MG (29%).

Somente um estado do Sul (SC) ficou acima da média. Rio de Janeiro e São Paulo ficaram de fora, na região Sudeste. Por outro lado, o percentual no RN e PA está bem acima da média.

O que revelam esses números?

Que as políticas de fomento à leitura e de investimentos em bibliotecas nas regiões Norte e Nordeste começam a dar sinais positivos nas práticas leitoras em salas de aula? Tomara que sim!

Apesar de ter caído em relação à posição do professor, a mãe consegue resultado muito próximo dos números dos professores (27%), quando consideramos somente o primeiro citado. E em alguns estados passa à frente: MT (47%); PI (46%); MA (43%); PE (40%); AM (35%); AL (33%); PA (32%)

Nenhum estado do Sudeste e somente SC, representando os estados do Sul, compõe a relação dos estados com resultados acima da média, quando citam as mães.

Por que a mãe tem sido menos lembrada nos estados mais ricos e com melhor escolaridade do Brasil? Sabemos que as mulheres estão mais presentes no mercado de trabalho nesses estados, o que limita seu tempo com os filhos, pois permanecem por maior período nas escolas. Pode ser uma explicação, mas o fato é que estamos identificando uma lacuna importante na formação leitora das crianças. O papel da família é fundamental na formação de valores, idem os culturais.

Talvez esse pior desempenho dos professores e a maior ausência da mãe também ajudem a explicar a redução dos índices de leitura no Sul e Sudeste, além da redução da população na faixa de 5 a 17 anos.

O comportamento leitor dos educadores

Não resisti em dar uma espiada no que responderam os 145 educadores, assim declarados na entrevista. Apesar de não ser uma amostra significativa para representar a população de educadores brasileiros, dá pistas interessantes, e preocupantes, sobre seu comportamento leitor. Entre os 145 entrevistados, 13 declaram que não gostam de ler; 38 gostam um pouco; e 94 gostam muito. Entretanto, quando perguntados sobre o que fazem em seu tempo livre (1ª opção): 78 preferem assistir televisão; 45 apreciam acessar redes sociais; e somente três declaram que preferem ler.

Sobre a preferência quanto à leitura: 87 informam que leem jornal com frequência; 31 leem livros; sete escutam audiolivros; três leem revistas; e três leem livros digitais.

Os livros e autores mais citados seguem a população em geral. Entre os 145 educadores: 27 responderam que não lembram ou que não leram nenhum livro. Entre os 118 que indicaram algum título, os mais citados foram: a Bíblia (10); A Cabana (7) e Ágape (7). Os autores mais citados foram: Padre Marcelo (7); Augusto Cury (4); Zíbia Gasparetto (3) e José de Alencar (2); revelando a preferência por "autoajuda". Mas o número de entrevistados que não conseguiu citar nenhum autor foi muito alto: 73.

Essas respostas confirmam o que vários autores desta publicação identificam como um dos principais problemas a serem superados para avançarmos na formação leitora de nossos jovens: a formação leitora dos professores. A grande maioria não lê livros, ou porque prefere outras atividades ou porque lê outros materiais, como jornal.

Como despertar o gosto pela leitura de seus alunos se seu repertório cultural e de literatura é tão escasso, e se ele mesmo desconhece esse prazer – e aqui, menciono o prazer a que se refere Regina Zilberman, em *Leitura – Ler é Dever, Livro é Prazer?*

As dificuldades ao acesso explicam os baixos índices de leitura ou de leitores?

Apesar da preocupação com o uso das bibliotecas, principalmente para fins escolares, conforme revelado pela pesquisa, e o fato de 75% da população não frequentar bibliotecas no país, nos surpreende saber, baseados nos estudos do Cerlalc, que o Brasil é o país que apresenta o maior índice de frequência a bibliotecas, com 26%, enquanto na Argentina essa frequência é de 10% e no Chile 11%, conforme quadro abaixo que reproduzimos[6].

---

6. Comportamento do leitor e hábitos de leitura: comparativo de resultados em alguns países da América Latina, Bernardo Jaramillo H., Subdirector de

Emprestados por bibliotecas e escolas

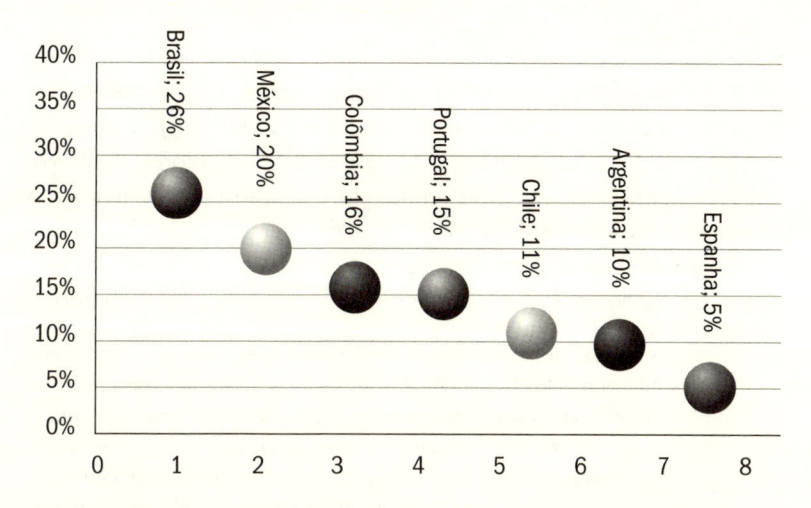

Fonte - Cerlalc

Esse estudo – cujas análises nos foram apresentadas, em primeira mão, por Bernardo Jaramillo, subdiretor de Produção e Circulação do Livro do Cerlalc, em palestra que desenvolveu no II Seminário Retratos da leitura no Brasil (março de 2012; em Brasília), durante o lançamento da pesquisa "O comportamento do leitor e o acesso ao livro nos países da Ibero-América – Estudos e recomendações pelo Cerlalc"; e que podem ser conhecidas em "O comportamento do leitor e o acesso ao livro nos países da Ibero-América – Estudos e recomendações pelo Cerlalc" – destaca, entre outras análises sobre o perfil dos leitores nesses países, a importância das políticas de compra de livros pelo governo brasileiro e sua oferta, sem custos, para explicar a melhor colocação do país nessa classificação. Bernardo Jaramillo afirma:

> "O acesso aos livros via bibliotecas tem maior peso no Brasil (26%) e no México (20%). Os livros obtidos sem custo aparecem de maneira significativa na pesquisa. Só o Brasil diferencia-se a respeito dos livros entregues gratuitamente pela União. Futuras

Produçao e Circulação do Livro da Cerlalc y Lenin G. Monak S., da Area de Estadisticas da Cerlalc, apresentado no II Seminário Retratos da leitura no Brasil. Março de 2012.

pesquisas devem aprofundar estudos com maior interesse quanto ao acesso aos livros por programas de doação, muito usados em alguns países da região."

Por outro lado, a forma de acesso mais citada pelos entrevistados na terceira edição da Retratos da leitura no Brasil foi por meio de compra em livrarias, passando de 45% dos compradores de livros, em 2007, para 48%, em 2011, enquanto o empréstimo de livros em bibliotecas e escolas caiu de 34% para 26%.

Essa preferência pelas livrarias é semelhante aos resultados dos países estudados pelo Cerlalc, conforme observações de Bernardo:

> "As formas de acesso aos livros indicam que a compra predomina sobre outras formas – 59% dos mexicanos indicaram adquirir livros mediante compras. Seguem os argentinos com (56%) e os brasileiros com 48% da população leitora. O contrário ocorre no Peru, onde somente 23% dos peruanos compram livros. Na Península Ibérica, 57% dos espanhóis adquirem livros mediante compras, idem 47% dos portugueses."

De qualquer forma, mesmo que não estejamos tão mal quando comparados aos países da Ibero-América, não podemos avaliar como positivos os resultados revelados pela pesquisa quanto ao uso das bibliotecas.

Apesar de bem avaliadas pelos usuários, dado que merece investigação futura, o que preocupa é o número de brasileiros que não usam esse equipamento (76%), principalmente porque entendem que a biblioteca seja destinada a quem estuda (71%), para desenvolver consultas, pesquisas ou leituras obrigatórias.

Com grandes problemas de distribuição de renda e dificuldades para a aquisição de livros, a relação que os brasileiros têm com esse equipamento necessita urgentemente mudar, especialmente porque o Ministério da Cultura está anunciando que quase zerou o número de municípios brasileiros sem bibliotecas. Sabemos que muitas cidades têm nas bibliotecas o único equipamento cultural de que dispõem.

Pensar em soluções para mudar esse quadro e para rever os modelos de bibliotecas é, portanto, urgente!

São poucas as pistas oferecidas pelos entrevistados para rever esse modelo – 20% dizem que frequentariam mais se houvesse livros novos; e 13%, livros mais interessantes; 11% se oferecessem atividades culturais; enquanto 33% dizem que nada os faria frequentar uma biblioteca.

É muito provável que essa avaliação esteja relacionada à biblioteca que conhecem e não devem conhecer outro modelo. Apesar de 33% citarem que as bibliotecas deveriam receber novos acervos, apenas a resposta sobre outras atividades culturais pode indicar um novo caminho.

Se a biblioteca é vista como lugar para estudar, é preciso mudar sua cara para mostrar que pode ser um equipamento cultural voltado para toda a comunidade. Isso somente será possível se ela for transformada de fato, passando a oferecer atividades convidativas à população local, como propõem, principalmente, as autoras Isis Valéria, Antonieta Cunha e Tania Rosing. Esse novo modelo exige não somente acervos, mas pessoas capacitadas para serem mediadoras de leitura e, também, abertas a identificar e organizar eventos, exposições, narração de histórias e outras atividades ligadas a autores e obras do seu acervo. Outra mudança fundamental: estar aberta em finais de semana e em horários que possibilitem a visita de todos os moradores da comunidade.

Por que ler? Por que não ler?
Nossa cultura valoriza o livro?

A valorização da leitura e da literatura sempre ganha novos argumentos entre aqueles que acreditam no seu potencial transformador de vidas e de sociedades. Eu me deliciei com *"Sangue nas Veias"*, de Ana Maria Machado.

Temos que fazer um exercício coletivo para buscar as principais razões para não ler. Elas não são tão bem construídas, pois traduzem um perfil que muda, segundo classe social, escolaridade, faixa etária, época e contexto social, inovações tecnológicas e formação cultural da família, principalmente.

As ponderações sobre o livro e a leitura podem explicar se uma determinada sociedade os valoriza. A pesquisa informa que a maioria diz que a leitura pode ter contribuído para alguém subir na vida, mas será que o livro hoje tem o mesmo valor simbólico que teve há algumas décadas? O livro, o estudo, a leitura eram vistos pela população das classes menos favorecidas, especialmente em razão do baixo índice de escolaridade, como algo exclusivo de intelectuais ou pessoas letradas – para doutores. A dificuldade de acesso criava barreiras e diferenciação. Com a redução no número de analfabetos, a melhoria da escolaridade e do acesso à educação básica no Brasil, o livro e a leitura saíram desse patamar inacessível, mas podem ter ganhado outro valor simbólico. São vistos pela maioria, assim como as bibliotecas, como objeto para estudo e para ser usado por estudantes. As obras de ficção não ganharam um significado para esses brasileiros, tanto que 42% dos leitores conseguem citar somente a Bíblia quando perguntados sobre qual o último livro que leram.

Confessar que "...*Não gosta de ler*", talvez crie constrangimento diante de um entrevistador que quer saber se ele é leitor. Mas a grande maioria não demonstra nenhum constrangimento ao informar que usa seu tempo livre assistindo TV, futebol ou batendo papo ou tomando cerveja com os amigos. Isso é valorizado pela maioria dos brasileiros como atividade prazerosa e de entretenimento. É um retrato da nossa cultura fortemente valorizado pelas mídias. Os bens culturais, incluindo os livros, não despertam desejos ou *status*.

Muitas famílias de baixa renda hoje percebem o computador/ informática como uma ferramenta de acesso à informação e à melhoria social, especialmente no mercado de trabalho. Pagar curso de informática para os filhos e conseguir comprar um computador aparece não como sonho de consumo, mas como necessidade. O livro já teve esse significado nas famílias de classe média, que compravam enciclopédias para seus filhos. Atualmente, no imaginário da população, ele certamente não tem mais a função de acesso à cultura. É provável que, assim como as bibliotecas, esteja sendo visto pela maioria como ferramenta para estudo, vinculado à escola. Essa impressão se confirma na frequência das respostas dos que percebem a leitura como forma de adquirir conhecimento (64%).

Resta saber como mudar o valor simbólico do livro, o qual está fortemente vinculado a esse contexto cultural. Valores constroem-se em várias décadas e são passados principalmente pelas famílias.

Valor ou prazer? O que será mais fácil despertar?

De qualquer forma, ficamos com esse desafio, que não é pequeno, mas é estrategicamente fundamental: como despertar nas famílias a consciência sobre a importância do seu papel formador e como conseguir que incorporem, em seu repertório de valores, que é importante ler como exemplo para seus filhos; como entretenimento e como demonstração de afeto. Como levá-las a perceber a leitura como ferramenta para o desenvolvimento pessoal e como cidadão.

Melhoria nos indicadores de leitura – desafio urgente

Se concordarmos que uma sociedade leitora é condição essencial para promover o desenvolvimento social e humano sustentável; a inclusão social e cultural de milhares de brasileiros e a construção plena da cidadania; e que temos uma dívida histórica a ser superada; certamente concordamos que melhorar os índices de leitura no Brasil é urgente e deve ser tarefa para toda a sociedade e garantidas por políticas públicas construídas com a participação de todos.

Ao constatarmos que cerca de 40% dos entrevistados, nessa edição da pesquisa, informaram que não gostam de ler porque apresentam alguma dificuldade para fazê-lo (leem devagar; não compreendem o que leem; não tem paciência ou são analfabetos), descobrimos que esses brasileiros, que representam quase 40% da população (70 milhões de pessoas), não dispõem de habilidades essências para se tornarem leitores. Esse número representa 85,4% do total de não-leitores (88,2 milhões).

São várias as denominações dos estudiosos para qualificar as dificuldades de compreensão leitora, mas para este estudo basta saber que não compreendem o que leem e, portanto, não dominam a condição básica para ler um parágrafo, quiçá, um livro.

Mesmo reconhecendo os crescentes investimentos do governo e os esforços de diferentes atores na busca de estratégias mais eficazes para a formação de novos leitores, os números levam a suspeitar que nos deparamos com um "buraco negro" que aniquila os resultados. Não é possível deixarmos de considerar as mazelas que nos impedem avançar, se quisermos identificar ações e políticas mais efetivas na melhoria dos indicadores de leitura no Brasil. Apesar da sensível redução no número de analfabetos (absolutos) nos últimos dez anos, passando de 13,7%, em 2000, para 9% , em 2009 (PNAD –IBGE) e a melhoria na escolaridade do brasileiro, o número de analfabetos funcionais não melhorou. Segundo a INAF de 2007, apenas 1 em cada 4 brasileiros, com mais de 15 anos, consegue ler e compreender plenamente o texto. Esses resultados são confirmados pelo Programa Internacional de Avaliação de Estudantes – Pisa – 2009, demonstrando o baixo desempenho dos jovens brasileiros de 15 anos, quando comparados com jovens de outros países avaliados[7].

---

7. No Brasil, 19,4% da população com 15 anos, está fora da escola – índice alto em relação aos países líderes do ranking. A soma do contingente fora da escola com o de baixa proficiência resulta em 59,4%. Ou seja, seis em cada dez

Constatamos, por meio desses indicadores, perversa exclusão que se dá por causa da falta da habilidade de leitura. Ou seja, a esses estão vedados o acesso ao conhecimento e à cultura; a capacidade de crítica e o protagonismo, qualidades essenciais ao desenvolvimento social e econômico na sociedade contemporânea. Constatamos que, para transformar os 50% de não-leitores em leitores, necessitamos reduzir sensivelmente o número de analfabetos funcionais.

Não podemos negar os avanços quando se considera a questão do ingresso na escola e do acesso ao livro, em especial os didáticos. Mas, segundo especialistas, apesar de garantidas as condições fundamentais por meio do acesso aos livros didáticos, a habilidade leitora depende das práticas e do contato frequente com a leitura. Já o gosto necessita ser conquistado por meio da mediação e de leituras diversificadas, cativantes e adequadas à faixa etária; às referências e aos interesses desses potenciais leitores.

Apesar de muitos brasileiros serem potenciais leitores, acabam não desenvolvendo essa habilidade e interesse em razão da ausência de práticas leitoras adequadas, como defendem vários autores desta obra.

Diante da complexidade dessa realidade da educação brasileira, melhorar os indicadores de leitura é um grande desafio. Não basta conhecer o comportamento leitor e medir os indicadores de leitura, é preciso identificar o que necessita ser transformado ou melhorado para se reverter esses números.[8] Trata-se de conhecer e escolher caminhos e eles seguem em muitas direções, pois a origem dos baixos índices de leitura está em muitos lugares. O desafio é gigante e deve ser assumido pelo governo e sociedade civil. Mas é urgente!

Vários autores desta publicação estão encarando o desafio e indicando caminhos. Todos entendem ser tarefa para toda a sociedade, mas indicam a construção de políticas públicas duradouras[9], como fundamental para garantir a abrangência e a continuidade das ações.

---

jovens de 15 anos está fora da escola ou não é capaz de compreender textos relativamente simples.

8. Fabiano Piúba – Cerlalc, propõe relacionar os indicadores da Retratos da leitura no Brasil com indicadores sociais, educacionais e de desenvolvimento, para traçar macroindicadores e inserir a leitura como vetor de desenvolvimento humano e sustentável. Apresenta o projeto "Mesa de Leitura", proposto pelo Cerlalc, para buscar estratégias conjuntas de desenvolvimento da leitura para a região.

9. Esta é a principal proposta de José Castilho Neto.

Por que ler Retratos da leitura no Brasil 3?

Aceite meu convite para "navegar" pelas reflexões dos autores que, nesta publicação, nos oferecem um pouco de seus conhecimentos e muito das suas inquietações para analisarem o que dizem ou o que não dizem os números da pesquisa sobre o comportamento leitor do brasileiro.

Buscam avaliar como esses números refletem as políticas públicas do livro e leitura e ações de governo e sociedade, na ultima década, para identificar caminhos que deram certo ou que necessitam ser revistos. Avançam para comparar esses resultados com o de outros países, com a ajuda dos estudos de uma organização internacional, o Cerlalc.

São diferentes olhares e focos sobre "fatias" dos resultados. Entregamos a cada autor um tema, segundo os principais tópicos ou categorias da pesquisa, e as tabelas e quadros produzidos a partir dos resultados das entrevistas com 5.012 brasileiros que compuseram a amostra definida pelo Ibope Inteligência.

Compõem diferentes leituras sobre Retratos da leitura no Brasil – e como retrato, um recorte no cenário e no tempo – que se juntam, ora revelando, ora indagando sobre os hábitos de leitura e o acesso aos livros pelos brasileiros, mas sempre navegando pela vontade de descobrir a chave para conquistar novos leitores, que é o desafio de todos os que leem este livro, com certeza.

Em "*Sangue nas Veias*", Ana Maria Machado nos diz o que gostaríamos de ter dito sobre o que significa a literatura para quem gosta de ler e como deve ser apresentada para os potenciais amantes da leitura. Como "sangue nas veias" – essencial para sobreviver e alimentar o prazer de viver "outras vidas além das nossas".

Gostaria de ter lido esse artigo antes de enfrentar a questão do jornalista: "Por que ler livros?"

Mas continue a leitura para descobrir os caminhos que seguiram diferentes rumos, que se complementam, para indicar onde investir para dobrar o indicador de leitura no Brasil até a próxima edição da Retratos da leitura no Brasil, como propõe no prefácio Karine Panza, presidente do IPL.

Também tenho certeza que, ao terminar, o "sangue de suas veias" estará em ebulição para nos juntarmos nessa missão ambiciosa de transformar o Brasil em um país de leitores, ou, ao menos, de muitos leitores.

Junte-se a todos os que acreditam e desejam que a leitura transforme vidas e sociedades.

Zoara Failla é socióloga pela Unesp, com mestrado em Psicologia Social pela PUC e pós-graduação em Gestão pela FGV-SP. Atuou como consultora na Fundap, em programa de formação de dirigentes nos cinco países de língua portuguesa na África – 5 PALOPs, além de outros projetos na área de RH. Como consultora do PNUD assumiu a coordenação do Programa de Expansão e Melhoria do Ensino Médio – Promed, em SP. Foi vice-presidente e diretora de projetos socioeducacionais da Febem-SP e presidente do sindicato dos sociólogos de São Paulo. Como gerente de projetos do Instituto Pró-Livro participou da coordenação técnica da pesquisa Retratos da leitura no Brasil (2008), e como coautora participou de inúmeros debates e entrevistas sobre o tema. Também coordenou o projeto A Leitura e o Livro nos Planos Municipais e Estaduais; as instalações do IPL nas Bienais do Livro de SP Biblioteca Viva; Sítio Pró-Livro e O Livro é Uma Viagem, entre outros projetos de leitura patrocinados em parceria com o PNLL e MinC.

PARTE I

capítulo 1

Sangue nas veias

Ana Maria Machado

A mais recente pesquisa Retratos da leitura no Brasil vem confirmar que o livro e a leitura continuam ocupando um lugar importante no imaginário nacional. A imensa maioria dos brasileiros os associa a valores positivos e desejáveis. Mas, ao mesmo tempo, os números de leitores permanecem muito baixos. A questão continua tendo aspectos paradoxais, que desafiam o entendimento e sugerem a necessidade de um olhar sutil em sua apreciação.

Há muitas décadas já se sabe que as famílias que conseguiram garantir alfabetização para as novas gerações sempre tiveram a perfeita noção de que o estudo podia ser uma ferramenta significativa para o desenvolvimento pessoal, um fator de ascensão social e uma promessa de melhor qualificação profissional, traduzida em melhores salários e uma situação econômica menos sacrificada. As frases que traduzem essa convicção são quase clichês no quadro familiar brasileiro. Muitos de nós as ouvimos de pais e avós:

> "Trate de estudar. A educação é a única herança que eu tenho para deixar para vocês".

Ou então:

> "Leia para ficar sendo seu para sempre. O que você lê e aprende ninguém vai poder lhe tirar, nunca."

Tais máximas foram repetidas, sobretudo no âmbito familiar, ao longo dos anos. Pelo que se percebe, tais conselhos continuam vivos e fortes. Mas esta pesquisa mostra também um dado intrigante. Esse ambiente doméstico está deixando de ser a maior influência que as pessoas recebem para se tornarem leitores. Diferentemente do que se viu em pesquisas anteriores, desta vez o exemplo e os conselhos da mãe não são mais a força dominante para que alguém leia. A sociedade passou-lhe à frente na função de modelar os leitores e propor exemplos. E nela, cumpre destacar o protagonismo exercido pela escola e pelos professores. Esse aspecto vem se somar a outro dado significativo e que chega às raias do espantoso: a quase inexistência de influência da mídia para aproximar alguém dos livros e da leitura. Ambos os traços chamam a atenção no resultado desta pesquisa.

Sem dúvida, continuam atuantes os elementos que alimentam o velho círculo vicioso que há tantos anos discutimos e reconhecemos. Famílias com baixa escolaridade e com reduzido (ou inexistente) acesso a bens culturais matriculam nas escolas crianças ávidas por conhecimento e educação. Lá, elas encontram professores muitas vezes oriundos de famílias igualmente com baixa escolaridade e reduzido acesso a bens culturais, despejados num mercado de trabalho que não lhes dá oportunidades, não os remunera condignamente e ainda lhes nega recursos essenciais ao bom desempenho da profissão.

A formação do magistério e a formulação de políticas públicas não têm sabido romper e corrigir esse processo contínuo, com a profundidade que ele exige.

É verdade que o acesso ao livro tem melhorado por meio de programas de distribuição maciça, sobretudo governamentais. A multiplicação de bibliotecas e uma preocupação com atualização de acervos também fazem sentir seus efeitos. Mas os mediadores entre o possível leitor e esses livros ainda não estão conseguindo cumprir seu papel a contento, de modo a abrir portas para a sustentação da leitura. No máximo, colaboram para desenvolver o hábito – como tantas vezes se repete de boca cheia. Mas falta criar condições para que se possa ir além de um mero hábito, a ser abandonado na primeira oportunidade, sem que essa atividade se transforme em gosto, prazer, entusiasmo, paixão. E isso jamais se conseguirá enquanto a leitura for encarada apenas como uma obrigação ou, no máximo, um caminho útil para a informação e o conhecimento.

Ler deve ser entendido como muito mais do que apenas uma etapa na aquisição e transmissão de conhecimentos acumulados pela espécie – embora também englobe esse aspecto, nada desprezível. Mas é muito mais que isso: é uma oportunidade de ser ter contato com a literatura, arte das palavras. E a espécie humana precisa muito disso, já que, como sintetiza o poeta Ferreira Gullar, "a vida só não basta."

Mas esse pressuposto de que a leitura deve englobar e valorizar a literatura não pode estar apenas em uma das pontas dessa cadeia, ser o alvo que se deseja que leitor em potencial alcance no futuro. Muito pelo contrário, é imprescindível que os que formulam e aplicam os projetos de estímulo à leitura estejam embebidos desse convívio íntimo e entusiasmado com textos literários. Por definição, textos que desequilibram, como lembra Bartolomeu Campos Queiroz. Ou seja, que tiram o chão, balançam as certezas, levantam dúvidas. Se isso não ocorrer, nada feito. Reduzem-se apenas a ferramentas úteis. Uma vez utilizadas, são abandonadas.

Nesse sentido, é fundamental que as políticas públicas partam do pressuposto de que ler literatura não é um reles prazer de diletantes ou uma atividade elitista, um luxo ou sobremesa para quem ainda tiver apetite depois de se empanturrar de conhecimentos objetivos adquiridos em leituras utilitárias, escolares e obrigatórias. A literatura nos permite viver outras vidas além da nossa, é verdade. Mas isso não significa escapismo ou fuga da realidade. Pelo contrário, representa a oportunidade de uma experiência humana única e insubstituível. Implica uma imersão mais profunda na relação com as outras pessoas, porque nos faz compreender as diferenças que existem entre todos nós e perceber de quantas semelhanças somos feitos, apesar de toda essa diversidade.

Enquanto lemos uma narrativa de ficção, por exemplo, deixamos de ser apenas nós mesmos e somos também aquele personagem sobre o qual estamos lendo – imerso em seu cenário diverso, numa outra sociedade, em circunstâncias diferentes da nossa, vivenciando experiências pelas quais não passamos, muitas vezes em um tempo que não é o que vivemos. E ao nos colocarmos dessa maneira íntima e profunda numa vida que não é a nossa, desenvolvemos nossa capacidade de vestir a pele do outro, de entender quem não somos, mas quem tem tanto em comum conosco. Por dentro, participando de pensamentos ocultos, sonhos adivinhados, medos escondidos, anseios inconfessados e tanta coisa mais.

Analogamente, a poesia nos traz à tona emoções ou pensamentos que às vezes nem sabíamos que tínhamos, mas, de repente, despertados pelos versos do poema, surgem com vigor em revelações iluminadoras, súbitas ou gradativas, que passam a nos acompanhar pela vida afora. Por vezes até as guardamos de cor, tamanha a força sonora e musical que a formulação poética é capaz de adquirir, naquela maneira única e perfeita que algum poeta criou.

Nenhuma outra experiência cultural consegue fazer isso com tamanha profundidade e de forma a deixar marcas tão duradouras. Outras artes são capazes de efeitos semelhantes, com seus próprios meios. Mas como a literatura é feita de palavras, iguais às que usamos em nossa comunicação de todo dia, acaba tendo condições excepcionais para ser acessada por todos, democraticamente, com mais facilidade. Desde que nos acostumemos a ela, pela constância.

Essa prática de conviver com a literatura, algo muito mais fundo que um hábito de leitura, representa também o acesso de cada indivíduo a um patrimônio comum que herda de toda a humanidade e que veio sendo construído pelos séculos afora. Um legado estranho, que não diminui ao ser dividido com os outros, mas, pelo contrário, cresce e se fortifica ao ser compartilhado. Mas ninguém tem acesso a ele inteiro de uma vez. Tem de ser aos poucos, por meio da lenta formação de um repertório que habilite a fazer comparações e escolhas. É isso que a escola pode fazer muito bem – se os professores e os formuladores de currículo forem leitores de literatura, de modo a valorizar a liberdade de opção e a necessidade de tempo para essa atividade.

Fui proprietária e gerenciei uma livraria infantil por 18 anos. Durante esse tempo, nunca encontrei uma criança ou jovem que não gostasse de ler um bom texto, se a sua aproximação com a literatura se fizesse como deve ser. Encontrei muitos que achavam que não gostavam. Mas depois descobriam que não gostavam daquele tipo de leitura que lhes estava sendo imposto. É preciso poder escolher. E ter variedade para escolher. Depois de rejeitado o primeiro livro, o segundo, quantos forem necessários, virá um que traga uma descoberta. Por isso costumo dizer que ler é como namorar. Quem acha que não gosta é porque está com um parceiro que não lhe dá prazer. Trate de trocar.

Depois de ler um livro que desperta entusiasmo, o leitor quer outro do mesmo tipo. E depois, outro para dialogar com esses. No terceiro, já dá para comparar três e saber de qual gosta mais. E poderá rejeitar um quarto que não tenha nada a ver com o que quer. E assim por diante, comparando e formando repertório. Alguns lerão muito pela vida afora. Outros, menos. As vocações humanas são diferentes. Mas, tendo aprendido na escola que literatura existe e está ao seu alcance, resta só saber onde buscá-la depois, quando quiser. Em livrarias? Em bibliotecas? Na internet? Todos esses meios são importantíssimos. A escola deve ensinar que a leitura não se interrompe com a saída da escola. E as políticas públicas do setor devem apoiar.

Esta pesquisa sobre as práticas da leitura no país também ajuda a nos lembrar certas circunstâncias do momento em que estão sendo feitos esses retratos, como instantâneos. Elas mostram os progressos na alfabetização e na escolarização que o Brasil vem conseguindo, Uma fase histórica em que o acesso aos livros está deixando de ser uma dificuldade intransponível para os leitores. Afinal, é significativo observar, por exemplo, que pouquíssimos entrevistados apontam fatores que expliquem por que leram pouco nos últimos meses anteriores à pesquisa. Pode ser conveniente começar a levar em conta o apoio à literatura nas formulações de políticas públicas. Afinal é a literatura que permite que o leitor ultrapasse todos os seus limites e viva uma experiência indescritível de liberdade, podendo ser contemporâneo de todos, conterrâneo de uma infinidade.

Para isso, talvez valesse a pena estarmos atentos à importância da arte da escrita – seja por meio de melhor equipamento das bibliotecas, seja no entendimento de que professores, bibliotecários e mediadores de leitura que não sejam também leitores de literatura sempre deixarão a desejar. Por mais bem intencionados que sejam – e temos todos os motivos para acreditar nessas boas intenções –, se não forem entusiasmados e apaixonados leitores de textos literários, seu discurso pouco incidirá sobre aqueles que desejam plantar entusiasmos e paixões duradouras pela leitura.

Nesta edição, chama-nos a atenção o fato de que há um dado que não sofreu qualquer alteração em relação à pesquisa anterior: Monteiro Lobato continua sendo o autor mais influente na lembrança dos leitores. Pode-se até relativizar esse dado, como querem alguns, sugerindo que isso talvez se deva à serie televisiva sobre o *Sítio do pica-pau-amarelo*. Mas essa permanência constitui um fato inegável. Enaltece alguém que, convencido de que um país se faz com homens e livros, não hesitou em produzi-los, livros à mancheia (como pregava Castro Alves), nos triplos caminhos que exerceu e desbravou: como autor, tradutor e editor. Todos de boa qualidade literária, interessantes, em linguagem atraente, daqueles dos quais não conseguimos nos desprender porque queremos saber o que vem depois e precisamos conhecer mais as histórias daqueles personagens.

Essas histórias que a literatura nos traz não precisam ser factuais, edificantes nem diretamente ligadas à experiência cotidiana do leitor. Podem ser totalmente inventadas e mentirosas. Mas, sendo bem construídas, serão cativantes e fisgarão leitores. Sendo convincentes, nos falarão de verdades profundas de cada pessoa e da humanidade como um todo. Cada um de nós gostará de lê-las. Às vezes, são um espelho para nos conhecermos melhor. Às vezes, são janelas para espiarmos a vida dos outros e podermos compreendê-los. Em ambos os casos, mesmo não sendo vistas como utilitárias, desempenham um papel fundamental para a felicidade de cada um e para a vida em sociedade. Por um lado, promovem o autoconhecimento. Por outro, estimulam a vivência da cidadania pela compreensão do outro, levam ao entendimento de limites, deveres e responsabilidades de cada um. Ajudam o cidadão a pensar de maneira mais lógica e organizada, a formular de modo mais claro e ordenado as próprias ideias, a argumentar com os outros, a contrapor opiniões, a se defender da imposição de pensamentos dominantes. Não constituem apenas uma leitura diletante quase desprezível, que faz escapar, distrai, consola ou diverte. Mas fazem crescer. E, uma vez incorporadas ao gosto de cada um, não serão desprezadas tão facilmente, mas tenderão a fazer parte essencial da vida de quem se acostumou a ler, pelos tempos afora. Não serão uma chave útil para abrir portas. Serão sangue que corre nas veias.

Ana Maria Machado é presidente da Academia Brasileira de Letras (ABL), eleita em dezembro de 2011. Desde 2003 ocupa a cadeira número 1 da ABL. Formou-se em Letras Neolatinas e possui pós-graduação pela Ecole Pratique des Hautes Etudes, em Paris. Lecionou na Sorbonne, na Faculdade de Letras e na Escola de Comunicação da Universidade Federal do Rio de Janeiro. Foi professora visitante na Universidade de Berkeley, nos Estados Unidos, e em Oxford. Ganhou em 2001 o mais importante prêmio literário nacional – o Machado de Assis, outorgado pela ABL, pelo conjunto de sua obra como romancista, ensaísta e autora de livros infanto-juvenis. Recebeu do IBBY (*International Board on Books for the Youth*), também pelo conjunto da obra, em 2000, a Medalha Hans Christian Andersen, considerado o Nobel da Literatura Infantil. Entre os mais recentes, ganhou em 2010 o Prêmio Cultura do Rio de Janeiro e o Prêmio Príncipe Claus, da Holanda.

capítulo 2

Alfabetizar para ler.
Ler para conquistar a plena cidadania

Sérgio Antônio da Silva Leite

A pesquisa Retratos da leitura no Brasil, realizada pelo Instituto Pró-Livro em parceria com Ibope, é de grande relevância para o país, pois possibilita preciosas informações para que todas as instâncias governamentais – federal, estaduais ou municipais – planejem políticas públicas mais eficientes, visando à penetração da leitura nas diversas faixas populacionais. Além disso, esses dados também devem ser do conhecimento dos professores e gestores que atuam em nossas escolas, públicas ou particulares, para que possam delinear os respectivos projetos pedagógicos das instituições educacionais. Tais projetos devem incluir, em seus objetivos, a formação dos alunos como leitores autônomos. Isso só poderá ser alcançado numa perspectiva de médio a longo prazo, mas que exige, como condição necessária, embora não suficiente, a articulação de todo o corpo docente em torno dessa meta comum, dado que a mesma supõe o trabalho pedagógico coletivo e não somente de algumas áreas ou disciplinas do currículo.

Da mesma forma, parece fundamental que a realidade desvelada pela pesquisa também seja vinculada às grandes mídias, propiciando aos pais o acesso a essas informações, uma vez que a família sempre teve papel muito importante no processo de constituição dos sujeitos como leitores autônomos.

Uma questão que deve ser inicialmente colocada é a definição de "leitor" assumida nesta pesquisa. O sujeito focado pela pesquisa é o leitor de livros – "aquele que leu, inteiro ou em partes, pelo menos um livro nos últimos três meses"; excluem-se desta definição todos os demais suportes textuais, como jornais, revistas, folhetos, internet, etc. Esta observação é importante por duas razões: primeiro porque os resultados seriam, certamente, bastante diferentes caso o conceito de leitor envolvesse todos os tipos de textos encontrados em nosso ambiente social – os dados mostram que tais práticas correspondem à sétima categoria de respostas quando os sujeitos da amostra relatam o que fazem no seu tempo livre; aqui incluem-se as diversas práticas de leitura, não se referindo somente à leitura de livros. O segundo motivo da importância da questão apontada refere-se ao fato de que o Instituto Pró-Livro, coerentemente com seus objetivos, reitera que, embora não seja a única forma de leitura, o livro "continua a ocupar lugar central na sociedade moderna". Através dele, outras leituras/linguagens são possibilitadas, além do desenvolvimento das habilidades de decodificar e interpretar, sem as quais os indivíduos dificilmente experimentarão um processo de inserção social plena.

A leitura inicial dos dados da pesquisa aponta uma realidade que, no mínimo, exige cuidadosa interpretação: cerca de 50% da amostra abordada situa-se como "leitor", de acordo com a definição assumida. Segundo dados disponíveis, tal índice representa uma diminuição de 5% em relação aos mesmos dados de 2007 – versão anterior da pesquisa. É possível que essa diminuição seja reflexo da metodologia de coleta e análise de dados utilizada, mas o preocupante é que os dados não refletem uma tendência de crescimento, mesmo que gradual, esperada para um país emergente como o Brasil. Além disso, essa tendência negativa da penetração de leitores é observada em todas as regiões geográficas do país, exceto o Nordeste. No mesmo sentido, o número de livros lidos por habitante/ano, que era 4,7 em 2007, caiu para quatro nesta versão, o que reforça a tendência de aceleração negativa nas práticas de leitura de livros na população brasileira.

Uma segunda observação geral motivada pela leitura inicial dos dados da pesquisa sugere que a prática de leitura de livros ainda é fortemente relacionada com os fatores escolaridade, classe social e ambiente familiar.

Na sequência deste texto, pretende-se discutir a questão da escolaridade, com enfoque especial no processo de alfabetização escolar e papel do professor, embora também procurar-se-á abordar algumas relações da leitura com o papel da família, principalmente no que tange à mediação dos pais.

Sobre a importância da escolaridade no processo de constituição do leitor e nas práticas de leitura.

Vários indicadores analisados nesta pesquisa apontam para a importância que a escolarização tem no processo de constituição do leitor e nas práticas de leitura da população. A começar pelos níveis de escolaridade da amostra abordada. Cerca de 91% dos sujeitos situam-se em alguma das faixas de ensino consideradas: 29% cursaram até a 4ª série, 24% até a 8ª, 28% o ensino médio e 10% o superior; 9% declararam-se analfabetos. Considerando-se a escolaridade em função das condições de "leitor e não-leitor", observa-se que, no primeiro caso, a moda situa-se no nível do ensino médio – 30% – com um índice também marcante no ensino superior, com 16%. No caso do "não-leitor", a moda situa-se na faixa da 1ª à 4ª série – 30% – sendo que 19% deste segmento declararam-se analfabetos; por sua vez, a frequência no ensino superior pode ser considerada baixa: 5%. Ou seja, no conjunto, esses dados sugerem uma relação positiva entre leitura de livros e os níveis crescentes de escolaridade.

Na época da coleta dos dados, 68% declararam que não estavam estudando. No entanto, com relação ao tipo de rede de ensino cursada, cerca de 90% estudam ou estudaram em escolas públicas, em todas as faixas de escolaridade, exceto no ensino superior, onde a situação altera-se drasticamente: de 70% a 75% cursam ou cursaram o ensino particular. Isto significa que, para a grande maioria da amostra, os possíveis impactos da escolaridade sobre o processo de formação do leitor ocorreu na escola pública, até o nível do ensino médio. Por outro lado, o cruzamento dos dados sobre o número de "livros lidos por ano" com a escolaridade mostra que é no ensino superior onde se lê mais: 7,7 livros/habitante/ano; tais dados nas demais faixas situam-se em 2,5 livros até a 4ª série, 3,7 livros da 5ª à 8ª e 3,9 livros no ensino médio.

Ainda sobre o fator escolaridade, deve-se registrar que 13% da amostra passaram pelo ensino supletivo (7%), educação de jovens e adultos (4%) ou alfabetização de adultos (2%). Isto sugere que esses níveis de ensino continuam sendo procurados e mantidos, provavelmente, por uma demanda derivada dos altos índices de reprovação e evasão escolar, nas diversas faixas do ensino regular.

Outro fator abordado pela pesquisa, que aponta para a importância da escolaridade no processo de formação do leitor e das condições de leitura, refere-se ao "material lido" e à "frequência de leitura".

Os dados mostram que os materiais mais lidos – categoria mais citada – são as revistas (53% da amostra), seguidos pelos jornais (48%); a terceira categoria, no entanto, são os livros indicados pela escola, citados por 47% dos entrevistados, dos quais 30% correspondem a livros didáticos e 17% à literatura geral. Os textos escolares ainda aparecem compondo a sexta categoria, apontados por 24 % da amostra.

No mesmo sentido, quando se analisa a frequência de leitura, observa-se que, na primeira categoria, aparecem os textos escolares – 44%, uma vez por dia e 44%, uma vez por semana. Como segunda categoria, aparecem os textos na internet (38% e 42%, respectivamente); mas, na terceira categoria surgem os livros indicados pela escola, incluindo os didáticos – 37% leem uma vez por dia e 42% leem uma vez por semana. Ou seja, os dados sugerem que é muito forte a presença de textos e materiais escolares nas práticas de leitura da população brasileira, representada pela referida amostra. Igualmente, aparecem os dados sobre os gêneros de textos lidos: na segunda categoria estão os livros didáticos, citados por 32% da amostra, perdendo apenas para a Bíblia, citada por 42%. No entanto, quando se analisam os dados sobre "gêneros lidos frequentemente", os livros didáticos aparecem em primeiro lugar, citados por 66% da amostra, seguidos pela Bíblia, citada por 65%.

Cruzando "gêneros que costumam ler" com níveis de escolaridade, observa-se que a moda da categoria "livros didáticos" situa-se no ensino superior (50%), o que possibilita a interpretação de que as altas taxas de leitura, nesse nível de escolaridade, parecem ser, em parte, determinadas pelas demandas escolares. Sobre este item, deve-se registrar que, no ensino superior, destacam-se os maiores índices de leitura dos gêneros romance (47%), livros técnicos (34%), livros de História, Economia e Política (29%), contos (28%), autoajuda (27%), biografias (27%) e enciclopédias e dicionários (19%). No ensino médio destacam-se os gêneros Bíblia (46%), livros religiosos (38%) e poesias (24%). No nível até a 4ª série, destacam-se os livros infantis (41%) e histórias em quadrinhos (24%).

Os dados relacionados com o fator "motivação para ler um livro" também possibilitam compreender melhor a importância da escolaridade nas práticas dos leitores. A categoria mais citada relaciona-se com "atualização/conhecimento geral", sendo que a moda situa-se no nível do ensino superior, com 73%; a segunda categoria corresponde a "ler por prazer, gosto ou necessidade espontânea", citada por 56%

dos sujeitos com escolaridade correspondente ao ensino médio. A terceira categoria, no entanto, relaciona-se à "exigência escolar", citada por 51% dos sujeitos com escolaridade até a 4ª série, 43% pelos sujeitos da 5ª à 8ª série, 43% do ensino médio e 26% do ensino superior. Portanto, novamente aparece a escola como um dos principais fatores determinantes das práticas de leitura da amostra estudada.

O "local de leitura" também denota a relevância da escola para essa prática: 93% leem preferencialmente em casa, mas 33% citam a sala de aula e 12%, a biblioteca escolar como locais de leitura. Da mesma forma, os dados de "acesso aos livros" reforçam o papel relevante da escola: os livros são comprados (48%), emprestados de terceiros (30%) ou emprestados da biblioteca escolar ou da escola (26%).

Os dados relacionados com a utilização de bibliotecas pela população parecem pouco animadores: 75% simplesmente não utilizam bibliotecas, 17% relatam que utilizam de vez em quando e somente 7% usam frequentemente, sendo que a biblioteca escolar aparece com a maior frequência, sendo citada por 64% dos usuários.

Portanto, o conjunto de dados acima referidos ratifica a grande importância do fator escolaridade com o processo de constituição do leitor e as próprias condições de leitura de livros desenvolvida pela população brasileira: a tendência parece sugerir que quanto maior os níveis de escolaridade, maior é a penetração da leitura na parcela da população considerada. Mas a escola também parece desempenhar um papel importante no que se refere ao tipo de material lido, frequência de leitura, gênero de texto lido, local de leitura e acesso aos livros. Na sequência, discutir-se-ão dados referentes ao papel do professor, relacionando-o com os pais.

Os agentes mediadores no processo de formação do leitor

Um importante conjunto de dados fornecidos pela presente pesquisa diz respeito a "quem mais influenciou o leitor a ler"; ou seja, coletaram-se informações que permitem inferir sobre quais foram os agentes mediadores que tiveram papel importante no processo de constituição dos sujeitos como leitores de livros. Os resultados mostram os seguintes agentes em ordem decrescente: professor(a), citados por 45% da amostra; mãe ou responsável do sexo feminino, 43%; pai ou responsável do sexo masculino, 17%; outro parente, 14%;

amigo(a), 12%; pastor, padre ou líder religioso, 6%; colega de trabalho, 2%; marido, mulher ou companheiro(a), 4%; outra pessoa, 5%.

Estranhamente, 17% dos entrevistados responderam "ninguém", o que sugere, provavelmente, que os mesmos não foram capazes de identificar, em suas histórias de vida, o principal agente mediador que possibilitou a sua aproximação com as práticas de leitura de livros. Isso porque a leitura não se caracteriza um processo natural, mas um processo socialmente construído, através da mediação de agentes relevantes nas vidas das pessoas, como pais, professores, parentes, etc., como apontam várias pesquisas (GROTTA, 2000; SILVA, 2005; SOUZA, 2005; LEITE, 2006; HIGA, 2007)

Comparando-se esses dados com os da versão da mesma pesquisa de 2007, vários aspectos merecem ser destacados. Inicialmente, observa-se uma importante alteração nas duas primeiras colocações: os professores, que na versão anterior ocupavam a segunda colocação, citados por 33% da amostra, agora ocupam a primeira colocação, citados por 45% dos sujeitos; as mães, que foram as mais citadas em 2007, com 49%, agora passam para a segunda colocação, citadas por 43% dos sujeitos. Queda mais acentuada foi verificada nas taxas de citações referentes aos pais ou responsáveis do sexo masculino: de 30% em 2007 para 17% em 2011.

Claramente, os dados sugerem que pode estar ocorrendo uma importante inversão entre os papéis da família – mãe/pai – e da escola – professor(a) – no que se refere ao principal agente mediador, responsável pelas condições que favorecem o processo de constituição dos sujeitos como leitores. É possível, de um lado, que estejam ampliando-se os níveis de informação dos professores, com relação a cuidados e procedimentos pedagógicos que facilitariam a aproximação entre os alunos e as práticas de leitura de livros. Entretanto, como os dados gerais da pesquisa apontam para uma tendência negativa na porcentagem dos leitores, uma alternativa para as relações observadas é que as famílias – mães e pais – não estejam mais conseguindo realizar plenamente práticas de aproximação das crianças com a leitura devido à deterioração das condições de vida, o que implicaria a diminuição de contato com os filhos.

Alguns dados mais específicos relacionados com a família podem ajudar na compreensão dessas alterações observadas no papel dos pais no processo de constituição dos seus filhos como leitores. A análise das respostas ao item "frequência com que veem/viam a mãe lendo" mostra que 21% dos sujeitos leitores sempre veem/viam a mãe lendo; 27% veem/viam de vez em quando; 11% quase nunca; 39% nunca veem/viam. No entanto, comparando-se com os mesmos dados da versão dessa mesma pesquisa de 2007, observam-se importantes alterações: diminuiu 9% a frequência de leitores que sempre veem/viam a mãe lendo e aumentou em 10% a frequência dos que nunca veem/viam. Tendência semelhante, e mais marcante, pode ser observada no mesmo item relacionado com o pai: 13% sempre veem/viam o pai lendo; 19%, de vez em quando; 11%, quase nunca; e 52 % nunca veem/viam o pai lendo. Com relação aos mesmos dados da versão de 2007, observa-se uma diminuição de 10% de sujeitos que sempre veem/viam o pai lendo, uma diminuição de 6% nos sujeitos que veem/viam de vez em quando e um aumento de 13% nos sujeitos que nunca veem/viam o pai lendo. Tais dados, portanto, apontam na direção de prováveis mudanças nas práticas de leitura que ocorrem nas famílias, o que poderia estar relacionada com o fato de as famílias estarem perdendo influência na formação de seus filhos enquanto leitores, comparando-se com os professores nas escolas. Infelizmente, a pesquisa não apresenta mais dados que pudessem clarear a interpretação dessas relações, o que sugere a necessidade de novos investimentos e outros estudos visando ao esclarecimento dessas questões, em especial sobre as práticas de leitura na família.

Ainda com relação ao papel da família, deve-se analisar a questão do nível de "escolaridade da mãe". Considerando toda a amostra, 20% dos sujeitos situam a mãe como analfabeta e 9% a situam como capaz de ler e escrever embora não tenha sido escolarizada. No entanto, comparando-se o mesmo dado com relação às condições de "leitor" e "não-leitor", observa-se que 12% das mães dos leitores eram analfabetas, enquanto que 28% das mães dos não-leitores estavam nessa condição. Similarmente, as mães dos leitores apresentavam índices maiores de escolaridade, comparando-se com as mães dos não-leitores, em todos os níveis, do ensino fundamental até o nível superior. Pode-se inferir, portanto, que é muito provável que os sujeitos leitores continuam sendo favorecidos pela condição da escolaridade das mães, conforme já sugeriam os dados da versão de 2007.

A família ainda pode estar relacionada com situações que possibilitam aos sujeitos acesso aos livros. Cerca de 39% dos sujeitos leitores declararam que ganharam livros, embora 60% deles afirmam que nunca ganharam. Com os sujeitos não-leitores, somente 13% ganharam livros e 87% declararam que nunca ganharam. No entanto, 88% dos favorecidos relatam que foi muito importante terem ganhado livros, pois possibilitou ampliar o gosto pela leitura. A principal categoria relacionada com as "principais formas de acesso aos livros" foi a compra/aquisição, embora 56% relataram que nunca compraram livros e 85% disseram que não compraram livros nos últimos 3 meses, o que equivale a mais de 150 milhões de brasileiros!

Na sequência, pretende-se ampliar a discussão sobre o processo de alfabetização escolar e, posteriormente, enfatizar o processo de constituição do aluno como leitor.

Considerações sobre o processo de alfabetização escolar

Um dos importantes aspectos abordados pela presente pesquisa relaciona-se com o item "Dificuldades que tem ao ler". Esta questão deu margem às seguintes categorias de respostas: "lê muito devagar", citada por 19% da amostra; "não tem paciência de ler", com 20%; "tem problemas de visão ou outras limitações físicas", com 13%; "não tem concentração suficiente para ler", com 12%; "não compreende a maior parte do que lê", com 8%; "não sabe ler", com 9%.

Comparando-se esses dados com a versão da pesquisa de 2007, observa-se que houve aumentos em todas as frequências acima, exceto na categoria "não sabe ler" (sujeitos que se consideram analfabetos), citada por 15% da amostra em 2007 e, nesta presente versão, citada por 9%. Curiosamente, cerca de 43% da amostra de sujeitos declaram que "Não tem dificuldade nenhuma", embora esta frequência tenha diminuído 5% em relação à versão de 2007.

Uma análise inicial desses dados acima apresentados, inevitavelmente, aponta para possíveis problemas no processo de alfabetização escolar enfrentados pela população, os quais têm sido continuamente apresentados pela literatura científica, bem como pelas mídias em geral. Questões como lentidão, falta de paciência e de concentração, dificuldade de compreensão e a própria condição de não saber ler podem, certamente, camuflar sérios problemas encontrados nos objetivos e estratégias que as escolas utilizam para alfabetizar as criança e os jovens.

Sobre o processo de alfabetização escolar, é notório que, a partir da década de 1980, houve profundas mudanças conceituais e metodológicas na área. Tanto que é possível diferenciar e caracterizar um modelo tradicional – cujo ícone é a cartilha e que dominou durante décadas – e as propostas atuais. Nessa análise, evidencia-se que a grande mudança ocorrida refere-se, basicamente, à própria concepção de escrita. De uma concepção em que a escrita era entendida como um mero código de representação da linguagem oral, concretizada na estruturação das cartilhas tradicionais, pode-se afirmar que, hoje, é amplamente reconhecida a escrita como um sistema simbólico, construído pela cultura, de natureza histórica e social. Ou seja, de uma ênfase centrada no código, a escrita passou a ser reconhecida pelo seu caráter simbólico, isto é, pelo seu significado compartilhado pelos membros da cultura. No entanto, isto não implica que se deixe de considerar a escrita enquanto código, pois é por meio dele que o significado é simbolizado. Portanto, escrita envolve significado compartilhado pela cultura e códigos/convenções socialmente estabelecidos, sendo que ambas as dimensões devem ser, simultaneamente, consideradas no processo de alfabetização escolar. (SOARES, 1985; KRAMER, 1986; SMOLKA, 1988; LEITE, 1988; BRAGGIO, 1992).

Tais mudanças não foram repentinas nem causadas pela ação isolada de alguma teoria de natureza psicológica ou linguística. Foram determinadas basicamente por profundas mudanças sociais e econômicas ocorridas nas sociedades capitalistas, durante a segunda metade do século XX. A partir dos anos 1960, o modelo tradicional de alfabetização passou a ser duramente questionado, principalmente pelos países economicamente avançados, uma vez que as mudanças tecnológicas que estavam ocorrendo, marcadamente nos modernos sistemas de produção, exigiam do trabalhador um novo repertório de habilidades, o que incluía o uso funcional da escrita. Como o modelo tradicional de alfabetização garantia apenas o domínio do código, e como apenas este, *per se*, não garante os usos funcionais da leitura e da escrita, os sistemas educacionais passaram a ser questionados quanto à capacidade de atender às novas demandas do sistema de produção.

Além dessa realidade de natureza econômica, deve-se ressaltar que, nesse período acima citado, os países ocidentais passaram por um marcado processo de "*grafocentrização*", ou seja, a escrita passou a ter uma presença gradualmente central nas relações sociais. Assim, enquanto a nossa sociedade centrou-se basicamente nas relações orais, não sendo exigido da grande massa da população um domínio funcional da escrita, o modelo tradicional de alfabetização cumpriu a sua função histórica. Considere-se, entretanto, que os setores economicamente dominantes sempre tiveram garantidas as condições sociais e culturais necessárias para sua formação de acordo com as melhores condições e oportunidades educacionais. Mas, quando as mudanças atingem as condições socais e econômicas, principalmente as de produção, a escola começa a ser questionada visando à formação da população para a nova realidade.

Essas mudanças, porém, nem sempre foram tranquilas, uma vez que envolvem práticas secularmente estabelecidas, sendo que várias áreas do conhecimento contribuíram com pesquisas e novas contribuições teóricas que rapidamente passaram a ser objetos de estudos dos educadores nas redes de ensino. Destacam-se as produções da Linguística (CAGLIARI, 1989; KOCH, 1993; POSSENTI, 1996; LEMLE, 1997) e da Psicologia (FERREIRO e TEBEROSKY, 1986; VYGOTSKY 1984; LURIA, 1988). Entretanto, foi marcante o impacto dessas novas ideias – principalmente da teoria construtivista, representada pelas pesquisas de Emília Ferreiro – em vários setores educacionais em nosso país, com destaque para algumas Secretarias de Educação de alguns estados que, de forma açodada, procuraram delinear novas propostas pedagógicas para as escolas, na área da alfabetização. Como consequência, até hoje se observam problemas originados neste período: como a teoria construtivista prioriza o papel do sujeito – no caso, o aluno – no processo de construção do conhecimento, o professor acabou sendo marginalizado nas relações de ensino-aprendizagem, o que produziu inúmeros problemas de natureza pedagógica, além de um aluno mal alfabetizado, com problemas exatamente no domínio do código, dimensão mais desenvolvida no modelo tradicional. Somente com o advento da abordagem histórico--social, no final dos anos 1990, o papel do professor foi resgatado, reassumindo-se a relevância da mediação pedagógica como um dos principais determinantes do processo de construção do conhecimento, na relação sujeito-objeto.

Outro fato de grande relevância na área foi o surgimento do conceito de letramento em nosso meio, a partir dos anos 1980, que possibilitou um grande avanço qualitativo, teórico e prático, no processo de alfabetização escolar: certamente, porque colocou a questão do envolvimento dos indivíduos com as práticas sociais de leitura e escrita. (Tfouni, 1988; Kleiman, 1995; Soares, 1998; Ribeiro, 1999;

Leite, 2010). A grande contribuição do conceito de letramento parece relacionar-se com o fato de possibilitar um norte para o processo de alfabetização; ou seja, é necessário alfabetizar os cidadãos para que possam envolver-se nas práticas sociais de leitura e escrita, condição necessária, embora não suficiente, para o exercício da cidadania, de forma plena e consciente.

Deve-se ressaltar que, nos anos 1990, predominaram alguns problemas entre os conceitos de letramento e alfabetização: este foi dominado pela força daquele, ou seja, frequentemente falava-se em letramento como se fosse alfabetização, sendo que alguns autores utilizavam ambos como sinônimos. Frequentemente, observavam-se professores desenvolvendo somente práticas de letramento, desconsiderando o trabalho com a alfabetização. Atualmente, pelos menos em termos teóricos, as questões parecem bem encaminhadas: entende-se que se trata de dois conceitos independentes, mas ao mesmo tempo indissociáveis. Ou seja, alfabetização refere-se ao processo de apropriação do sistema convencional da nossa escrita alfabética e ortográfica, envolvendo, pois, questões como consciência fonológica, relações grafema-fonema, as convenções, enfim, a escrita enquanto código e tecnologia – com isso, regata-se a essência do conceito de alfabetização. Letramento, por sua vez, refere-se a todas as práticas sociais de leituras e escrita, o que significa assumir que não é mais possível lidar com esses conceitos separadamente; em outras palavras, é necessário formar indivíduos alfabetizados e que se envolvam com as práticas sociais de leitura e escrita, necessárias para o exercício da cidadania.

Para evitar uma dicotomia desastrosa, a saída que se apresenta para os educadores nas escolas é alfabetizar na perspectiva do letramento, ou seja, alfabetizar letrando, conforme propõe Soares (1998). O processo de alfabetização escolar, planejado e desenvolvido nesta perspectiva pode apresentar as seguintes características, de acordo com Leite (2010):

a) a alfabetização deve ter o texto como ponto de partida e de chegada do processo; obviamente, refere-se a textos reais, existentes no ambiente social dos alunos, plenos de significação, coerentes, ricos em elementos coesivos e com conteúdos motivadores;

b) no mesmo sentido, o texto é instrumento que permitirá ao professor trabalhar todos os conteúdos linguísticos necessários para a leitura e escrita, ou seja, da alfabetização;

c) a alfabetização deve centrar-se na relação dialógica entre professor e alunos, reconhecendo que a linguagem oral é base para o processo de apropriação da escrita;

d) na alfabetização, deve-se prever, continuamente, a possibilidade do exercício da atividade epilinguística, quando o aluno é estimulado a refletir sobre as práticas desenvolvidas em sala de aula, individual ou coletivamente, envolvendo a leitura e a produção de textos;

e) o professor deve prever atividades que possibilitem ao aluno apropriar-se da tecnologia da escrita ao mesmo tempo em que amplie as possibilidades de contato com os usos funcionais da escrita;

f) todo o processo de alfabetização deve ser desenvolvido em um ambiente afetivamente favorável, de modo a garantir que se estabeleça, desde o início da escolarização, um processo de aproximação afetiva entre os alunos e as práticas de leitura e de escrita.

Não menos importante é o desafio que se coloca para os professores quanto ao direcionamento do processo de alfabetização numa perspectiva crítica, conforme propunha Paulo Freire (FREIRE, 1979,1985). O *conceito de conscientização*, proposto pelo autor, sugere que a escola pode ter um papel importante no processo de transformação da consciência ingênua em consciência crítica, mesmo se tratando de classes formadas por crianças no início do processo de escolarização. Neste sentido, as atividades desenvolvidas em sala de aula devem possibilitar o exercício da reflexão crítica sobre os diversos aspectos da realidade social que atingem as crianças. Exemplos desse processo podem ser encontrados em Amaral (1997, 2001) e Leite e Valim (2000).

Deve-se, finalmente, observar que todo esse processo de alfabetização e letramento não é específico do trabalho dos professores das séries iniciais, mas abrange todo o período de escolarização. Se o objetivo, agora, é formar o aluno como um leitor e produtor de texto, envolvido em práticas sociais com a leitura e a escrita, certamente estes serão objetivos a ser assumidos por todo o corpo docente, embora se reconheça que o trabalho de alfabetização deva ser concentrado nas séries iniciais. Disto resulta que uma condição necessária na escola, sem a qual dificilmente essas metas serão atingidas, é a organização coletiva do corpo docente. Isto exige o planejamento do trabalho pedagógico de todas as séries a partir de diretrizes pedagógicas comuns, assumidas por todos os docentes, além do exercício contínuo de reflexão sobre as práticas desenvolvidas em sala de aula, desenvolvido também pelo coletivo dos docentes. Ao coordenador pedagógico, ou outro profissional semelhante presente na escola, cabe a tarefa de garantir as condições para que esse trabalho se desenvolva efetivamente na perspectiva coletiva.

Considerações sobre o papel do professor no processo de constituição do aluno como sujeito leitor

Na presente pesquisa, foi perguntado aos sujeitos se "lê mais por prazer ou por obrigação". Surpreendentemente, aproximadamente 75% dos sujeitos responderam "lê por prazer". No entanto, também foi avaliado o item "gosto pela leitura", sendo que as respostas obtidas foram organizadas nas seguintes categorias: 25% responderam "gosta muito", 37% responderam "gosta um pouco", 30% disseram "não gosta", além dos 9% que declararam "não sabe ler". Sobre esses dados, vários pontos chamam a atenção: o primeiro é que o índice dos que não gostam é muito alto; além disso, somando-se com o dos analfabetos e considerando que a categoria "gosta um pouco" revela uma relação frágil com a leitura de livros, ratifica-se a suspeita de que uma pequena parcela da população, efetivamente, desenvolveu o gosto pela leitura de livros. Isto que pode explicar muitos outros dados da presente pesquisa, principalmente aqueles que apontam para uma flutuação negativa entre os sujeitos e a leitura.

Além disto, comparando-se esses mesmos dados com os da versão de 2007, observa-se que a categoria "gosta muito" apresentou queda de 3% enquanto a categoria "não gosto" aumentou 7%, dado também coerente com a tendência negativa observada nos índices gerais de "leitor" e "não-leitor". Por outro lado, analisando o cruzamento entre "gosto" e "escolaridade", observa-se que a categoria "gostar muito" está igualmente presente em todos os níveis de escolaridade, enquanto a categoria "não gosto" apresenta um pico modal de 36% na faixa "até a 4ª série", o que é preocupante, pois se trata de um período propício para o estabelecimento do gosto pela leitura.

Os dados sobre o gosto pela leitura são fundamentais no conjunto de fatores analisados nesta pesquisa, pois, juntamente com a escolaridade e origem social, correspondem a um dos principais determinantes no processo de constituição do sujeito como leitor: trata-se da relação afetiva que se estabelece na relação sujeito-objeto, ou aluno--leitura, como no presente caso. Pesquisas recentes (Leite, 2006; Leite E. Higa, 2011), desenvolvidas em sala de aula, têm apontado que as relações que se estabelecem entre sujeito-objeto extrapolam os aspectos cognitivos, incluindo necessariamente a dimensão afetiva; ou seja, toda experiência humana que envolve a relação sujeito-objeto produz impactos afetivos, que podem ser positivos ou negativos – em outras palavras, podem produzir movimentos de aproximação ou de afastamento entre o sujeito e o respectivo objeto em questão. Neste sentido, deve-se relembrar que grande parte dos objetos culturais é apresentada aos sujeitos através de agentes mediadores, que podem ser pessoas físicas, como mãe, pai, professores, parentes, etc. As pesquisas têm mostrado que o tipo de relação afetiva que se estabelece entre o sujeito-objeto – envolvendo movimentos de aproximação ou de afastamento – vai depender da história de mediação vivenciada pelo sujeito em relação ao objeto. Essa história é individual, mas socialmente constituída, através de relações concretas, observáveis, vividas entre pessoas de carne e osso, com efeitos afetivos, às vezes, imediatos e intensos, podendo gerar relações de amor ou de ódio entre sujeito e objeto, como produtos finais.

A leitura é uma prática social que pode ser perfeitamente analisada sob este prisma teórico – aliás, é o que as pesquisas citadas fazem. A relação que se estabelece entre a criança, o jovem e mesmo o adulto com as práticas de leitura – ou com a escrita – é também de natureza afetiva e sua qualidade – de aproximação ou afastamento – vai depender da história de mediação vivida pelo sujeito com relação a este objeto: uma história marcadamente positiva vai aumentar a chance de se estabelecer uma relação de aproximação afetiva entre o sujeito e as práticas de leitura; o inverso também é verdadeiro. A pesquisa pioneira de Grotta (2000), analisando as histórias de mediação de leitores autônomos, ilustra claramente essas relações apresentadas: todos os leitores tiveram em suas vidas a presença de mediadores que garantiram a aproximação afetiva entre eles e o ato de ler; entre esses mediadores destaca-se a figura do professor – às vezes um único professor em toda a vida escolar, mas com uma presença tão impactante na vida do sujeito que acaba por determinar uma relação autônoma e perene com a leitura.

Neste sentido, é relevante apresentar uma síntese dos dados da pesquisa de Leite e Higa (2011), relativa ao acompanhamento, durante um ano do trabalho pedagógico de uma professora com uma classe de primeira série, com 25 crianças de classe média-baixa, em uma escola pública situada em uma cidade do interior do Estado de São Paulo. Essa professora era reconhecida na escola por seus pares como uma profissional com grande habilidade de envolver as crianças nas práticas de leitura. Como os dados foram coletados nas salas de aula, através de sessões de observações, e nas casas, através de contínuas entrevistas com as mães, foi possível analisar os possíveis efeitos extraclasse do trabalho da referida professora.

A revelação mais surpreendente desta pesquisa foi que a professora realizou um trabalho tão adequado que o efeito, observado pelas mães, foi que as crianças começaram a desenvolver um padrão de leitura autônoma em suas casas: começaram a ler sem a estimulação do adulto, utilizando práticas de leitura como atividades de lazer. A questão que se colocou é: o que essa professora realizou em sala de aula para produzir esses efeitos? Neste sentido, os dados de observação foram fundamentais. Os principais fatores identificados no trabalho pedagógico da professora foram:

1) realização de sessões de leitura diárias para os alunos, durante um período em torno de meia hora. Essa atividade correspondia à leitura interpretativa de textos, na qual a professora utilizava recursos de modulação vocal, expressão corporal e facial, às vezes com material de apoio (objetos variados relacionados com a história). Os portadores de textos variavam, mas a maioria deles continha histórias infantis cuja temática sempre motivava os alunos;

2) a professora incentivava a leitura realizada em casa pelos alunos; para tanto, ela organizou uma biblioteca no fundo da classe, que era um velho baú em que depositava os livros conseguidos através de uma campanha no bairro, realizada com apoio dos pais e das crianças; além disso, os alunos eram incentivados a relatar, na hora da roda, as leituras que estavam fazendo, o que teve um grande efeito motivador;

3) realização de projetos: alguns livros foram selecionados para a realização de projetos, que correspondia a várias atividades em torno da história, podendo incluir dramatização, festa, gincana, outras atividades extraclasse, etc.; o que caracterizava essas atividades era o seu caráter motivador, pois mobilizavam profundamente as crianças;

4) realização de atividades escritas a partir das leituras, como redação de cartas, montagem de um mural para a escola, construção

de texto coletivo, etc.; em tais atividades a professora trabalhava com aspectos relacionados com o processo de alfabetização, como caracterizado neste trabalho.

Considerações finais sobre o processo de constituição do leitor

Pesquisa semelhante à descrita acima, realizada por Souza (2005), analisou o papel da mediação familiar no processo de constituição de jovens como leitores. Os dados coletados através de entrevistas realizadas com jovens adolescentes, caracterizados como leitores autônomos – leem sem a estimulação do adulto – mostram o importante papel que a família pode ter nesse processo. Alguns fatores determinantes da leitura foram claramente identificados no ambiente familiar: disponibilidade de acesso a livros em casa; local adequado para a guarda de livros, bem como para a prática de leitura; observação dos atos de leitura realizados pelos pais; momentos de leitura previstos na rotina familiar, embora cada um leia seu texto predileto; momentos de discussão sobre obras lidas, envolvendo pais e filhos; ausência de um caráter obrigatório para as práticas de leitura.

O conjunto de dados, resumidamente aqui apresentados, ajuda a ampliar a discussão sobre vários dados observados na pesquisa do Instituto Pró-Livro. O que pode ser destacado é que, quando se fala em leitor de livros, está se referindo a um sujeito que deve ter tido uma história de mediação afetivamente positiva com relação a essas práticas de leitura; sem isso, o hábito não se instala e a leitura, se ocorrer, será por mera necessidade – aliás, esta característica deve marcar grande parte dos cidadãos. Assim, as contribuições das recentes teorias psicológicas sobre o tema devem ser acolhidas com o devido cuidado e carinho. No caso específico, há dois autores que devem ser ouvidos com atenção: Vygotsky (1993, 1998) e Wallon (1968, 1971, 1978). Ambos lembram que o ser humano não nasce com tendências predeterminadas ou com dons preestabelecidos; ao contrário, o Homem traz um repertório filogenético, responsável pela sua sobrevivência até o presente, o qual o caracteriza inicialmente como um ser biológico – aliás, uma das espécies que menos apresentam respostas instintivas. Para tornar-se um ser social e histórico, o Homem necessita, fundamentalmente, de uma cultura, ou seja, de um conjunto de práticas, valores, processos, instrumentos, etc. para que se humanize: é a partir dela – cultura – que aprenderá a falar, a pensar e a sentir. Para Wallon, cognição, emoção e movimento, num processo de desenvolvimento contínuo vão constituir dialeticamente o sujeito como um ser. No mesmo sentido, para Vygotsky *é na e pela cultura que o homem transforma-se de ser biológico em um ser sócio--histórico.*

Isto envolve o desenvolvimento de hábitos e práticas sociais, como a leitura. Assumir essa prática como relevante para a humanização do Homem exige a perspectiva de elaboração de políticas públicas, dado que a questão não mais se coloca como lazer pessoal, mas como práticas culturais necessárias para o desenvolvimento humano. Assim, as pesquisas disponíveis têm uma função crucial: apontar os rumos necessários das propostas das políticas públicas na área. Neste sentido, os dados disponíveis apontam fortemente para a escola e para família, em especial a primeira, onde o Estado pode agir com mais determinação para melhorar as condições de formação e de trabalho dos professores que atuam nas escolas brasileiras.

Isto parece ser um dos direcionamentos mais urgentes que a pesquisa Retratos da leitura no Brasil aponta.

Referências

AMARAL, C. W. *A proposta crítica no processo de alfabetização escolar*. Dissertação de Mestrado. Faculdade de Educação. Universidade Estadual de Campinas, 1997.

AMARAL, C. W. *Alfabetizar para quê? Uma perspectiva crítica para o processo de alfabetização*. In: LEITE, S. A. S. (Org.) *Alfabetização e Letramento – Contribuições para as práticas pedagógicas*. Campinas: Komedi, 2001.

CAGLIARI, L. C. *Alfabetização e linguística*. São Paulo: Scipione, 1989.

BRAGGIO, S. L. B. *Leitura e alfabetização. Da concepção mecânica à sociolinguística*. Porto Alegre: Artmed, 1992.

FERREIRO, E.; TEBEROSKY, *A psicogênese da língua escrita*. Porto Alegre: Artmed, 1986.

FREIRE, P. *Conscientização: teoria e prática da libertação – Uma introdução ao pensamento de Paulo Freire*. São Paulo: Moraes, 1979.

FREIRE, P. *Pedagogia do oprimido*. Rio de Janeiro: Paz e Terra, 1985.

GROTTA, E. *Processo de formação do leitor: relato e análise de quatro historias de vida*. Dissertação de Mestrado. Faculdade de Educação, Universidade Estadual de Campinas, 2000.

HIGA, S. E. L. *A constituição do sujeito como leitor: duas histórias de mediação*. Trabalho de Conclusão de Curso. Faculdade de Educação. Universidade Estadual de Campinas, 2007.

KLEIMAN, A. B. (Org.) *Os significados do letramento*. Campinas: Mercado das Letras, 1995.

KOCH, I. G. V. *Argumentação e linguagem*. São Paulo: Cortez, 1993.

KRAMER, S. *Alfabetização – Dilemas da prática*. Rio de Janeiro: 1986.

LEITE, S. A. S. *Alfabetização e fracasso escolar*. São Paulo: Edicon, 1988.

LEITE, S. A. S. (Org.) *Afetividade e práticas pedagógicas*. São Paulo: Casa do Psicólogo, 2006.

LEITE, S. A. S.; COLELLO, S. M. G. *Alfabetização e letramento*. São Paulo: Summus, 2010.

LEITE, S. A. S.; HIGA, S. E. L. *Aproximação e afastamento na relação entre crianças e as práticas de leitura: o papel da mediação pedagógica do professor*. In: LEME, M. I. S.; OLIVEIRA, P. S. (Orgs.) Proximidade e Distanciamento. São Paulo: Casa do Psicólogo, 2011.

LEITE, S. A S.; VALIM, A M. C. *O desenvolvimento do texto dissertativo em crianças da quarta série*. Cadernos de Pesquisa, no. 109, mar. 2000, p. 173-200.

LEMLE, M. *Guia teórico da alfabetização*. São Paulo: Ática: 1997.

LURIA, A. R. *O desenvolvimento da escrita na criança*. In VYGOTSKY, L. S.; LURIA, A. R.; LEONTIEV, A. N. *Linguagem, desenvolvimento e aprendizagem*. São Paulo: Edusp/Icone, 1988, p. 143-189.

POSSENTI, S. *Por que (não) ensinar gramática na escola*. Campinas: Mercado de Letras, 1996.

RIBEIRO, V. M. *Alfabetismo e atitudes*. São Paulo: Papirus/ Ação Educativa, 1999.

SILVA. L. M. *Memórias de leitura: a constituição do leitor escolar*. Dissertação de Mestrado. Faculdade de Educação. Universidade Estadual de Campinas, 2005.

SMOLKA, A. L. B. *A criança na fase inicial da escrita: alfabetização no processo discursivo*. São Paulo: Cortez, 1988.

SOARES, M. B. *As muitas facetas da alfabetização*. Cadernos de Pesquisa, no. 52, 1985, p. 19-24.

SOARES, M. B. *Letramento – Um tema em três gêneros*. Belo Horizonte: Ceale/Autêntica, 1998.

SOUZA. J. S. Z. *A mediação da família na constituição do leitor*. Trabalho de Conclusão de Curso. Faculdade de Educação. Universidade Estadual de Campinas, 2005.

TFOUNI, L. M. *Adultos não-alfabetizados: o avesso do avesso*. Campinas: Pontes, 1988.

VYGOTSKY, L. S. *A formação social da mente*. São Paulo: Martins Fontes, 1984.

VYGOTSKY, L. S. *Pensamento e linguagem*. São Paulo: Martins Fontes, 1993.

VYGOTSKY, L. S. *O desenvolvimento psicológico na infância*. São Paulo: Martins Fontes, 1998.

WALLON. H. *A evolução psicológica da criança*. Lisboa: Edições 70, 1968.

WALLON, H. *As origens do caráter na criança*. São Paulo: Difusão Europeia do Livro, 1971.

WALLON, H. *Do acto ao pensamento*. Lisboa: Moraes Editora, 1978.

Sérgio Antonio da Silva Leite. Psicólogo. Doutor em Psicologia pela Universidade de São Paulo. Professor titular no Departamento de Psicologia Educacional da Faculdade de Educação, Unicamp. Membro do Grupo de Pesquisa Alle – Alfabetização, Leitura, Escrita, na Faculdade de Educação, Unicamp. Desenvolve atividades de pesquisa e orientação com os temas Alfabetização/Letramento, Afetividades nas práticas pedagógicas, incluindo processos de formação do leitor. Sobre os temas, organizou as seguintes obras: "Alfabetização e Letramento" (Campinas: Ed. Komedi, 2002) e "Afetividades e Práticas Pedagógicas" (São Paulo: Casa do Psicólogo, 2006). Escreveu "Alfabetização e Letramento" (São Paulo: Summus Editorial, 2010), em parceria com Sílvia G. Colello. Tem vários artigos e capítulos publicados sobre essas questões. Diretor da Faculdade de Educação da Unicamp, no período 2008 a 2012.

capítulo 3

O acesso à leitura no Brasil – os recados dos "retratos da leitura"

Maria Antonieta Antunes Cunha

Antes de desenvolvermos nossas considerações em torno da última versão da pesquisa Retratos da leitura no Brasil, gostaríamos de situá--la no contexto da série histórica a que ela dá sequência.

Realizada em 2011, a nova pesquisa retoma basicamente a anterior, de 2007, enquanto esta ampliou bastante a abrangência e os objetivos do estudo de 2000. Se em 2007 e 2011, a pesquisa alcança entrevistados desde 5 anos de idade, em 2000 eles tinham no mínimo 14 anos, evidenciando-se desse modo o interesse em traçar o perfil de brasileiros que em princípio teriam cumprido um período de alfabetização plena. Nesse estudo, houve ainda uma preocupação com um diagnóstico de leitura no estado de São Paulo, relevância não observada nas duas mais recentes, que procuraram abarcar todos os tipos de cidades e todos os estados da federação.

Estas duas pesquisas partem do mesmo eixo, e as pequenas alterações feitas em 2011 tiveram a intenção, sobretudo, de esclarecer alguns dados, conservando-se sua abrangência e seus objetivos.

Sobretudo em países com pouca tradição em pesquisas no campo da leitura, pesquisas quantitativas, como as abordadas aqui, são fundamentais, pelo tipo de diagnóstico que possibilitam e pelas informações preciosas que delas se podem extrair, seja na análise de interesse de determinados segmentos da área de leitura e do livro, seja na formulação de políticas públicas consequentes para esse campo.

Obviamente, a importância desse tipo de pesquisa não obscurece a necessidade de pesquisas qualitativas que, com outros objetivos, metodologias e aplicações, iluminam pontos obscuros na pesquisa quantitativa e têm especial relevância no campo da cultura e da educação – instâncias historicamente (mais) responsáveis pela formação de leitores[1]

Com relação aos resultados da última pesquisa, dada a conhecer em 2012, causou estranheza e incômodo o fato de que seus dados apontavam para a diminuição do índice de leitura entre os brasileiros: se, em 2007, 55% dos brasileiros entrevistados se classificavam como leitores, em 2011 eles não passaram de 50%. Para a média de livros lidos no ano, observou-se igualmente um declínio: de 2,7 livros (excetuados os didáticos), para 1,85.

Para quem acompanha a movimentação e as ações em torno da valorização da leitura e do livro, esforços que são tanto do poder público quanto dos mais diferentes integrantes da ampla cadeia do livro e da leitura, criando um panorama bastante positivo no desenvolvimento de práticas leitoras, esses dados parecem traduzir um quadro mais antigo do estado geral da área.

Para os que estão, coletiva ou solitariamente, desenvolvendo projetos de mediação da leitura e dão um testemunho de mudança na frequência e na qualidade do ato de ler em seu círculo de atuação, a pesquisa não reflete a sua realidade.

Ao final de nossas observações, voltaremos a esse ponto. Por enquanto, parece-nos importante sublinhar que esses dados incontestáveis podem, de certo modo, ser menos preocupantes, se pensarmos que talvez algumas diferenças entre as duas últimas pesquisas podem explicar seu resultado. Eis algumas especulações em torno disso.

1 – O fato de a pesquisa mais recente ter sido feita em outro período do ano (em 2007, de novembro a dezembro; em 2011, de junho a julho), diferentemente do que ocorre, por exemplo, nas pesquisas de produção, de admissão ao trabalho e de compras, pode revelar momentos diferentes de leitura?

Mesmo imaginando que se trata de uma experiência que gostaríamos de sentir permanente, muitos de nós, por motivos bastante razoáveis, temos momentos de picos ou quase abandono de leitura,

---

1. Há projetos do IPL e MinC/FBN de investir neste tipo de pesquisa.

sobretudo se levarmos em conta que o critério para a definição do leitor é a leitura de pelo menos um livro nos três últimos meses.

Embora essa seja uma definição recorrente em muitas pesquisas, a apresentação dos índices de leitura nos últimos 12 meses aumentava razoavelmente, em 2007, o número de leitores. Comparativamente, pode oferecer um quadro talvez mais decisivo para nossas análises.

2 – A distinção entre "leu o livro inteiro" e "leu parte do livro" terá sempre o mesmo peso, independentemente do gênero? Não ler um romance inteiro, ou uma novela, ou uma peça de teatro toda, significa a mesma coisa que não ler todos os poemas, ou contos, ou crônicas de um livro? Não vemos, por exemplo, como uma restrição a constatação de que o Nordeste aumentou seus índices de leitura, MAS lê sobretudo partes de livros. O significado disso pode não ter importância, do mesmo modo que, entre universitários que leem mais, não importa o suporte ou o gênero de texto, a leitura em partes também é muito frequente.

3 – A nova configuração da população brasileira segundo faixas etárias, exigindo entrada diferente delas na pesquisa, pode esclarecer índices diferentes, em determinados casos.

Assim, em 2007, as três faixas etárias iniciais (agrupadas diferentemente, na apresentação da pesquisa), as que mais leem, representaram 29% dos entrevistados, enquanto, em 2011, elas corresponderam a 25% das entrevistas.

Do mesmo modo, as chamadas "classes sociais" têm peso diferente. Se os entrevistados das classes D/E (em 2011, apenas D) tiveram peso maior (51%) do que na pesquisa anterior (48%), isso também poderá representar um ponto importante para a diferença de números ou de índices.

E, se os idosos estão mais representados na última pesquisa (afinal, estamos vivendo mais), possivelmente eles entrarão com mais ênfase entre os "não-leitores".

4 – Da mesma forma, pode induzir a uma compreensão inadequada dos resultados. Obviamente, não podemos simplesmente dividir ou multiplicar os índices, e considerá-los equivalentes como resultados. Acreditamos que o entendimento da pesquisa pelo público ligado ao tema é fundamental para a tomada de consciência quanto ao quadro.

Sabemos que a pesquisa de 2011 organiza as perguntas e as respostas como em 2007, mas poucos estudiosos se debruçarão sobre os números brutos. Mesmo os envolvidos com o tema se valerão da síntese feita para tratar da questão da leitura no Brasil.

Por outro lado, com relação à última pesquisa, cabe salientar que ela traz dados positivos, ainda que provisórios e carentes de outros enfoques.

A lista dos livros lidos, por exemplo, apresenta vários títulos que, com toda certeza, não foram trabalhados ou indicados pela escola. Isso significa, possivelmente, uma leitura espontânea mais acentuada do que em 2007, dado que abre boas perspectivas para a leitura como escolha. É bem verdade que tais obras estão, quase todas, na lista de *best-sellers*, têm autores midiáticos, ou apresentam versões cinematográficas – o que cria a possibilidade de terem sido "lidas" no cinema, mas, de algum modo, são títulos que se sobrepõem às demandas ou obrigações escolares.

Outro dado interessante é o fato de um número significativo (49%) de entrevistados ter afirmado que na época da pesquisa era aquela em que liam mais. Isso revela que, de alguma forma, a leitura está constituída com força na vida de um número razoável de pessoas.

Não parece desprezível a afirmação de mais de 60% dos entrevistados de que conhecem alguém que "subiu na vida" porque tem o hábito da leitura. Mesmo sem gostar muito de ler, essa percepção pode levar as pessoas a procurar a leitura.

É muito importante nos parece a informação de um número expressivo de entrevistados, segundo a qual o professor foi a maior influência no seu interesse pela leitura (em 2007, esse primeiro lugar era da mãe, seguida do professor e do pai). Esse dado nos parece interessante por motivos que se evidenciarão quando abordarmos a leitura na escola.

De todo modo, mais valioso do que tais diferenças, é extrairmos das pesquisas semelhanças – essas, sim, significativas e do maior interesse para os que se sentem comprometidos com a causa da leitura, sejam estudiosos, criadores, editores, mediadores ou poder público.

A primeira evidência da série histórica da pesquisa é que não superamos entraves antigos no entendimento da leitura: continuamos lendo pouco. Seguimos ligando indefectivelmente leitura e escola (e um pouco menos ao trabalho). Permanecemos distantes das bibliotecas, não importa de que tipo. E, ao que tudo indica, continuamos aceitando maus serviços (e não só públicos), como se fossem bons, porque sequer sabemos o que é um bom serviço educacional ou cultural. Tentemos explicar melhor tais afirmações.

Quanto à pouca leitura, mesmo se deixarmos de lado o conceito adotado nas pesquisas de leitor e não-leitor e alargarmos, como muitos querem, a noção de leitura e levarmos em conta o acesso ao jornal, à revista e até à internet e toda a parafernália digital, ainda assim, continuamos lendo pouco. Mesmo que não queiramos qualificar a leitura, considerando com igual valor o contato com a literatura, as produções em série, os textos das mídias sociais, etc., ainda assim lemos pouco. Sequer a Bíblia e os livros didáticos, de longe os mais lidos no Brasil (ou os mais citados, seja por que motivo for), chegam a um número expressivo de leitores.

Com relação à estreita relação feita pelo brasileiro entre leitura e escola, ela não é um problema: ao contrário, essa relação é tão legítima quanto necessária – enquanto somos estudantes. Por isso mesmo, ela existe em todos os lugares que poderiam nos servir de referência nesse campo. O problema começa a existir quando se acha que a leitura só tem a ver com a vida estudantil. Aquela ideia de "desescolarizar" a leitura, que esteve em moda e conseguiu adeptos importantes na década de 1990, perdeu força e não pode ser confundida com o desejo legítimo de que a leitura extrapole os muros e os tempos da escola.

Se a leitura não deve ser uma função unicamente da escola, cabe a esta, certamente, formar e desenvolver o leitor para além e para depois da alfabetização e do período da vida escolar.

De novo: isso é o que se pretende, nos tais países atentos à formação de leitores.

Maior deve ser o empenho da escola na formação de leitores, num país onde a família não tem enraizado o valor da leitura, dadas as suas históricas dificuldades sociais e a falta de cultura letrada. Na fase mais decisiva da formação de gostos e valores, na escola estão leitores e não-leitores, em contingentes significativos e mais facilmente atingíveis pelas ações – imprescindíveis e diferentes, mas complementares – de ensinar a ler e a descortinar os horizontes da leitura, ou, em outras palavras, ajudar a gostar de ler, ou a perceber os ganhos advindos da leitura.[2]

---

2. Todas as pesquisas da série histórica indicam que a maioria dos entrevistados considera a leitura uma "atividade" importante, ainda que nem sempre prazerosa e praticada. Dificilmente alguém se posiciona contrário à experiência da leitura, pelo menos como discurso politicamente correto. Nem cabe almejar uma absoluta adesão ou devoção à leitura: mais importante é não fechar portas, criar espaços e tempos para que, um dia, se dê o encontro entre livro e leitor. Onde? Quando? Essa resposta pode estar acima de nossas possibilidades, mas ela nem é tão fundamental assim...

É claro que, para cumprir a função, a escola precisa alfabetizar de verdade e contar com educadores que leiam além dos didáticos e mais uns poucos títulos de literatura infantil e juvenil. A escola precisa de profissionais, de biblioteca e de livros que, juntos, criem condições adequadas para essa função.

Sabemos que há uma vigorosa e bem-sucedida política de distribuição de materiais de leitura, instituída pelo MEC, há pelo menos 15 anos, com livros de referência e de literatura, destinados aos alunos, e também ao professor. Mas conhecemos também o déficit de bibliotecas escolares e a insuficiente formação continuada do mestre, questões que começam a ser mais fortemente encaradas agora.

Da mesma forma, a biblioteca pública não deveria ser apenas, como indiscutivelmente é, um braço da escola. Exceto para complementar ou suprir a falta da biblioteca escolar, ela não existe para a nossa população. Para os entrevistados, sua inutilidade é tal, que respondendo à pergunta "O que o faria frequentar a biblioteca?", 33% deles disseram que nada os faria frequentar a biblioteca. (Essa posição contrasta com a resposta sobre o uso de livros digitais, em que 61% dos entrevistados disseram que poderiam, sim, experimentar a leitura num *e-book*. Quer dizer: há mudanças possíveis, segundo o imaginário dos entrevistados.)

Apesar de ser o equipamento cultural mais presente nos municípios brasileiros, sem se levar em conta sua qualidade (os últimos 12 sem biblioteca serão contemplados ainda este ano, segundo as fontes oficiais), perto de 25% dos entrevistados sequer sabem que ela existe, e apenas 12% a frequentam regularmente.

Esses números mostram a urgência de a biblioteca brasileira se repensar, modernizar-se com relação a acervo, espaço, pessoal e projetos, para realmente cumprir sua função de convidar à permanência e oferecer-se como lugar de leitura.

Enfim, pelo Brasil afora, bibliotecas públicas e escolas contam com muito menos verdadeiros mediadores de leitura do que necessita. Suas ações são, em geral, acanhadas, pouco inovadoras e pouco motivadoras. Na verdade, mesmo quando oferecem o "espaço digital", este pouco ou nada tem a ver com um projeto instigador de leitura, desenvolvido por seus responsáveis. Basta ver os resultados da pesquisa de 2011, com relação ao uso da internet: 58% dos entrevistados a usam como forma de entretenimento, e 76% afirmam que não acessam qualquer *site* ligado a livros ou à literatura.

Não são capazes, portanto, de facilitar no seu aluno ou usuário a percepção do que pode representar a leitura: uma necessidade vital, ou o prazer indescritível do conhecimento ou da fantasia, ou a súbita apreensão da nossa transcendência. Ou tudo isso junto.

Enfim, para além das frases feitas e repetidas sem que representem uma convicção, a leitura não é percebida como um valor na engrenagem da vida individual ou coletiva do brasileiro. Dessa forma, saídos da escola, podemos nos livrar de uma atividade entediante obrigatória, que fazemos em algum espaço da escola, na biblioteca e até em casa para passar de ano, mas que não precisamos levar para o resto da vida.

É óbvio que escolas e bibliotecas não estão soltas e sozinhas no mundo, que são elas também resultado de certo tipo de sociedade e de políticas desenvolvidas para o tipo de cidadão que temos ou que se deseja desenvolver. É claro, também, que a leitura não se limita nem diz respeito a essas instâncias. Ela é parte, sintoma dessa sociedade, e o melhor talvez seja não analisá-la isoladamente.

Por outro lado, não estamos desconsiderando as ações de mediação de leitura exitosas pelo Brasil afora, e não são poucas. É só olhar o que fazem o Programa Nacional de Incentivo à Leitura – o Proler, as ONGs, muitas instituições de ensino. É só conferir os inscritos e premiados do Vivaleitura, ou da Fundação Nacional do Livro Infantil e Juvenil. Essas experiências são fundamentais, e a elas devemos o que de melhor temos nesse campo. A questão é que, nesse Brasil tão grande e de tênue rede de comunicação, frequentemente tudo isso se dilui.[3]

O poder público é que pode e tem o dever de procurar resultados fartos e abrangentes nas suas três instâncias de governo. Se o Estado acredita mesmo que a leitura faz parte inarredável dos direitos do cidadão e é um bem comum a ser oferecido a todos, é ele que tem de dialogar com toda a sociedade. Tem de pronunciar-se, juntar os esforços, amarrar as pontas desconectadas, enfim, formular a política pública da área da leitura, em todas as suas possibilidades, e trabalhar firmemente para garantir a execução dessa política.[4]

---

3. Daí a importância de essas ações se cadastrarem no mapa de ações do Plano Nacional do Livro e Leitura – PNLL, de modo a possibilitar um diálogo entre as experiências e o aperfeiçoamento de suas estratégias.

4. O papel exponencial na definição dessa política cabe ao Plano Nacional do Livro e Leitura, instância interministerial do MEC e do MinC e que, em constante diálogo com a sociedade civil e todos os engajados na luta pela leitura e pelo livro, constrói as diretrizes, metas e ações da área e trabalha para a sua concretização, em todo o território nacional.

A definição dessa política talvez nos ajudasse repensar a experiência da leitura e o seu conceito semiótico, mais afinado com a sociedade em mudanças e "enredada", a que estamos inapelavelmente sujeitos hoje, na qual ganhariam força suas dimensões culturais e sociais. Da mesma forma, vale a pena insistir na noção do letramento, que, trabalhando a leitura como prática social, inclui a escrita como ponto de partida e decorrência da experiência leitora, tornando indissociáveis as duas experiências.

Voltamos, afinal, à questão dos índices de leitura revelados na última versão da pesquisa: correndo o risco de aparente contradição, desejaríamos que os números ao mesmo tempo nos apaziguassem e nos servissem de alerta.

Sugeriríamos a consideração de dois pontos importantes, diante da inevitável pergunta: com tantos e tão evidentes esforços, por que os índices de leitura não melhoram, e, em algum determinado momento ou medida, se mostram piores?

O primeiro ponto a ponderar é que talvez seja cedo para se perceberem os avanços feitos, e o próprio espaço de quatro anos é prazo pequeno para evidenciá-los. Entre a urgência da ação e a colheita dos frutos há uma larga distância.[5]

O tempo da educação e da cultura costuma ser muito lento: trata-se sempre de um processo de longo prazo, cujo resultado não se obtém na mágica do estalar de dedos e não se percebe facilmente a olho nu. Tal processo de persistência – a tal "teimosia" de que são feitos os grandes professores, na opinião de Rolland Barthes. Exige paciência – a "ardente paciência", de que falam Pablo Neruda e Antonio Skármeta.

Nesse processo, os bons sinais demoram, parecem desencontrados, veem-se retrocessos. Mas a nós – que, em algum lugar ou função, está visceralmente (e sem fantasias) ligada à leitura – só resta, enquanto esperamos, perseverar no trabalho que temos a fazer, pacientemente, teimosamente.

Por outro lado, e este é o outro ponto fundamental, precisamos urgentemente desenvolver melhores processos de avaliação de nossos projetos. Com bastante frequência, dadas as dificuldades, somos

---

5. Talvez o prazo de sete anos entre a primeira e a segunda edição da série histórica tenha sido favorável na evidência de melhores índices, como ocorreu.

levados a considerar como excelentes resultados bem franzinos e pouco expressivos na leitura e na sua mediação. Três meninos brigando pela posse de um livro, poucos leitores entusiasmados na biblioteca nos fazem alardear avanços maiores do que são, e de certo modo nos contentar com eles.

É essencial, cada vez mais, cultivarmos a inquietude, a dúvida quanto às nossas ações, a desconfiança com relação aos aplausos. É necessário nos avaliarmos, ir além das boas intenções, buscar melhores resultados, a toda hora e a todo custo. Urge incentivarmos nossos alunos, nossos usuários, a população em geral a não aceitar menos do que o melhor serviço, o melhor livro, a melhor e a mais vasta leitura – aquilo que, afinal, é o direito do cidadão e que, por princípio, é o que desejamos e nos cabe fazer.

E, no caso da política pública, resta a convicção de que, diferentemente da Bíblia, ela tem de chamar insistentemente a todos para o banquete da leitura, mesmo com a certeza de que a escolha não é dela, mas de cada indivíduo.

Maria Antonieta Antunes Cunha é professora aposentada da Universidade Federal de Minas Gerais (UFMG), com mestrado em Educação e doutorado em Letras. Lecionou nos cursos de graduação e pós-graduação de Letras, Biblioteconomia, Educação e Comunicação da UFMG. Coordena os cursos de especialização da Pontifícia Universidade Católica de Minas Gerais em Literatura Infantil e Arte-Educação. Além de diversos projetos culturais e de fomento à leitura, criou e dirigiu a Biblioteca Pública Infantil e Juvenil de Belo Horizonte, os projetos Cantinhos de Leitura e Organização de Bibliotecas Escolas. Foi secretária municipal de Cultura de Belo Horizonte, coordenadora do Centro de Extensão da Faculdade de Letras da UFMG, curadora do I Salão do Livro de Minas Gerais, do Encontro Internacional de Literatura Latino-Americana, do II Salão do Livro de Minas Gerais e do Encontro Internacional de Literaturas em Língua Portuguesa. Foi integrante do Conselho Curador e do Conselho Diretor da Fundação Nacional do Livro Infantil e Juvenil e presidente da Câmara Mineira do Livro. Foi presidente da Fundação Municipal de Cultura de Belo Horizonte. Atualmente é diretora do Livro, Leitura, Literatura e Biblioteca da Fundação Biblioteca Nacional.

capítulo 4

Esse Brasil que não lê

Tania Mariza Kuchenbecker Rosing

"Nos alvores do século XXI, aqueles a quem compete a tarefa de fazer com que as gerações jovens leiam têm que atentar para dois temas urgentes. O primeiro é transformar uma criança analfabeta em um leitor autônomo que leia "depressa e bem", como se costuma dizer, o que já está a ponto de ser conseguido quando as crianças passam a ler sozinhas os livros que alguém lhes tinha lido antes; e a meta é alcançada quando os adolescentes escolhem pessoalmente os livros que lhes agradam. É assim que, graças à ação conjunta da escola, da família, dos editores e das bibliotecas, continua vivo um patrimônio imaterial. Esse patrimônio, constituído pacientemente ao longo dos anos, que se enriquece continuamente com o surgimento de obras novas e que não pertence a uma única nação, é a literatura juvenil."

Anne Marie Chartier
(Cultura escrita: Leitura e bibliotecas escolares, 2009, p.27)

Causas significativas podem ser identificadas para justificar a condição de um país de não-leitores, como é o caso do Brasil, apesar de todas as ações envidadas nos últimos anos no sentido de democratizar o acesso à leitura. A grande extensão territorial brasileira tem sido transposta pelo grande número de escolas existentes por todo o país, constituindo-se locais de recepção de materiais de leitura, desde o livro didático até textos literários, publicações imprescindíveis ao desenvolvimento dos alunos, bem como de títulos destinados à formação do professor entre outros materiais. A escola enquanto instituição, no entanto, tem-se revelado frágil na tarefa de formar leitores. Lacunas na formação dos professores enquanto leitores e a inconsistência dos raros programas de formação de mediadores de leitura desenvolvidos resultam numa inoperância da escola na direção de transformar o Brasil num país de leitores. Em 2010, por exemplo, um grupo de nove instituições públicas de ensino superior, selecionadas pelo Ministério da Educação, abriu cursos de extensão a distância sobre mediação de leitura – *www. portal.mec.gov.br* –, não observando a necessidade de os professores serem orientados presencialmente.

Destruição de bibliotecas, episódios de queima de livros no mundo, na era Vargas e a atmosfera tecnicista dos anos 1970, no Brasil

O reconhecimento do potencial do livro como elemento transformador da realidade e, portanto uma ameaça aos que detêm o poder, tem sido causa de distintos episódios de destruição de bibliotecas, de roubo e queima de livros em diferentes formas ao longo da história da humanidade. Livros são perigosos. Escritores são perigosos. Literatura pode transformar pessoas passivas em sujeitos críticos, portanto, mais que perigosos.

Nesse contexto, pode ser lembrada a biblioteca de Alexandria (ano 642 por consenso) destruída pelo aniquilamento de suas instalações feitas em pedra e pelo roubo de obras preciosas que poderiam muito contribuir para o aprimoramento da compreensão da evolução da humanidade. A perda de informações preciosas acerca da construção de utopias, de invenções, de manifestações artísticas e literárias, de ações estimuladoras de produções científicas, constitui-se num primeiro exemplo do perigo oferecido pelo poder da leitura, pelo poder dos livros. Lacunas na história jamais serão preenchidas com a perda do conteúdo singular registrado no sem-número de volumes e até então guardados nesse templo do saber.

Já em tempos contemporâneos, em 30 de agosto de 1980, sob o comando do governo ditatorial argentino, 1,5 milhão de volumes foram transportados por caminhões e espalhados num terreno baldio. Após borrifá-los com gasolina, atearam-lhes fogo.

Situações inaceitáveis nesse contexto foram provocadas, também, em Cabul, com a destruição pelos talibãs de livros contrários a seus princípios religiosos.

Também em Cuba, em dezembro de 1999, centenas de livros doados pelo governo espanhol foram destruídos, em Havana, entre os quais se encontravam exemplares da Declaração dos Direitos Humanos.

Na primeira década do século XXI, ocorreu a destruição da Biblioteca de Bagdá, mais precisamente em 2003, desconhecida pelo exército anglo-saxão que se omitiu durante o saque a esse monumento do saber universal, espaço guardião da cultura, em distintos suportes. Em poucas horas, parte significativa dos primeiros registros escritos da história da humanidade foi apagada.

Essa situação não é diferente na história brasileira do século XX, onde se registram acontecimentos que obscurecem o poder e a importância dos livros, diminuem a função social dos escritores, anulam o potencial transformador dos leitores. No Brasil, durante a ditadura do presidente Getúlio Vargas, período marcado por mudanças de diferentes naturezas, de desorganização da educação no país, aconteceram importantes retrocessos nessa área. Apesar de os princípios educacionais, direcionados à formação intelectual dos estudantes, estarem explicitados na Constituição, nesse período são realizadas queimas de livros. Proíbe-se a importação de publicações consideradas prejudiciais ao sentimento de nacionalidade, controlam-se conteúdos de livros didáticos. As funções de censura são lideradas por integrantes do Instituto Nacional do Livro. Proibem-se também manifestações contrárias ao governo e referências desabonadoras às ações de seus membros, manifestações vistas como indisciplina coletiva ao lado de manifestos contrários às ideias preconizadas pelos integrantes desse governo ditatorial.

É paradoxal a situação brasileira da leitura, até o final dos anos 1970. Instituições como a família e a escola, antes portos seguros, repletos de inocência e esperança e lugares propícios ao desenvolvimento e à leitura, por exemplo, foram desintegrados e invadidos por um clima de desconfiança. As perseguições e a interferência do concerto de vozes ritmadas pelo comando militar, disfarçadas em lideranças educacionais comprometidas com a ditadura, geraram falta de otimismo. Paralelamente, por influência de outros segmentos sociais com as mesmas cores, grandes mudanças nas práticas laborais e sociais, ao mesmo tempo surpreendentes e indesejáveis. Tomados pelo medo de participar de movimentos sociais de repúdio ao regime ou pela incapacidade de questionamento, integrantes da família e da escola, nesse contexto político, submetem-se à condição precária de exemplo de pais possivelmente leitores, de modelo de professores supostamente leitores. Cria-se nesse período histórico brasileiro um ambiente no qual esse parco desempenho de leitura tornou-se conveniente para a manutenção da farsa imposta ao sistema educacional, com "políticas" tecnicistas sendo implantadas nas escolas. A leitura praticada então não estava vinculada à formação de consciência crítica, encontrava-se atrelada apenas a textos literários clássicos, o que lhe atribuía qualidade incontestável. A leitura de textos qualificados de autores vivos era proibida ou desaconselhada. Nesse período, não se questiona nada, muito menos se ações de leitura devem atingir as camadas menos favorecidas da sociedade. As classes média e alta mantinham, de forma aparente, esse domínio. Sem contestação, consolidou-se o distanciamento de cidadãos brasileiros em relação aos meios de formação individual e profissional que lhes permitisse o desenvolvimento de consciência crítica enquanto cidadão.

Em contraponto à situação das "elites", nas quais se encontram os possíveis leitores da época, dados do IBGE em 1970 relevam que a taxa de analfabetismo no Brasil era de 40%. Ao lado dessa realidade inaceitável, constata-se uma desconexão, entre tantos aspectos, do ensino superior com órgãos educacionais, além de ausência de fiscalização de autoridades educacionais com relação ao funcionamento dessas instituições. Paralelamente a essas questões, somadas à intenção dos dirigentes ditatoriais, de manterem-se no poder, houve grande esforço pelo aprimoramento do ensino superior no Brasil a partir de 1970, com o aumento de recursos orçamentários para a ampliação das universidades federais. Os militares pretendiam com isso impulsionar o desenvolvimento econômico nacional com o trabalho de técnicos, por meio da criação de cursos e carreiras que não possuíam sequer regulamentação. Tal investimento promove uma corrida à universidade por pessoas de classes sociais menos privilegiadas social e culturalmente, atribuindo outro perfil ao ensino universitário. Com a intensificação do processo de industrialização e de desenvolvimento econômico, aumenta a necessidade de investimento na formação de uma mão de obra qualificada. O atendimento a esse novo modelo em construção – a opção pela tecnologia educacional como a possibilidade de transposição para o sistema de ensino, o modelo organizacional próprio do sistema empresarial – passa a caracterizar o sistema educacional sustentado nos princípios da racionalidade, eficiência e produtividade.

Em resumo, nos tempos do regime ditatorial o professor era treinado para atuar como transmissor de conteúdos e sua formação se restringia à dimensão técnica, e nas instituições de ensino total ausência de reflexão e de crítica por parte de professores e de alunos. Tal condição referendou maneiras de ser e agir diferenciados, considerando práticas sociais da população. O desempenho profissional estava condicionado às regras estabelecidas pelo regime, expresso em comportamentos dissimuladamente críticos no espaço da escola, da universidade, na complexidade da prática social. Em linhas gerais, não havia desconforto na relação entre professores e alunos, uma vez que os primeiros, no exercício da docência, determinam as leituras e são correspondidos nas respostas automatizadas concedidas pelos segundos. Número expressivo de alunos agia passivamente: eles não questionavam o teor das tarefas determinadas por seus professores ou a validade delas na formação individual, muito menos as repercussões em suas atividades laborais. A crítica ao governo era liderada por grupos de intelectuais, de estudantes, de artistas, de operários, cujo eco viria dos grandes centros para as cidades de médio e pequeno portes, como forma de resistência à propaganda da ditadura pela qual passava o país.

Por outro lado, entre grupos de profissionais da área da educação que sonhavam com a retomada da democracia, alguns se empenhavam em proporcionar aos alunos a competência crítica relativamente à leitura de textos de complexas estruturas, gerando com o produto de seu desenvolvimento, transformações sociais. O aluno deveria ter condições de produzir textos marcados pela variedade vocabular, pela apresentação de certo requinte na estrutura textual, pela revelação de conhecimento prévio de onde poderiam emergir manifestações culturais, como tentativa de fazê-lo escrever mais crítica e criativamente. As palavras de ordem, nesse contexto, são: domínio da leitura e da escrita, indispensáveis na formação da consciência crítica.

Em meio às implicações da ditadura, não havia no país condições favoráveis à reflexão necessária sobre a imprescindível sintonia entre educação e cultura, o que, certamente, poderia ampliar o potencial de crítica, indesejável nesse momento em que se tentava impedir a manifestação do espírito crítico, tão almejado numa democracia.

Assume grande importância o papel desenvolvido por intelectuais e artistas que se contrapõem ao governo, fazendo sua denúncia declarada ou dissimulada, aberta ou parafraseada, tentando conscientizar a população sobre o impacto de um regime ditatorial no desenvolvimento pleno do cidadão e do sentimento de nação. Em termos de leitura e dos possíveis avanços na escrita, essas condições se mostraram não somente desfavoráveis, mas constituíram imenso retrocesso ao seu desenvolvimento.

Naquele momento da história política, econômica, social e cultural brasileira, os indivíduos eram formados para contribuir com o aumento da produtividade. É dentro desses parâmetros que se definiam a competência do indivíduo e do próprio sistema educacional tecnicista, que priorizava a utilização de recursos audiovisuais. Com isso, criou-se distanciamento entre os que planejavam o trabalho educativo e os que o executavam, fragmentando o processo pedagógico. O planejamento e o controle do processo educativo passam a organizar-se como responsabilidade dos técnicos da educação/especialistas, diminuindo a importância do professor e dos alunos; desvaloriza-se, até certo ponto, a relação professor-aluno, restando ao aluno relacionar-se com a tecnologia, sem a necessária reflexão acerca das relações entre educação e sociedade.

Essa abordagem levou à reprodução do conhecimento técnico, conferindo importância maior a treinamentos, a processos de repetição automatizados como formas de apreensão dos conteúdos. Nesse contexto, a leitura, e o processo compreensão, interpretação, e apropriação do conteúdo tornam-se obsoletos. No tecnicismo educacional, cuja origem pode ser encontrada em teorias da aprendizagem como as de natureza behaviorista e de abordagens do ensino como a sistêmica, a leitura é desnecessária. A prática pedagógica caracteriza-se pelo controle exercido pelo professor, responsável por atividades mecanicistas inseridas numa proposta educacional rígida, planejada em seus mínimos detalhes. Tal situação implica, entre tantos aspectos, a supervalorização da escola como espaço exclusivo para a geração de formação, a partir da ação de especialistas, únicos agentes capazes de orientar e desenvolver a aprendizagem. Surge, então, a falsa ideia de que aprender não é condição natural do ser humano, mas que está condicionada à ação de especialistas e de técnicas programadas. O professor fica impedido de manifestar sua crítica, de se expressar, dependendo das técnicas que emprega em suas ações docentes. Resta ao aluno corresponder às expectativas da escola, cumprindo orientações de manuais de atividades. Seus interesses, suas necessidades, suas características individuais, sua história são desconsiderados, devendo ajustar-se à programação feita pelo professor e aos mecanismos das técnicas empregadas pelo organizador da ação docente.

É certamente questionável o resultado de um processo de formação de uma mão de obra que não passe pela leitura enquanto processo de compreensão de mundo, ou mesmo enquanto fruto de processo de decodificação de manuais.

A leitura crítica garante vivências e práticas sociais emancipadas, o que representa um contraponto às políticas existentes e praticadas nos anos 1970. Isso sem mencionar a importância da leitura enquanto instrumento capaz de ampliar o imaginário; que permite experiências enriquecedoras a partir do envolvimento com personagens, cenários, tempos diferenciados, valores determinados.

No contexto da história brasileira, em que os órgãos educacionais atendiam aos propósitos de um governo ditatorial, excluíam-se preocupações com modelos de formação baseados na leitura. Se o foco de uma educação tecnicista se articula com o sistema produtivo, contribuir com a formação de sujeitos críticos não é prioridade: é necessário formar indivíduos competentes para o mercado de trabalho, sem preocupações outras com possíveis transformações sociais, políticas.

No decorrer dos anos 1970 e em outros períodos de regime militar, no Brasil, raros são os registros de manifestações consistentes de leitores comprometidos com a leitura acerca de uma nova realidade brasileira. Raros são os registros de leitores suficientemente críticos, capazes de contribuir com o debate sobre as implicações do tecnicismo que passa a envolver a educação no país, num contexto ditatorial. Os alunos são tratados como depositários passivos dos conhecimentos que precisam ser acumulados na mente por meio de processos associativos. Atualmente, a inatividade do aluno se constitui condição inaceitável no desenvolvimento de comportamentos leitores permanentes, definitivos.

Ruptura do silêncio – as vozes dos herdeiros de Monteiro Lobato

"– Quero ter um relógio, mas não sei contar as horas.

– Por que não começa a aprender escutando as batidas do seu coração?

– Eu já escuto. De noite, enquanto o sono não chega, fico embrulhado no cobertor e meu coração bate sem parar.

– Coração é filho do tempo. Bate a vida inteira. Se ele para, o tempo também para. Mas, quando se escuta o coração, descobre-se que ele tem voz.

– Fala o quê?

– Fala sem precisar pronunciar palavras. Como está dentro de nós, só nós o escutamos. E ele nos conta seus segredos."

Bartolomeu Campos de Queirós

É nesse mesmo país de poucos leitores que, em meio ao regime político de exceção da década de 1970, surgem os herdeiros da inventividade de Monteiro Lobato, criando uma literatura para crianças e jovens de grande qualidade, estimuladora de novas leituras, instigadora da formação de outros leitores mais comprometidos com a "literariedade". Obras de autoria de Ana Maria Machado, Lygia Bojunga, Joel Rufino dos Santos, Ruth Rocha, Bartolomeu Campos de Queirós merecem grande destaque. Títulos como *Menina bonita do laço de fita, Angélica, O curumim que virou gigante, Marcelo, marmelo, martelo, Coração não toma sol* passam a fazer parte do fio condutor da diversidade de obras altamente qualificadas, produzidas pelos escritores referidos, desencadeadoras de novos estímulos à leitura e de uma movimentação mais permanente pela formação de leitores.

É o cânone da literatura infantil e juvenil dessa década que se inaugura, consolidando-se como referência de leitura a pais, professores, mediadores de leitura, alunos, interessados em literatura. É o *boom* da literatura infantil brasileira que orienta os ventos por onde devem passar os interessados no desenvolvimento do cidadão no seu relacionamento com a complexa realidade social.

A literatura infantil e juvenil ganha espaço entre as editoras, passando a ser produzida em larga escala, ao mesmo tempo que se transforma em tema de discussões em seminários, jornadas, encontros promovidos pelo meio acadêmico, envolvendo instituições de diferentes naturezas.

Essa evidente emancipação das obras infantis e juvenis acontece paralelamente à proibição de obras de escritores que se expressam velada ou corajosamente contra a censura, contra o regime ditatorial, em defesa da retomada da democracia.

Prenúncio de novos horizontes para o ato de ler: estado da leitura literária a partir dos anos 1980

A implantação de ações, campanhas, programas, e políticas públicas para o fomento à leitura no Brasil passa por diferentes instituições. O Programa Nacional do Livro Didático (PNLD, 1929) merece destaque por ser o mais antigo dos programas de distribuição de livros, responsável pela oferta de obras didáticas aos estudantes da rede pública de ensino. Como programa nacional, os livros didáticos que o PNLD disponibiliza para as escolas têm sido, em muitos casos, o único material de leitura ao alcance dos alunos em situação de pobreza, podendo ser utilizados como apoio à formação da cidadania.

Ao longo de mais de 80 anos, o programa sofre modificações, vai se aperfeiçoando, assumindo diferentes nomes e distintas modalidades de execução.

Esse conjunto de ações, ao longo de décadas, foi insuficiente no desenvolvimento de leitores, o que pode levar a um melhor entendimento da situação atual da leitura no Brasil.

Os dados da pesquisa no contexto desse Brasil que não lê

> "Somos todos feitos do que os outros seres humanos nos dão: primeiro nossos pais, depois aqueles que nos cercam; a literatura abre ao infinito essa possibilidade de interação com os outros e, por isso, nos enriquece infinitamente."
>
> Tzvetan Todorov (*A literatura em perigo*, 2009)

A partir dos resultados da última edição da pesquisa Retratos da leitura no Brasil, realizada em 2011, constata-se uma diminuição dos índices de leitura se comparados aos dados levantados em 2009. É necessário enfatizar que a aquisição de acervos literários, de publicações destinadas à formação dos professores resulta inócua se não forem criados programas presenciais de formação leitora dos professores. A preparação dos professores implica a apresentação de questões teóricas e vivências leitoras. Entre as questões teóricas, impõe-se a conceituação de leitura em sentido amplo e em sentido restrito. Entre os temas a serem abordados no processo de formação dos professores, podem ser mencionados os seguintes conteúdos, sistematizados por Rösing (2009, p. 148-155): construção do *eu-leitor*; leitura e cultura; leitura: aspectos cognitivos e afetivos; leitura na construção da subjetividade e da cidadania; leitura na escola; introdução aos gêneros textuais e a intertextualidade; características dos diferentes suportes; linguagem; ilustração; vivências leitoras de textos de distintos gêneros textuais para crianças, jovens e adultos; leitura de linguagens verbais e não verbais; leitura de texto literário e sua transposição para o cinema, para o teatro, para a música; leitura da imagem estática e em movimento; leitura da fotografia e da arquitetura; vivências de leitura e de escrita em meio eletrônico: cibercultura e hipermídia; leitura, autoria e coautoria na hipermídia; desenvolvimento de competências "hipermidiais" e colaborativas; difusão de informações e critérios de avaliação sobre validade das fontes: estratégias de seleção; interatividade; visitas a *sites* literários, a museus e mundos virtuais; apreciação de recursos "multimidiais", interação com jogos eletrônicos. Questões teóricas devem ser acompanhadas de vivências de leitura. Essa preparação precisa ser feita, a fim de que os livros que constituem os acervos das escolas possam ser apresentados aos profissionais da educação e possam ser utilizados, posteriormente, na mediação de leitura entre alunos.

É urgente verificar o destino dado aos acervos no contexto das escolas: permanecem fechados em caixas? São utilizados nas práticas pedagógicas de sala de aula? São emprestados aos alunos na programação de leituras extensivas? São desconsiderados enquanto suportes de ampliação do conhecimento e de desenvolvimento da sensibilidade de professores e alunos?

Em relação à média dos livros lidos nos últimos três meses entre todos os entrevistados, aparece o índice de 1,85 livro no total, sendo 0,82 inteiro e 1,03 em parte, desconsiderando-se, neste dado, se indicados pela escola, se procurados por iniciativa própria, o que aponta uma necessidade de se organizar ações no âmbito de uma política pública continuada e permanente para que seja ampliado o contato dos brasileiros com livros. É importante salientar que 0,82 correspon-de à leitura de livros inteiros, sendo 0,81 indicado pela escola. Do total de 1,85, 1,03 foi lido em parte, sendo 1,05 deste último total lido por iniciativa própria.

Essa média de leitura se amplia para 3,74 nas perguntas feitas a leitores, sendo 1,66 livro inteiro dentre o qual 1,63 foi indicado pela escola. Do total de 3,74 constatados, 2,08 foram lidos em parte, dentre os quais 2,11 constituíram-se de leituras realizadas por iniciativa própria.

Entre estudantes entrevistados, esse índice baixa para 3,41 entre os livros lidos nos últimos três meses. É necessário destacar que desse total, 1,47 foi livro inteiro e 1,94, livro lido em parte. Dos livros inteiros, 2,21% constituem-se em indicações da escola. De 1,94, constata--se que 1,20 foi lido por iniciativa própria.

Os baixos índices de leitura demonstram o pouco entusiasmo dos entrevistados por ela. Entre os estudantes, os influenciadores da leitura estão assim descritos: 45% correspondem à participação dos professores na solicitação de leituras obrigatórias (leituras obrigatórias conquistam leitores?), se observada, paralelamente, a indicação dos principais influenciadores na leitura.

É compromisso do governo por intermédio dos programas mantidos pelo Ministério da Educação ou mesmo pelo Ministério da Cultura, viabilizar não apenas os materiais didáticos, mas realizar programas de formação de professores mediadores de leitura.

Quando se comparam as médias de leitura nas pesquisas realizadas nos anos 2011, 2007 e 2000, pode-se visualizar a diminuição da média de livros lidos no contexto dos entrevistados que representam, respectivamente, um número expressivo de brasileiros – em 2011, num universo de 71,9 milhões de leitores, são lidos 3,1 livros por pessoa, por ano; em 2007, num universo de 66,5 milhões de leitores, 3,7 livros e, em 2000, de 26 milhões, 1,8 livro por pessoa, por ano. Chama a atenção o descompasso entre o aumento da população e o número de livros lidos por pessoa/ano. Estes dados não permitem que se infira efetivamente o que motivou a baixa dos índices.

Quando se fala de compra de livros, de materiais de leitura, deve-se olhar para além dos custos financeiros, ou seja, no investimento do país na construção da cidadania. De qualquer forma, não se pode deixar de questionar a falta de políticas públicas que possibilitem o comprometimento dos profissionais da educação com questões de leitura e, consequentemente, de escrita, considerando o papel do professor no aprimoramento pessoal e profissional de seus alunos.

Quanto à preferência dos entrevistados pela televisão, entende-se, ao lado do gosto pela música e, na sequência, pelo desejo de navegar na internet no tempo livre, pode-se justificá-la pela influência dos meios de comunicação entre as pessoas. Em todos os lugares, há televisores que oferecem uma programação continuada à qual as pessoas não apresentam resistência. Por não serem, em sua maioria, críticas, passivamente submetem-se à programação. O envolvimento com a imagem é muito intenso, a exposição à publicidade é contínua, transformando cidadãos em consumidores de produtos de que não necessitam, assimilando modos de ser, usos, costumes distanciados de sua identidade, quando estão conscientes da mesma.

Assim, a queda dos índices de leitura não pode ser analisada unicamente no âmbito dos últimos três anos. São diferentes gerações que precisam ser conscientizadas sobre a importância da leitura, sobre os benefícios da leitura literária na ampliação do imaginário, na determinação de novos horizontes. É no convívio entre representantes de diferentes gerações que pode ocorrer um compartilhamento de ideias, de emoções advindas do processo coletivo de construção do conhecimento, do intercâmbio de relações com significativas manifestações da cultura, das artes, descobrindo novas modalidades de expressão individual, social, em rede, numa perspectiva intercultural.

Conclusões primeiras e necessidades recorrentes

> "O leitor comum, que continua a procurar nas obras que lê aquilo que pode dar sentido a sua vida tem razão contra professores, críticos e escritores que lhe dizem que a literatura só fala de si mesma ou que apenas pode ensinar o desespero. Se esse leitor não tivesse razão, a leitura estaria condenada a desaparecer num curto prazo."

> Tzvetan Todorov (*A literatura em perigo*, 2009, p.77)

A história da leitura no Brasil é relativamente recente, considerando o país entre outras nações. Se forem observadas as condições do ensino a partir da década de 1970, sujeitas às mazelas do regime político ditatorial, numa atmosfera tecnicista, com ênfase em tarefas que serviam a seus interesses, pode-se entender a desqualificação dos profissionais do ensino como responsável pela deformação dos hábitos dos leitores. Os desdobramentos desse processo frágil não foram suficientes para permitir o desenvolvimento de um potencial transformador entre as iniciativas de leitura relacionadas, para contribuir com a formação de mais leitores no país.

A aquisição de livros, dicionários, materiais teóricos de leitura efetivada pelo governo está aquecendo, de forma singular, o mercado do livro, a complexa cadeia produtiva do livro. A distribuição dos acervos alcança, efetivamente, as bibliotecas escolares espalhadas por todas as regiões brasileiras. Há uma forçosa reabertura de bibliotecas nas escolas. Essa realidade não tem sido suficiente para que se tenha revertido em formação de leitores, ampliando os índices de leitura. Deve-se pensar na relação custo/benefício: investe-se em materiais de leitura que não são utilizados nem por professores, nem por alunos, muito menos pela comunidade escolar em seus mais variados segmentos.

Há uma descontinuidade por parte do governo no desenvolvimento dessas ações de leitura ao longo de diferentes décadas. Não se efetivam parcerias entre governo e empresas, entre governo e sociedade organizada, buscando mecanismos de sustentação para instalar uma política pública de formação de mediadores de leitura com ações presenciais, efetivas, avaliadas, avalizadas.

O envolvimento com a leitura pressupõe por parte do governo uma decisão política urgente – priorizar a formação e o desenvolvimento dos profissionais do ensino com o fim de transformá-los em sujeitos leitores. Impõe-se uma mudança de atitude a esses profissionais, em relação à leitura: é imprescindível deixar-se tocar pelos resultados do envolvimento pleno com os mais variados materiais de leitura, apresentados nos mais diversificados suportes. Essa nova atitude permite que se entenda melhor e mais profundamente a declaração de Budnik e Oyarzun quando propõem uma nova maneira de se vivenciar o ato de ler: "Que a leitura perca solenidade e que, por essa via de familiarização, ganhe importância, é o paradoxo maravilhoso em que se aposta com esse processo." (2010, p.111). Vivências de leitura propiciam a verbalização de experiências de vida, experiências de leitura, seja numa área específica, seja na interação com áreas diferentes do conhecimento. O profissional da educação precisa demonstrar entusiasmo pela leitura, expressando esse interesse em suas manifestações discursivas. É preciso assimilar os conteúdos das leituras. É preciso mais – falar sobre suas experiências leitoras. Se essa manifestação pode influenciar o outro, mudanças podem ser desencadeadas entre as pessoas. Assim, poderemos mudar a condição desse Brasil que não lê.

Referências

MEC. Ministério da Educação. Disponível em <*http://www.mec.gov.br*>. Acesso em 23/05/2012;

FNDE. Fundo Nacional de Desenvolvimento da Educação. Disponível em <*http://www.fnde.gov.br*>. Acesso em 23/05/2012;

PNLL. Plano Nacional do Livro e Leitura. Disponível em < *http://www.pnll.gov.br*>. Acesso em 23/05/2012;

FNLIJ. Fundação Nacional do Livro Infantil e Juvenil. Disponível em <*http://www.fnlij.org.br*>. Acesso em 23/05/2012;

PNLD. Plano Nacional do Livro Didático. Disponível em <http://www.fnde.gov.br/index.php/programas-livro-didatico>. Acesso em 23/05/2012;

PROLER. Programa Nacional de Incentivo à Leitura. Disponível em <http://www.bn.br/proler>. Acesso em 23/05/2012;

PNBE. Programa Nacional Biblioteca da Escola. Disponível em <http://portal.mec.gov.br/seb/arquivos/pdf/Avalmat/livro_mec_final_baixa.pdf>. Acesso em 23/05/2012;

CBL. Câmara Brasileira do Livro. Disponível em <http://www.cbl.org.br>. Acesso em 23/05/2012;

Jornadas Literárias de Passo Fundo/RS. Disponível em <http://jornadadeliteratura.upf.br>. Acesso em 23/05/2012;

Jornadas Literárias de Passo Fundo/RS. Disponível em <http://jornadasliterarias.upf.br>. Acesso em 23/05/2012;

Pesquisa Retratos da leitura no Brasil. Disponível em http://www.prolivro.org.br/ipl/publier4.0/dados/anexos.Acesso em 23/05/2012;

SANTOS, Fabiano dos; MARQUES NETO, José Castilho; ROSING, Tania M. K. *Mediação de leitura: discussões e alternativas para a formação de leitores.* São Paulo: Global, 2009.

BUDNIK, Clara; OYARZUN, Gonzalo. Gonzalo. Escrever a leitura – reler as bibliotecas. Redes e serviços públicos de leitura. In: MIRET, Inés; ARMENDANO, Cristina (coords.) Leitura e bibliotecas escolares. Metas educativas 2021. São Paulo: Fundação Santillana, 2009.

Tania Mariza Kuchenbecker Rosing é doutora em Letras pela PUC/RS, professora do Curso de Mestrado em Letras da Universidade de Passo Fundo/RS. Pesquisadora produtividade CNPq, suas investigações estão focadas no tema Leitura e Formação do Leitor. Coordena o Centro de Referência de Literatura e Multimeios da Universidade de Passo Fundo. Criadora e coordenadora-geral das Jornadas Literárias de Passo Fundo, RS.

capítulo 5

A escola e a formação de leitores

Ezequiel Theodoro da Silva

> (...) Ler é ampliar a legenda, passando também pelo coração do homem. É tempo de acreditar que não houve somente avanços tecnológicos no mundo. Ampliou-se, e muito, o conceito também de homem, de existência. Um currículo escolar não tem como abrigar todo o conhecimento produzido. A função de uma escola, hoje, é a de criar leitores para, independentes, inteirarem-se da cultura existente. Se o leitor se interessar pela literatura, tanto melhor. Vai saber do mundo e do sentimento do homem diante dele.
>
> Bartolomeu Campos Queirós[1]

Inicio esta reflexão com uma referência – e imensa deferência – ao grande escritor e amigo Bartolomeu Campos Queirós que, numa das muitas conversas que tivemos por este Brasil afora, argumentava ser o povo brasileiro muito mais imagético e auditivo do que propriamente letrado ou apegado às coisas do mundo impresso. Daí a dianteira da televisão e do rádio em nosso meio e a relativa "secundarização" dos meios que circulam exclusivamente através da escrita, como os livros e similares. As três edições da pesquisa Retratos da leitura no Brasil, publicadas respectivamente em 2001, 2008 e 2012 e que ser-

---

1. QUEIRÓS, Bartolomeu Campos. *Menino temporão* In*: O jogo do livro infantil*. Belo Horizonte: Editora Dimensão, 1997, p. 43.

vem como principais referências neste meu trabalho, corroboram a propensão tão bem constatada por Bartolomeu, colocando a leitura – de jornais, revistas, livros e internet – na sétima posição, atrás de, pela hierarquia, TV, rádio, descanso, reuniões com familiares, vídeos/ DVDs e passeios com amigos. Comparativamente falando, de 2007 para 2011 a preferência pela TV aumentou de 77% para 85% e pela leitura diminuiu de 36% para 28% junto a vários segmentos da população brasileira.

Sem dúvida que esse panorama de "secundarização" da escrita é mais um dentre os vários desafios da escola pública brasileira no que se refere à formação de leitores e à promoção da leitura. Digo "mais um" no multíplice cenário das nossas dívidas educacionais porque as três investigações em pauta (Retratos da Leitura) disseram reiteradamente nestes últimos dez anos que:

O valor maior da leitura decorre muito mais da necessidade de busca e/ou atualização de conhecimento do que de outras possíveis motivações. E como a escola trabalha essencialmente com a transmissão do conhecimento e com a formação humana, é exatamente dentro dela, mais do que em outros espaços institucionais, que esse valor pode ser correspondido através de práticas e experiências diversas, dentre elas, com muito destaque, as desenvolvidas a partir da leitura.

A "escolaridade" (ao lado do poder aquisitivo) é uma condição imprescindível para a compra e/ou empréstimo de livros; portanto, uma pequena escolaridade indicará baixa frequência de leitura e vice-versa. Ao lado desta relação, as evidências estatísticas contidas nos três relatórios apontam para o fato de que os brasileiros leem muito mais durante a infância e adolescência do que em outras fases de sua existência. Nestes termos, é durante a fase de educação infantil e de educação fundamental que o enraizamento do hábito e do gosto de leitura ocorrerá com muito mais vigor em nosso meio.

O estatuto de "estudante", portanto, de estar vinculado a um curso ou a uma escola, permite afirmar, com alto grau de segurança, a necessária convivência – ou pelo menos uma íntima aproximação – dos jovens com os materiais escritos visando ao cumprimento de finalidades e exigências da sua escolaridade. Tanto é assim que, na última edição da Retratos da Leitura (2011), quando focada a penetração da leitura no Brasil, temos que de 1,85 livro lido nos últimos três meses (que inclusive caracteriza a condição do "ser leitor" no contexto da pesquisa) pela totalidade dos respondentes, 0,81 livro – portanto, quase a metade – foi lido exclusivamente com a interferência ou mediação da escola.

Estas três constatações gerais mostram que a escolaridade, a escolarização e a leitura são fenômenos imbricados, sendo praticamente impossível falar de um sem remeter ao outro. Ainda: a escola, através do processo de alfabetização e de dinâmicas de letramento, é a principal agência responsável pelo adentramento – e talvez permanência – das pessoas no mundo da escrita. Nestes termos, o estudo sobre a penetração/intensidade da leitura e o acesso a livros no Brasil contempla e envolve, por necessidade, a instituição escolar e todas as circunstâncias que a movimentam na direção da constituição e do desenvolvimento de comportamentos leitores. Cabe sublinhar, com base nas duas últimas edições, que a frequência aos livros mediados pela escola subiu de 34% (2007) para 47% (2011). Além disso, a leitura em resposta a exigências escolares ou acadêmicas correspondeu a 36% de toda a amostra, colocando-se atrás, pela hierarquia, de atualização do conhecimento (este motivo sem dúvida atrelado à escola) e gosto ou prazer (uma sensação que também pode nascer de atividades escolares).

Ainda que não possamos nem devamos alçar a escola à condição de panaceia para curar todos os males, problemas e dificuldades da leitura vergonhosamente acumulados ao longo da história brasileira, mas, considerando a presente situação de outras possíveis instituições promotoras da leitura (família, biblioteca, igreja, sindicato, etc.), veremos que a solução para os nossos problemas de leitura, com elevação dos seus padrões de desempenho, frequência, intensidade, eficiência, etc., depende, necessariamente, das condições para a produção da leitura "na escola mesmo". Em outras palavras, sem a melhoria da infraestrutura escolar, sem a melhoria do ensino, sem a qualificação dos professores e sem serviços biblioteconômicos eficientes, o que nos remete às partes essenciais de uma mediação educativa rigorosa e consequente, será muito difícil ou mesmo impossível colocar o Brasil num outro patamar de fruição da leitura da escrita, seja ela manuscrita, impressa ou virtual. Assim, considerando os organismos concretamente assentados, capilarizados e com funcionamento minimamente adequado no território nacional, a tese relacionada à "desescolarização da leitura" muito dificilmente se aplica ao caso brasileiro, a menos que se opte por tentativas pontuais, sazonais, provisórias e muito provavelmente inócuas em termos de transformação radical das características da leitura e/ou dos perfis dos nossos leitores.

Tanto é assim que hoje, no Brasil, o principal influenciador de leitura, conforme evidenciado pela pesquisa de 2011, não é mais a mãe ou o pai ou um membro da família da criança, mas, sim, o professor.[2] Se o sentido de "influenciador" for o mesmo de informante, facilitador, interlocutor, estimulador, orientador ou promotor de leitura, teremos de aquilatar a grande importância do papel dos professores – a partir das "escolas", ressalte-se – para a elevação da qualidade e dos índices da leitura em nosso país, além, é lógico, da própria modelagem cultural de leitores. Na ordem inversa, é possível também afirmar que, sem uma sólida qualificação para o ensino da leitura por parte dos professores somada aos demais elementos de infraestrutura, a escola deixará de cumprir o seu papel, talvez paulatinamente arrefecendo, inibindo ou até mesmo matando o potencial de leitura dos estudantes ao longo do processo de escolarização.

Nos idos de 1982, Marisa Lajolo já nos alertava que "Se a relação do professor com o texto não tiver significado, se ele não for um bom leitor, são grandes as chances de que ele seja um mau professor. E, à semelhança do que ocorre com ele, são igualmente grandes os riscos de que o texto não apresente significado nenhum para os alunos, mesmo que eles respondam satisfatoriamente a todas as questões propostas".[3] No contexto da relação aqui tematizada (leitura-escola), esta citação quer dizer: se quisermos transformar para melhor a leitura no Brasil, teremos de transformar, também para melhor, a qualificação profissional e as condições de trabalho e de vida dos professores. Isto porque, independentemente daquilo que revela a última pesquisa Retratos da leitura no Brasil no que se refere aos influenciadores de leitura, o professor sempre foi e sempre será um mediador privilegiado de leitura, cabendo principalmente a ele a iniciação das crianças à leitura através da alfabetização e o ensino das diferentes práticas que são necessárias às demandas da vida atual nas socieda-

---

2. Em tabela contida no Relatório da Retratos da leitura no Brasil – 2011, temos as seguintes progressões em relação aos principais influenciadores de leitura em termos percentuais:
Professor: de 33% em 2007, para 45% em 2011 (salto de 12 pontos percentuais)
Mãe: de 49% em 2007, para 43% em 2011 (queda de 06 pontos percentuais)
Pai: de 30% em 2007, para 17% em 2011 (queda de 13 pontos percentuais)
3. Cf. Lajolo, Marisa. "O texto não é pretexto". In: *Leitura em crise na escola. As alternativas do professor*. Regina Zilberman (org.). Porto Alegre: Mercado Aberto, 1982, p. 53.

des letradas, também chamadas de sociedades do conhecimento, da informação e/ou, ainda, midiáticas.

É interessante enfatizar que já na primeira pesquisa, realizada em 2001, uma de suas fortes recomendações era a de que o padrão educacional teria de ser elevado e muito melhorado, caso se quisesse uma evolução da leitura no Brasil; mas, pelo visto, o tempo passou, foi investido muito dinheiro na aquisição de livros para distribuição gratuita e o panorama continuou se repetindo sem que tenham surgido indicadores de mudanças substantivas na qualidade da educação escolarizada e, consequentemente, dos índices de leitura. Considere-se ainda que "hoje a defasagem entre o salário médio dos professores se comparado com o salário médio de outros profissionais com igual escolaridade é de 60%. Ou seja, o professor recebe apenas 60% do valor recebido pelos demais profissionais".[4] E os governantes de vários estados e municípios brasileiros alegam não poder pagar o piso nacional de R$1.187,00 aos professores... É de se perguntar se com um salário desses é possível comprar livros com assiduidade, assinar jornais e revistas (gerais e especializadas), visitar livrarias e bibliotecas, fazer cursos de atualização, atualizar programas computacionais, pagar provedores de banda larga, etc., necessários a um leitor que faça frente aos desafios da sociedade contemporânea e que exerça com dignidade a profissão de professor, além de atender a outras necessidades básicas da sua existência. Em resumo e a partir do que informam várias pesquisas a respeito da condição de leitor dos professores brasileiros,[5] podemos dizer que infelizmente os modelos (exemplos) de leitura encontrados na escola, bem como a infraestrutura ali existente para a realização de práticas de leitura (bibliotecas escolares, salas de leitura, especialistas, funcionários de apoio, eventos atraentes de leitura, programas consequentes, etc.) não são suficientes para impulsionar uma modificação desse triste

---

4. Cf. O piso do magistério e a meta 17, Luiz Araújo. In: *http://rluizaraujo.blogspot.com.br/2012/01/o-piso-do-magisterio-e-meta-17.html*. Acesso em 17 de maio de 2012.

5. O Catálogo on Line A pesquisa sobre leitura no Brasil 1980 – 2000, produzido por Norma Sandra de Almeida Ferreira, reúne as investigações a respeito do professor e do bibliotecário enquanto leitor. Uma visada crítica para dentro dos relatórios vai mostrar que as leituras desses profissionais, em termos de formação e atuação, deixam muito a desejar. In: *http://www.fe.unicamp.br/alle/catalogo_on-line/abrir.swf.* Acesso em 17 de maio de 2012.

cenário, tanto quanto o país está a clamar, a reclamar e a necessitar há bastante tempo.

Alguns índices contidos em tabelas da pesquisa Retratos da Leitura – 2011 merecem reflexão muito especial na medida em que são portadores de sérias inversões, indo na direção contrária àquilo que é ou seria esperado das escolas e dos professores. Convém analisá--los mais pormenorizadamente no sentido de polemizar e, ao mesmo tempo, reposicionar a dimensão escolarizada da leitura para eixos mais condizentes. As tabelas complementares abaixo, contendo respostas de estudantes da educação fundamental pública e privada (da 1ª à 8ª série), trazem alguns indicadores impactantes porque invertem sobremaneira o esperado, ou seja, de que a leitura no Brasil seja promovida precipuamente através da escola. Colocando em foco as duas tabelas, vê-se que cerca de 20% do total de estudantes de 1° ao 9° ano do ensino fundamental afirmam não gostar de ler; destes, 92% se originam de escolas públicas e 7%, de escolas da rede privada. Quer dizer, quase 1/3 dos alunos da rede pública, segundo mostram essas duas tabelas, indica não ter desenvolvido o gosto pela leitura na escola fundamental e, por isso mesmo, alega não gostar de ler. Interessante seria que a escola desenvolvesse um trabalho no sentido de que todos os estudantes viessem a gostar da leitura, considerando as suas funções básicas de obtenção e atualização de conhecimentos, de desempenho no âmbito da escolaridade e de fruição de textos diversos. Note-se que o percentual de "não gostar" aumenta junto aos alunos de 5° ao 9° ano...

Estudantes de 1° ao 4° ano

Resposta	Total	Estudante	Gosto pela leitura		
		Está estudando	Gosta muito	Gosta um pouco	Não gosta
BASE	675	675	227	276	130
Rede pública	86%	86%	85%	84%	90%
Rede privada	13%	13%	15%	14%	8%
Não sabe/ Não respondeu	1%	1%	0%	3%	2%

Estudantes de 5° ao 9° ano

Resposta	Total	Estudante	Gosto pela leitura		
		Está estudando	Gosta muito	Gosta um pouco	Não gosta
BASE	586	586	150	292	144
Rede pública	93%	93%	90%	93%	94%
Rede privada	7%	7%	10%	7%	6%
Não sabe/Não respondeu	0%	0%	0%	0%	0%

Também merece discussão os dados referentes aos "Principais Influenciadores" da leitura. Essa parte pode ser tomada como representativa, mesmo que parcialmente, do circuito de leitura dos estudantes da escola fundamental, principalmente no que se refere às influências – passadas e presentes – recebidas e que conduziram (ou não) os jovens aos caminhos da leitura. Nunca é demais lembrar que as práticas escolarizadas de leitura se situam dentro de um contexto específico (o escolar), possibilitando ou impossibilitando o surgimento de redes diversas de interação com os livros através das relações professor/aluno, aluno/aluno, bibliotecário/aluno, professor/bibliotecário/aluno, etc. Nestes termos, refletir sobre esses indicadores significa enxergar com a devida nitidez as dinâmicas e os personagens da leitura, bem como as influências mais salientes e possíveis de serem inferidas a partir das estatísticas. Entendo que é exatamente a formação dessas redes e a participação nelas que irão produzir uma maior ou menor pulsação da leitura dentro do contexto escolar.

Sobressaem-se aqui os altos percentuais orientados para a prática de leitura solitária, ou seja, falamos de um leitor que quase sempre lê sozinho, para si só, consigo mesmo. Destacam-se os baixos percentuais de leituras do leitor para outras pessoas, ou seja, tratamos de um leitor que raramente lê para ou com outro interlocutor; e, finalmente, os baixíssimos percentuais de leituras do pai para a criança (o pai quase nunca lê textos para seus filhos). Mesmo a mãe da criança e outras pessoas leem moderadamente (os percentuais oscilam de 41%

a 51%, ficando a outra metade fora desse processo) para as crianças, com exceção do professor – este, sim, lê muito mais (85%) para os jovens, quando comparado a outros indivíduos do seu circuito social. Ainda que exista o contrapeso das leituras feitas pelo professor, o que se constata é um ambiente de leitura no qual as situações ou acontecimentos e os modelos de leitor, possíveis ou únicos incentivadores de interações com a palavra escrita, são bastante precários porque não dão voz e vez às crianças para que elas se expressem a respeito dos sentidos atribuídos aos textos que leem e das repercussões desses sentidos em sua vida. Dá a parecer que a promoção da leitura se esgota no diálogo individual da criança com os livros, não possibilitando o aparecimento das redes de interlocução em torno das leituras realizadas e das experiências daí decorrentes.

Aidan Chambers, no seu livro *"Tell me – children reading and talk"*,[6] afirma que "existe uma correlação entre a qualidade do ambiente de leitura onde os leitores se situam e a profusão de suas falas a respeito do que eles leram".[7] Por isso mesmo, esse pensador propõe um esquema pedagógico chamado Roda de Leitura (*Reading Circle*), que precisa ser movimentado "ajudando as crianças a participarem da dramaturgia da leitura, ajudando-as a se transformarem em dramaturgos (recriadores do texto), diretoras (intérpretes do texto), atoras (*performers* do texto), plateia (respondentes ativos ao texto), e mesmo críticos (comentaristas e estudiosos do texto), (...)".[8] Enfim, para Chambers, o segredo para a formação de verdadeiros leitores (efetivos, ávidos, habituais, etc.) reside nas partilhas e nos intercâmbios (de entusiasmos, dificuldades, conexões, interpretações, etc.) que nascem a partir das diferentes leituras feitas pelos jovens no espaço escolar e para além dele. Nessa mesma linha de raciocínio, não basta que existam acervos de obras escritas nas escolas nem mesmo bons espaços, se a eles não for somada uma pedagogia e uma didática da leitura que abram espaços de conversa e de partilha a respeito das vivências de leitura do alunado. Isto faz ver ainda que a leitura não é um ato solitário envolvendo tão somente um leitor e um texto, mas sim uma

---

6. Cf. Chambers, Aidan. *Tell me – Children reading and talk*. Londres: *The Thimble Press*, 1993.

7. Cf. Chambers, op. cit, p. 11. Tradução de Ezequiel Theodoro da Silva.

8. Cf. Chambers, op. cit. p. 12-13. Tradução de Ezequiel Theodoro da Silva.

prática cultural de natureza coletiva, que se enreda com outras práticas e que envolve múltiplos participantes, situações, motivações, desafios, encantos e desencantos, sempre "compartilhados" no grupo. [9]

As três pesquisas Retratos da leitura no Brasil, de âmbito nacional e únicas no gênero, concluíram a mesma coisa: que a penetração e a intensidade da leitura dependem de escolaridade, classe social e ambientes estimulantes (na família, na escola, etc.). Neste trabalho, a partir dos resultados dessas investigações, refleti sobre alguns aspectos da leitura dentro e a partir da instituição escolar, ou seja, tematizei algumas interfaces da leitura com a escolarização e a escolaridade, focando os dados vinculados à educação fundamental. Enquanto realizava as análises, meu pensamento era sempre conduzido à validade consequencial[10] das três edições até agora produzidas e fiquei indagando quais os impactos, as consequências positivas desses três gigantescos trabalhos no que se refere a mudanças substantivas no sistema educacional brasileiro e na porosa paisagem da leitura. Fica claro e patente que a paisagem pouco ou nada mudou no período de dez anos circunscrito pelas três edições da pesquisa; sob alguns aspectos, a penetração da leitura andou para trás, de marcha à ré, ao invés de caminhar para frente.

Isto não invalida e nem diminui a importância dos objetivos pretendidos pelas pesquisas Retratos da leitura no Brasil, que nascem de uma iniciativa de entidades vinculadas à produção, distribuição e comércio do livro, mas mostra, em termos de seus resultados, que o

---

9. Eliana da Silva Felipe, no artigo "Redes de leitores, formas de sociabilidade e práticas de produção do valor social da leitura" (In: *Leitores na contramão*. Campinas: Edições Leitura Crítica, 2012 - no prelo), estudando as redes de leitura numa escola de assentamento dos Sem-Terra no Estado do Pará, afirma que "Uma vez na escola, elas [as crianças] têm um papel importante em fazer circular objetos que não existem na esfera familiar. Rompendo uma visão tradicional de socialização, baseada na ação do adulto, são as crianças que socializam, em certa medida, os adultos, pela mediação que realizam de aproximação entre a casa e a escola." Em sua pesquisa qualitativa, a autora mostra claramente como o enraizamento e a dinamização da leitura num grupo de estudantes dependem muito mais das interações travadas entre esses estudantes do que da ação dos professores e dos pais.

10. Para Heraldo Marelim Vianna, a validade consequencial "(...) se refere ao impacto da avaliação sobre o sistema, determinando mudanças de pensamento, gerando novos comportamentos, formando novas atitudes e promovendo novas ações". In: *Avaliações Nacionais em Larga Escala: análises e propostas*". Estudos em Avaliação Educacional, n. 27, jan/jun 2003, p. 41-76.

"fazer ler", ou seja, "dar vida aos livros" através de práticas diversas de leitura vai muito além do abastecimento ou aparelhamento das escolas com obras diversas. Neste caso, considerando aquilo que foi iterado nas três edições, as políticas, os programas e as ações na esfera da leitura escolar devem estar voltados à união de esforços, complementaridade de propósitos, coletivização de responsabilidades, etc., no sentido de produzir mudanças substantivas na escola e no magistério, e assim levar a leitura para um patamar superior.

Ezequiel Theodoro da Silva. Possui Graduação em Língua e Literatura Inglesa pela Pontifícia Universidade Católica de São Paulo (1971), Mestrado em Educação – Leitura – University of Miami (1973), Doutorado em Educação (Psicologia da Educação) pela Pontifícia Universidade Católica de São Paulo (1979) e Livre-docência em Metodologia do Ensino (1994) pela Faculdade de Educação da Unicamp. Atualmente é professor aposentado e colaborador voluntário da Universidade Estadual de Campinas. Tem experiência na área de educação, com ênfase em pedagogia, psicologia e didática, atuando principalmente com os seguintes temas: leitura, formação do professor, biblioteca escolar e leitura na internet. Desenvolve também estudos e pesquisas na área da pesca recreativa, fazendo a manutenção de um portal da internet <www.pescarte.com.br>. Mais recentemente inaugurou o portal *Leitura crítica* <www.leituracritica.com.br> no qual inseriu boa parte da sua obra e promove a formação dos professores para o ensino da leitura.

capítulo 6

Ler é dever, livro é prazer?

Regina Zilberman

Perguntados se, "no momento em que você lê, de uma maneira geral, você diria que lê mais por prazer ou por obrigação, seja ela na escola ou no trabalho", responderam 75% dos 5.012 entrevistados, em nome de uma população de 178 milhões de habitantes, que leem "mais por prazer". Os demais 25% confessaram que liam "mais por obrigação". Ao contrário de 2007, quando 5% não sabiam que alternativa escolher, em 2011, todos fizeram sua opção de modo seguro.

A pergunta particulariza o local onde a leitura se realiza: "... Na escola ou no trabalho". À questão "em qual destes lugares você costuma ler livros?" afirmam 93% dos entrevistados ter o hábito de ler em casa, em oposição aos 33%, para os quais a sala de aula constitui o espaço mais frequente de leitura. O cruzamento desses números leva a concluir que se situam entre a maioria dos 33% os que procedem à leitura de modo prazeroso, sem se sentirem constrangidos a isso.

Contudo, talvez se deva entender que os 75% correspondem ao total dos entrevistados. Os respondentes, mesmo os aposentados, desempregados ou pessoas que não participam do mercado de trabalho ou do mundo estudantil, não teriam percebido o detalhe da pergunta, oferecendo uma resposta que abrangesse qualquer situação ou espaço de leitura.

Ainda assim, o número surpreende, já que, se os 5.012 entrevistados representam a população brasileira com mais de 5 anos de idade, se chega-se a um número altamente alvissareiro: 133.500.000 de pessoas, em nosso país, leem por prazer.

Outros dados relativizam a conclusão otimista. À pergunta "qual destas frases melhor explica o que é leitura?", apenas 18% dizem considerá-la "uma atividade prazerosa", resposta precedida pelas alternativas: "fonte de conhecimento para a vida" (64%); "fonte de conhecimento e atualização profissional" (41%); "fonte de conhecimento para a escola/faculdade" (35%); "uma atividade interessante" (21%). Quando se investigam as "motivações para ler um livro", o "prazer, gosto ou necessidade espontânea" constituem a experiência de 49% dos entrevistados, em oposição aos 55%, que colocam "atualização cultural/conhecimentos gerais" em primeiro lugar.

O "gosto", posicionado antes ao lado do "prazer", não se sai tão bem quando questionado diretamente. À pergunta "de uma maneira geral, você gosta ou não gosta de ler?" (p. 130), 62% informam gostar muito ou pouco, enquanto que 30%, quantidade superior à daqueles que declaram ter prazer em ler, respondem negativamente.

O "prazer" alcança o primeiro posto apenas em outro momento da pesquisa. À questão "por qual destes motivos você compra livros?", 35% informam que assim procedem por "prazer, gosto pela leitura", acima, pois, dos 28% que são levados ao consumo "porque a escola/ faculdade exige".

Ainda que, seguidamente, por razões contraditórias, é inegável que o prazer pertence ao universo conceitual da leitura e do livro. A constatação instiga a investigação do significado da noção de prazer, com o intuito de entender por que está presente em uma pesquisa sobre a leitura no Brasil.

Prazer e poesia

Prazer, em grego, é *hêdoné*, termo que aparece em *Filebo*, de Platão. Neste diálogo, Sócrates, *alter ego* do autor, discute com Protarco sobre a natureza do prazer, que, conforme Filebo, constitui o maior bem. Sócrates opõe ao prazer a inteligência, mas, ao final, conclui por uma "vida mista", já que "nenhum dos dois viria a ser o bem em si mesmo".

Platão, porém, não se refere à relação do sujeito do conhecimento ou do prazer com a poesia. É Aristóteles quem, na *Poética*, ao examinar a gênese da mimese (imitação ou representação), o atributo fundamental da poesia, decorrente do fato de que "o imitar é congênito no homem", sublinha que "os homens se comprazem no imitado." O filósofo, a seguir, justifica sua asserção: "Sinal disto, é que o que acontece na experiência: nós contemplamos com prazer as imagens mais exatas daquelas mesmas coisas que olhamos com repugnância". Quando não é esse o caso, valoriza-se a execução, o que também redunda em satisfação: "Se suceder que alguém não tenha visto o original, nenhum prazer lhe advirá da imagem, como imitada, mas tão somente da execução, da cor ou qualquer outra causa da mesma espécie.".

Aristóteles identifica um prazer próprio à poesia, suscitado pela reprodução e, em grau menor, pela realização, contornando a preocupação metafísica e ética presente no pensamento de Platão. Por sua vez, ele rebaixa o objeto artístico, porque o conhecimento que propicia restringe-se ao âmbito do técnico e do empírico, sem validade universal. A poesia pode proporcionar um prazer específico, que não é bom, nem mau, porque não atinge o plano filosófico que interessa a Aristóteles.

O prazer desencadeado pela poesia relaciona-se igualmente ao papel educativo que desempenha, em razão de outra propriedade sua, concretizada sobretudo pela tragédia: a catarse, a purificação das emoções decorrente da representação de cenas que suscitam o terror e a piedade. A catarse caracteriza-se pelo alívio experimentado pelo espectador, quando, ao se deparar com gestos radicais praticados pelas personagens, vivencia e ao mesmo tempo purga reações socialmente indesejadas. Esse alívio é terapêutico, ao motivar um desafogo, ele mesmo prazeroso.

Sob esse aspecto, a poesia educa, levando o destinatário a provar situações extremas, mesmo as mais transgressivas, sem estar sujeito às punições em que tais atos podem incidir. O ser humano pode crescer emocional ou intelectualmente graças ao processo de transferência que a poesia faculta, chegando a esse ganho até com algum lucro, o prazer obtido ao final do processo. Na *Arte poética*, de Horácio, essa posição recebe formulação definitiva, pois ele valoriza a criação poética que mistura "o útil e o agradável, deleitando e ao mesmo tempo instruindo o leitor".

Delectare parece ter sido a palavra que sucedeu a *hêdoné* dos gregos, termo também traduzido por voluptas. Contudo, vingou o deleitar, já que volúpia incidiria em prazer sensual, matéria que Platão rejeitou no *Filebo* e Aristóteles redirecionou na *Poética*. O deleitar não exclui o prazer, mas lhe confere-lhe dimensão espiritual; e, ainda assim, o significado é matizado, pois só tem validade se instruir, assegurando a utilidade da arte com a palavra.

O prazer, enquanto resultado de determinada atitude humana ou de seus produtos, atravessou os séculos. É objeto de pensadores cristãos (Santo Agostinho), filósofos (Rousseau; Kant) e de cientistas (Freud). No contexto da expansão da cultura de massas e da sociedade de consumo, seus efeitos foram considerados nocivos, conforme denuncia Adorno.

Nem sempre esses autores abordam a obra de arte em particular. Mas esta suscitou posicionamentos específicos por parte de pesquisadores do campo literário, que, por sua vez, integraram a questão da leitura às suas reflexões. Sob essa perspectiva, destacam-se dois pensadores – Hans Robert Jauss e Roland Barthes – que, no começo dos anos 1970, elaboraram ensaios seminais a respeito das relações entre prazer, literatura e leitura.

Prazer e leitura

Hans Robert Jauss, entre 1967 e 1970, impulsionou as pesquisas sobre leitura, ao valorizar o papel do público enquanto agente de atualização das obras do passado. Em 1972, voltou-se para o processo de leitura enquanto tal, examinando a natureza da experiência estética. Essa supõe três momentos simultâneos e combinados: a *poiesis*, quando o leitor se sente-se coautor da obra; a *aisthesis*, equivalente à renovação da percepção do mundo circundante; e a *catarse*, que leva o leitor a adentrar-se emocionalmente na obra por meio da identificação, tanto mais crítica quanto mais questionador apresentar-se o objeto da leitura Também para Jauss, a catarse é liberadora e inclui, simultaneamente, conhecimento e fruição, conjunção possível tão somente no caso da experiência estética.

Roland Barhtes, em *O prazer do texto*, de 1973, equipara o efeito da leitura ao "instante insustentável, impossível, puramente romanesco, que o libertino degusta ao termo de uma maquinação ousada, mandando cortar a corda que o suspende, no momento em que goza.". Para além do prazer, ele coloca a fruição (*jouissance* ou gozo), que possui, por natureza, "caráter associal", pois "é a perda abrupta da socialidade", sem que signifique "recaída no sujeito (a subjetividade), na pessoa, na solidão: tudo se perde, integralmente."

Há, no prazer suscitado pelo texto e, em particular, na fruição, um componente transgressivo que os coloca à margem do social. Além disso, "o prazer do texto não é seguro", já que "nada nos diz que este mesmo texto nos agradará uma segunda vez"; trata-se, pois, de "um prazer precário". Pela mesma razão, não pode ser objeto de descrição, nem se transformar em matéria de uma "ciência positiva".

Advogado do hedonismo, Barthes parece resgatar o significado original da palavra grega, avessa ao conhecimento e à sabedoria, na acepção adotada por Platão, em *Filebo*. E extravasa o posicionamento de Freud, para quem o princípio do prazer guarda resíduos aristóte-licos, já que decorre da satisfação suscitada pelo alívio diante da dor e da dilaceração. Pode-se identificar, no posicionamento de Barthes, uma erótica do texto, mas que não equivale ou substitui o prazer se-xual, pois esse não é necessariamente transgressivo, nem suplanta o interdito, enquanto o texto pode fazê-lo.

Não, porém, qualquer texto, mas aquele que, por sua linguagem, suplanta, ele também, os limites do discurso. Seus exemplos provêm da vanguarda mais experimental, que rompe com a dicção moderada pelo significado e investe pesadamente nas potencialidades poéticas e não necessariamente decodificáveis do significante.

Alinhada ao pensamento de Jauss ou ao de Barthes, uma teoria se enraizou a partir do acolhimento de suas ideias, segundo a qual a lei-tura da literatura gera prazer. A partir daí, desdobrou-se em propostas distintas de definição desse prazer: ele pode estar vinculado à aqui-sição de conhecimento e à conquista da emancipação intelectual; ou configurar-se em experiência única, irrepetível e indizível. Nas duas al-ternativas, evidencia-se um ponto de convergência: recusam-se premis-sas que incidem em obrigação, dever, necessidade ou instrução. Para Jauss, a experiência estética é liberadora e, ao mesmo tempo, dialógica, pois leva o sujeito da percepção a se expressar enquanto autor, efeito resumido na noção de *poiesis*. Para Barthes, o prazer coincide com uma vivência sensorial, não cognitiva, logo, impossível de ser filtrada pela inteligência e transformada em expressão linguística. Colocando--se o texto nos limites da linguagem, seus efeitos implodem até mesmo o discurso que poderiam dar conta da experiência que suscita.

O texto literário, porque produz algum tipo de satisfação, pode levar seu usuário a falar ou a calar; mas nunca o deixa indiferente.

Prazer, entre o livro e o ler

É porque a fruição foi alçada a uma das condições essenciais da experiência leitora que aparece a pergunta que induz o entrevistado a escolher entre ler por prazer ou por obrigação. Contudo, o questionário não busca identificar de que prazer se fala. Não se evidencia o significado da palavra para aqueles que deveriam experimentar seus efeitos, ainda que ela impregne o texto literário, mostrando-se enquanto propriedade singular, e não substitutiva, da obra de arte.

Desconhecido o conteúdo do prazer, ignora-se igualmente seu objeto – o texto literário, vale dizer, a obra e o livro enquanto seu suporte. A literatura, materializada no livro, confunde-se com o prazer, seja ele de caráter racional ou sensorial. Mas, excluído seu sentido, ele se debilita, tornando-se um vocábulo *prêt-à-porter*, adaptável a qualquer situação. O que permanece é tão somente a ação – ler. Esta, porém, destituída de objeto, reifica-se, mostrando-se sob o signo do dever.

Efeito daquele ato, o prazer atrela-se ao dever e anula-se. Começar por esclarecer seu significado pode ser um primeiro passo para retirá-lo da situação em que se encontra – convertido em avesso da obrigação –, para reposicioná-lo no lugar de onde nunca deveria ter saído – a literatura.

Regina Zilberman. Licenciou-se em Letras pela Universidade Federal do Rio Grande do Sul UFRGS, doutorou-se em Romanística pela Universidade de Heidelberg, na Alemanha, e fez pós-doutorado em Rhode Island, nos EUA. É professora da UFRGS, vinculada ao Setor de Literatura Portuguesa e Luso-Africanas, além de orientadora de mestrado e doutorado. Possui mais de 20 livros publicados e premiados na área pedagógica e educacional.

capítulo 7

Retrospectiva – o acesso ao livro e à leitura pelos jovens no Brasil

Isis Valeria Gomes

Faz muito tempo que o Brasil pretende ser um país de leitores. Por que ainda não chegamos lá?

A terceira edição da pesquisa Retratos da leitura no Brasil aponta que em 2011 mais de 150,5 milhões de brasileiros não compraram um único livro nos três meses que antecederam a pesquisa e que 99 milhões jamais adquiriram um exemplar. E por que temos somente 88,2 milhões de leitores no país? Estamos em pleno século XXI e esses são os números apresentados. Mas o que acontece? A importância da leitura é reconhecida há tempos, seu estímulo não é uma tendência nova. Porém, no Brasil, ao longo dos séculos, quaisquer que tenham sido essas iniciativas em prol do acesso ao conhecimento, elas nunca se mostraram realmente eficientes.

Democratização do acesso: breve retrospectiva dos precursores

Os precursores do ideal da aquisição do conhecimento, por meio do acesso ao livro e à leitura, têm raízes no século XIX. Em 1808, chegou ao Brasil a Biblioteca da Coroa Portuguesa, cujo objetivo inicial era atender às necessidades dos nobres e da elite. Hoje, com o nome de Biblioteca Nacional, ela completou 200 anos e tem um acervo de 9 milhões de itens, além do acervo disponibilizado digitalmente.

Atualmente existem 4.763 bibliotecas no Brasil, e está em curso o Programa "Cada município, uma biblioteca", uma iniciativa do MinC – Ministério da Cultura – com o propósito de zerar o número de municípios sem bibliotecas. Uma evolução? Certamente. Porém, a pesquisa apontou que 75% da população nunca frequentou uma biblioteca, apesar de 71% afirmarem que as bibliotecas são de fácil acesso, o que vem confirmar que, mesmo reconhecendo sua importância, não basta investir em bibliotecas. A despeito de sua importância, percebe-se que não é só com bibliotecas que se criam leitores.

Durante o reinado do imperador Dom Pedro II (1831-1889), o abolicionista Antonio Marques Rodrigues empenhou-se na defesa de uma educação pela da leitura. Em 1860, publicou *O livro do povo*, uma obra cujo objetivo era democratizar a informação. Ele chegou a custear as edições de pequenos livros, que distribuía gratuitamente pelas escolas do Norte e Nordeste brasileiros. Foram mais de 20 edições circulando em duas décadas. Talvez esteja nessa iniciativa a primeira abertura para uma frente popular do livro.

O escritor Fernandes Pinheiro também contribuiu. Ele publicou, em 1868, dois livros que tiveram grande circulação nas escolas do Rio de Janeiro: *Episódios da história pátria*, adotado pelo Conselho Diretor de Instrução Pública – e *Poesias seletas de Souza Caldas*, adotado como leitura no Imperial Colégio D. Pedro II. Essas obras foram publicadas no período de transição da leitura mais adequada à realidade cultural brasileira já bem diferenciada da portuguesa e impulsionaram uma criação literária nacional. Vale lembrar que Dom Pedro II, a partir de 1860, passou a fazer contrapontos à ótica de educação jesuíta, caminhando para um Estado laico. Um de seus instrumentos para tais objetivos foi o Colégio D. Pedro II, reduto de grandes líderes brasileiros nacionais. Também trouxe ao Brasil o Instituto Presbiteriano Mackenzie, conhecido na época como Escola Americana.[1]

Temos outras ações mencionadas por Nelly Novaes Coelho[2] sobre as providências da administração imperial para dar suporte didático e cultural à formação dos jovens brasileiros. Um exemplo foi o financiamento do livro na escola, na época, para a elite. Talvez uma ação precursora dos programas de distribuição de livros pelo governo, que,

---

1. COELHO, Nelly Novaes. *Dicionário crítico da literatura infantil e juvenil*, 2ª edição, São Paulo: Edusp, 1984.
2. Ver nota 1.

hoje, se realiza por meio do programa PNLD – Programa Nacional do Livro Didático, do MEC cujo principal objetivo é subsidiar o trabalho pedagógico dos professores por meio da distribuição de coleções de livros didáticos aos alunos da educação básica.[3] Há outros, na mesma linha, estaduais e municipais, que universalizaram o acesso ao livro didático.

A valorização do saber culto, herança do Iluminismo, foi ampliada na Constituição Republicana de 1891. São princípios do ensino público e gratuito que dão ênfase à fundação de colégios e universidades nos quais: deverão ser ensinados os elementos das Ciências e Belas-artes. A erudição no campo das letras era o signo de valorização dos indivíduos, mas, como ainda se verifica nos dias atuais, muitas pessoas, em pleno século XXI, são excluídas do processo, já que segundo a terceira edição da pesquisa Retratos da Leitura 50% dos brasileiros são não-leitores.

De acordo com Nelly Novaes, na última década do século XIX ainda havia 84% de analfabetos no Brasil. Hoje, segundo a Retratos da Leitura, 9% dos brasileiros são analfabetos, sem contar os analfabetos funcionais. Esses números são revelados pelos quase 40% dos entrevistados que declaram dificuldades para ler: 8% não possuem este hábito por não compreenderem o texto porque têm dificuldade na compreensão, 12% não têm concentração suficiente e 19% leem muito devagar. O resultado do Pisa – Programa Internacional de Avaliação de Alunos, promovido pela OCDEF – Organização para a Cooperação e Desenvolvimento Econômico – recentemente publicado, informa que em 2011 os alunos brasileiros aparecem nos últimos lugares – _53ª posição em 65 países – quando se fala em compreensão leitora. Estão abaixo de México, Argentina, Colômbia, Uruguai e Chile. Essa avaliação também confirma que, apesar de reduzirmos muito o número de analfabetos, ainda continuamos com cerca de 50% da população sem o domínio da leitura ou da "erudição no campo das letras", se usarmos a definição de 1891.

Fazendo essa retrospectiva, percebemos que as ideias circularam e circulam, mas não vão à frente. Esforços têm havido, mas não são suficientes. O que falta para que o brasileiro use o livro como instrumento para a vida? Nesse retrospecto em busca de iniciativas pioneiras – de governos da época ou iniciativas privadas voltadas a ampliar

---

3. Surgiu com o Decreto nº 91.542, de 19/8/1985 (origem na década de 1920). www.fnde.gov.br/index.php/pnld-historico

o número de leitores no Brasil, vale destacar uma que talvez marque o princípio de um sistema de ensino e o primeiro material didático para o ensino público. Em 1900, o republicano Romão Puiggari, professor brasileiro de origem italiana, fundou e dirigiu um grupo escolar, implantando o sistema de ensino Primário, Elementar e Médio, e firmando os princípios da nova pedagogia. Ele escreveu a obra *Livros de leitura* (em quatro volumes) que foi adotada nas escolas de São Paulo, da Bahia, de Santa Catarina e do Espírito Santo. Puiggari pretendia a ampliação do conhecimento para os jovens, o que lhe rendeu, em 1904, uma medalha de prata na Exposição Universal realizada em Saint Louise, Estados Unidos.[4]

A professora republicana Zalina Rolim é outro bom exemplo.

Considerada a pioneira na educação infantil no Brasil, Zalina participou do projeto da criação do Jardim de Infância no Estado de São Paulo – Decreto de 3 de março de 1906 – com a sede na Escola Normal Modelo. Como diretora e dinamizadora do programa, percebeu que não havia material didático para trabalhar. Escreveu e publicou um livro que primou pela qualidade da produção. O jornal *O Estado de S. Paulo* noticiou o lançamento na seção de livros, folhetos e edições, em 12 de março de 1898: "O *Livro das crianças* que o governo do Estado de São Paulo acaba de imprimir nos Estados Unidos, em uma bela edição é sem dúvida um dos mais raros livros escolares... dignos de apreço e de aplausos... O governo de São Paulo prestou inestimável serviço ao ensino e abriu espaço e estímulos ao trabalho dos nossos professores".[5] Somente em 1996, com a Lei de Diretrizes da Educação, a Educação Infantil foi implantada oficialmente no Brasil. Quase 100 anos depois.

Em 1905, Luiz Bartolomeu também foi pioneiro ao publicar *O Tico Tico*[6]. Uma revista que difundiu o gênero história em quadrinhos e completou o quadro de publicações diversificadas para crianças e jovens, no Brasil, embora o acesso ao livro e leitura não fosse para todos.

Hoje, 53% dos entrevistados preferem ler revistas e 48%, preferem ler jornais. Os livros vêm atrás com 47%, seguidos pelos quadrinhos,

---

4. Ver nota 1.
5. Ver nota 1.
6. PFROMM, Rosamilha. *O livro da educação*. São Paulo: Melhoramentos, 1937, p. 175.

com 30%. Isso talvez explique a presença de Maurício de Sousa como autor, em 6º lugar na preferência dos leitores.

Em 1921, Monteiro Lobato reuniu na obra *A onda verde*, artigos que publicara em jornais sobre a formação do leitor. Criticava o resultado de uma pesquisa feita pelo jornal *O Estado de S. Paulo* em livrarias, sobre o que se lia no país. Constatava que as obras eram escritas para uma elite e escreveu: "O menino aprende a ler na escola e lê, em aula, à força, os horrorosos livros de leitura didática (...) coisas soporíferas fastidiosas... A pátria pedagógica (...). Tudo é embutido a martelo num cérebro pueril que sonha acordado (...). É imaginativo, só pede ficção, contos de fada, história de maravilhosos... Além disso, sai o menino da escola com a noção curiosíssima, embora lógica: a leitura é um mal: o livro, um inimigo, não ler coisa alguma é o maior encanto da existência"[7].

Mais tarde, Lobato viu a escola como grande parceira da literatura na obra de modernização da sociedade brasileira. Sua editora, em 1922, descreve *A menina do narizinho arrebitado* como: "uma obra fora dos moldes habituais e escrita para interessar as crianças, poupando trabalho a professores e pais". Foi um defensor dos ideais do educador Anísio Teixeira e da Escola Nova que mudou o panorama da educação nacional ao contribuir para a elaboração da Lei nº 4.024, de 1961, e da Lei nº 5.692, de 1971, que instituíam que os alunos lessem um livro, por semestre, de autores nacionais, fortalecendo, assim, o livro e a leitura literária na escola.

Em 1968, surge a Fundação Nacional de Literatura Infantil e Juvenil – FNLIJ, com a missão de incentivar o hábito da leitura de qualidade para a criança e o jovem. Em 1974, a FNLIJ criou o prêmio O Melhor Livro Para a Criança, hoje com 18 categorias.

Em 1979, a Unesco criou o Ano Internacional da Criança. A FNLIJ divulgou no nº 45 do seu *Boletim Informativo* nº 45 ações adequadas para promover a leitura: cursos e seminários nacionais e internacionais para professores, encontro para professores universitários, feiras de livros infantis e juvenis, exposições de livros e de ilustrações, inquéritos (leiam-se pesquisas), concursos para os melhores programas de leituras, dinamização e criação de novas bibliotecas infantis. Procurou atuar para tornar realidade tudo aquilo em que sempre acreditou. A escola e a biblioteca foram as grandes parceiras da FNLIJ.

---

7. SOARES, Gabriela P. *Semear horizontes*. Belo Horizonte: Editora UEFMG, 2007. Ver também nota nº 3 deste artigo.

A formação de professores-leitores foi uma das metas prioritárias. O *Boletim Informativo* nº 54 (março de 1981) publicou o artigo "O professor e a conquista do jovem leitor", de Laura Sandroni. As questões levantadas são absolutamente atuais para a abordagem do livro literário na escola: (...) "deve-se criar dentro da sala de aula o hábito da leitura numa perspectiva de prazer, desvinculando o livro de sua imagem (prejudicial) de mero instrumento de trabalho. (...) Só o exercício da leitura num espírito de liberdade, alegria e aventura pode conquistar futuros leitores (...)".

Durante muitos anos, a FNLIJ procurou desenvolver um projeto de distribuição de livros para escolas carentes, de forma a implantar bibliotecas onde ainda não houvesse uma. Finalmente surgiu A Ciranda de Livros para estimular o hábito de leitura. Em quatro anos, distribuiu em 30 mil escolas carentes de diferentes de municípios 60 títulos representativos da nossa literatura nacional. O projeto atingiu mais de 4,5 milhões de crianças[8]. Foi uma das primeiras distribuições gratuitas de livros literários nas escolas brasileiras. Hoje o Programa Nacional da Biblioteca Escolar – PNBE-MEC criou o acesso ao livro literário na escola pública.[9]

O acesso ao livro e à leitura pelos jovens

Essa retrospectiva das ações pioneiras em prol da educação e da democratização do acesso ao livro e à leitura é importante para avaliar os caminhos percorridos pelos educadores do passado.

O caminho da evolução do acesso ao livro, à leitura e ao conhecimento estava traçado. Havia leis, escolas, livros, revistas, bibliotecas e vontade por parte dos governantes de que houvesse educação de qualidade, ainda que para uns poucos escolhidos. A maioria do povo continuava excluída. Ao longo de quase 124 anos de República, a literatura destinada à criança e ao jovem cresceu e se desenvolveu sob a tutela escolar.

A escola pública tornou-se acessível a todos os brasileiros a partir da segunda metade do século XX, mas as condições de renda, a grande parcela da população rural e a baixa escolaridade das famílias ainda di-

---

8. O Projeto Ciranda do Livro foi realizado com o patrocínio da Hoechst e Fundação Roberto Marinho. Ver SANDRONI, Laura. *Um imaginário de livros e leitura – 40 anos da FNLIJ* – FNLIJ 1, 2008.
9. O PNBE foi criado em 1997 e em 1998 passou a receber recursos do Governo Federal. www.fnde.gov.br/index.php/be.historico

ficultavam o acesso universalizado. Somente após 1970, esses números começam a crescer, mas ainda havia muita evasão escolar; dificuldades para se conseguir vagas e escolas distantes, com pouca oferta de unidades de ensino médio. O acesso ao ensino básico se dá, de fato, com garantia das matrículas e vagas a partir do início deste século, passados mais de 100 anos das primeiras tentativas.

Como informa a 3ª edição da pesquisa, em 2011, dos entrevistados, 86% do Ensino Fundamental I estudam em rede pública. O mesmo se verifica com o Ensino Fundamental II, com 93% dos entrevistados. O Ensino Médio fica com 89% e, quando se trata de Ensino Superior, o quadro se inverte, já que 71% das pessoas estudam em redes particulares.

O desafio agora é tornar a escola um verdadeiro centro de aprendizado, pois a evasão escolar é expressiva. Além disso, muitos alunos ainda concluem o Ensino Fundamental despreparados até para compreender um texto.

Apesar de percebermos que as ações na defesa do acesso a uma cultura nacional não sejam tão novas assim, ainda não atingimos o necessário. Precisamos refletir inclusive sobre os erros, acertos e dificuldades que a pesquisa aponta.

Resolvemos as questões da universalização do acesso, apesar da qualidade do ensino. Sabemos também que a escola continua a ser uma grande promotora dos livros indicados para leitura, sejam eles didáticos, informativos, sejam literários.

E por que a nossa progressão como país leitor continua tão lenta?

Os estudantes leem mais

Um dado importante aparece como uma incógnita e precisamos compreender o fenômeno. Os nossos jovens são a maior parcela da população nacional que é leitora. Os estudantes leram uma média de 3,41 livros nos três meses anteriores ao da pesquisa; já os não estudantes, consumiram 1,13 (livro inteiro ou em partes).

Isso mostra que o "hábito" acaba após a saída da escola. Se não são obrigados, se não são estimulados, eles param de ler.

Ao sair da escola, o jovem perde a ambiência leitora, o grupo de amigos e a convivência com os livros.

O problema não é o preço do livro. Só 2% disseram que esse item é um motivo para não ler.

Os estímulos para ler são dispersos e perdem para a TV, rádio e reunião com amigos. Ler aparece em 7º lugar na preferência, com 28%, e à frente da internet, com 24%.

É importante ressaltar que mesmo o fluxo de leitura na escola é pequeno. Um jovem estudante, segundo a pesquisa, não lê ou consulta nem mesmo quatro livros por mês, sejam inteiros ou em partes (são 3,41). Nas faixas etárias dos 11 aos 13 anos e dos 14 aos 17, por exemplo, apenas 4% chegaram a ler cinco livros no último mês. E nas mesmas faixas de idade, em média 22% responderam que leram ou consultaram apenas um livro nos últimos 30 dias. Enquanto que dos 5 aos 17 anos, 55% em média, não leramu nenhum livro.

Por que leem?

Quando perguntados sobre os motivos para a leitura do último livro lido ou que estão lendo, esses jovens responderam: entre 14 e 17 anos – 50% disseram ler por exigência da escola e 41% afirmaram ler por interesse ou gosto. O que nos possibilita observar que, até os 17 anos, é nessa faixa etária que eles mais leem por prazer, já que dos 11 aos 13 anos, 36% leem por interesse ou gosto e 56%, para cumprir obrigações escolares.

De 18 a 24 anos, o número de leitores por gosto sobe para 52%, e a leitura obrigatória cai para 21%.

Quando perguntados sobre a iniciativa desse hábito ler, percebemos que a maioria não lê espontaneamente. A leitura aparece fortemente motivada pelo cumprimento de dever escolar. Entre 5 e 17 anos, em média, 64% dos estudantes declararam que não leram nenhum livro por iniciativa própria. Entre os que leram espontaneamente, 17% leram ao menos um livro e somente 4%, nessa faixa etária, leram mais de três livros em um período de três meses. Percebe-se que a partir da faixa de 11 a 13 anos é que se começa a formar o leitor por prazer, pois os índices vão aumentando até os 24 anos.

Ao buscar investigar se os estudantes gostam de ler, a pesquisa revela que, entre eles, há também um equilíbrio entre o gostar e o não gostar de ler, mas estão na faixa dos 11 a 13 anos aqueles que mais apreciam. Nessa faixa, 28% gostam muito de ler, 52% gostam um pouco e 21% não gostam. Entre os 14 e 17 anos, os que não gostam são maioria, 31% contra 23% que apreciam muito ler, enquanto 46% gostam pouco.

O que explica essa redução após os 14 anos de idade? Eles aprendem a gostar em uma fase escolar e saem do Ensino Médio perdendo o interesse pela leitura? Será que não está aí o fio da meada para entendermos a razão de haver um período ascendente pela leitura e depois o interesse começa a decair? O que fazer para reverter essa tendência?

As bibliotecas e os indicadores de leitura

Sabemos que, mesmo havendo distribuição de livros didáticos pelo governo a todos os estudantes do Ensino Básico, ainda são muito baixos os índices de leitura; o gosto por ela e a leitura por iniciativa própria entre os jovens são precários. A frequência à biblioteca também.

Ora, se não há pesquisa a fazer e se não há mais o que estudar, por que entrar na biblioteca?

Parece que ela perde a função. Mesmo que gostem muito, se não for por obrigação escolar, eles não frequentam esses espaços, e isso está claramente refletido nos resultados da pesquisa. A biblioteca é vista por 71% como um lugar para estudar e 61%, para pesquisar. Apenas 24% da população visitam esses espaços e 70% são estudantes.

Outros números reiteram essas informações, já que 55% dos frequentadores têm entre 5 e 17 anos e 27% estão matriculados no Ensino Fundamental I e II. Entre 18 e 24 anos, esse índice é de 15%, cai para 6% entre 25 e 29 anos, não atingindo 1% acima de 70 anos.

Ou seja, a biblioteca não é um equipamento cultural de acesso para a vida toda. O que falta nesses locais para atrair ao menos os que já são leitores?

Tendências: os jovens e os livros digitais

Há outro evidente tipo de exclusão para os jovens menos favorecidos: a digital, já que 54% das pessoas não acessam a internet. Dos jovens entre 5 e 17 anos, 38% não navegam na *web*.

Dos 9,5 milhões de leitores de livros digitais, os jovens são, sem dúvida, os principais consumidores. Apesar de a pesquisa apontar que 45% dos brasileiros nunca ouviram falar nesse tipo de livro, são as pessoas entre 18 e 29 anos as que mais consomem, com 29%, e, em 2º lugar, estão os jovens de 5 a 17 anos, em sua maioria estudantes dos Ensinos Fundamental e Médio, o que não é de se estranhar, já que são eles que estão mais familiarizados com as novas tecnologias. Outra questão: o acesso à informação garante a absorção de conhecimento? Ter livros digitais aumenta o interesse pela leitura? Ainda não há como saber.

O que leem os jovens brasileiros?

Se o problema não é o preço do livro, não é a localização das bibliotecas nem sua apresentação, e ainda com o desenvolvimento tecnológico e a chegada dos *e-books*, por que ler ainda é para poucos?

Será somente privilégio para alguns jovens frequentadores de livrarias, com autonomia de compra e familiaridade com o espaço? Esses mesmos jovens das classes A, B e C também têm acesso a cinema, jogos eletrônicos, entre outros interesses. Eles vivem a globalização da leitura com o advento de séries como *Crepúsculo* e *Harry Potter*. Atento, o mercado já fez várias sequências dessas séries. Elas dão origem a filmes, *games*, entre outros derivados e produtos. Um jovem no Brasil, outro na Espanha e outro nos Estados Unidos podem estar lendo uma mesma obra, em línguas diferentes.

No Brasil, pode-se verificar que a Bíblia continua em 1º lugar na preferência com relação à edição da pesquisa de 2007, apesar de o índice ter caído. Dos 5 aos 17 anos, a Bíblia atrai, em média, 22% dos leitores, contra 35,5% em 2007. Os livros didáticos são os que os jovens mais consomem. Representam 47% na faixa dos 5 aos 13 anos, e 55% entre 14 e 17 anos. O interesse pela poesia caiu. Ela é consumida por 27% entre 11 e 13 anos e 28% entre os de 14 a 17 anos. Em 2007, esses números eram de 41% entre 11 e 13 anos e 14 a 17 anos. Já os contos subiram no interesse. Eles são lidos por 30% nas duas faixas etárias e, na segunda edição da pesquisa, o interesse era de 25% entre os jovens de 11 a 13 anos e de 24% entre 14 e 17 anos.

Quanto aos autores brasileiros mais lembrados, Monteiro Lobato está em 1º lugar. Machado de Assis aparece em em 2º, Paulo Coelho em 3º, Jorge Amado em 4º e Carlos Drummond de Andrade em 5º. Mauricio de Sousa foi citado em 6º.

Os entrevistados continuam citando principalmente os clássicos. Será que isso não reflete nos 99 milhões de brasileiros que nunca compraram um livro?

O valor simbólico do livro

A maioria dos brasileiros sabe da importância do livro. Segundo a pesquisa, 64% afirmaram que o livro significa "fonte de conhecimento para a vida". Se a defesa do livro no Brasil é uma unanimidade, por que muitos não chegam perto dele?

Já fizemos uma retrospectiva de ações pioneiras ao longo do século para universalizar o acesso ao conhecimento e à leitura no Brasil, com poucos resultados, perto do que realmente necessitamos.

A atuação do professor cresceu. Foi apontado na pesquisa como o principal influenciador dos jovens para ler por prazer, com 45%, seguido da mãe, com 43%.

O professor é um instrumento de mudança de atitude. Não é que o livro não deva estar presente na escola, mas o questionamento a ser feito é: como está sendo usado na escola?

Os dados mostram que o exemplo materno e a figura do professor influenciam na formação leitora dos jovens, pois são os primeiros contatos que eles têm com o livro e é nessa fase da vida que eles tomam gosto pela leitura. É necessário garantir um pequeno acervo de livros em casa, ou em bibliotecas, pois a pesquisa indica poucos livros nas residências das classes mais baixas, para a mediação da leitura pela família.

Vimos que muitos fizeram e fazem ações em favor do livro e da leitura. Programas e projetos governamentais e da iniciativa privada estão sendo realizados em todos os cantos do Brasil. Mesmo assim, ainda há muito a fazer.

Os números, com a diferença e ajuste na pesquisa, estão menores. O brasileiro está lendo menos. Os que se assumem leitores são mais estão lendo bem mais. Em 2007, 40% disseram que estavam lendo mais naquele momento do que no anterior. Em 2011, esse índice subiu para 49%. Ou seja, tivemos uma maior fidelização dos leitores.

Estamos na direção certa, mas ainda há um longo caminho, que exige passos firmes e outro ritmo. Não dá mais para esperar!

Isis Valeria Gomes. Atualmente é presidente da Fundação Nacional do Livro Infantil e Juvenil. É mestre em Editoração e Marketing pela Fundação Getúlio Vargas/RJ e especialista em Literatura Infantil e Juvenil pelo programa da Faculdade de Literatura Portuguesa da USP. Graduada em Literatura Brasileira e Teoria Literária, também é bacharel em Serviço Social, ambos pela Pontifícia Universidade Católica/RJ. Atuou em importantes editoras do país. No seguimento dos livros infantis e juvenis, é responsável pelo lançamento de mais de 50 autores inéditos no setor. É consultora nacional e internacional, desde 1994, no campo da política do livro e da leitura. Trabalhou em Moçambique, África, México, Uruguai e América Latina. No início da carreira, criou livros artesanais de pano e alguns deles receberam prêmios e fizeram parte de várias exposições do IBBY e outras amostras brasileiras e em muitos países. Recebeu o prêmio APCA, em 1984, de Literatura Infantil.

capítulo 8

"Não existe almoço grátis" ou como Carlos Slim ganha dinheiro

Felipe Lindoso

Quando falamos que o Brasil tem dimensões continentais, muitas vezes não nos damos conta do tamanho das questões que acontecem em nosso país. Quando tentamos interpretar os números, enquadrando-os numa percepção mais próxima da nossa vivência é que percebemos isso.

Como exemplo, cito a tabela sobre as principais formas de acesso aos livros, na qual verifica-se que 6% da população de leitores leram livros "baixados na internet", e que 5% leram livros "fotocopiados/xerocados". À primeira vista parece pouco! Só que esses dados correspondem a 5.292.000 pessoas, no caso da internet, e 4.410.000 pessoas que leram livros "fotocopiados/xerocados".

Falando num nível mais concreto, os leitores de livros baixados pela internet correspondem a um número maior do que a população de duas grandes capitais: Salvador e Brasília. E os que usam a reprografia equivalem à população conjunta de Fortaleza e Manaus. Assim, fica mais fácil perceber a grandeza dos dados.

No recente III Congresso do Livro Digital, (http://migre. me/9yCtC), promovido pela CBL, Kelly Gallagher, executivo da R. R. Bowker, empresa americana de suporte em informações bibliográficas, estimou em aproximadamente 12,5 milhões a quantidade de *e-books* adquiridos por brasileiros nos últimos seis meses anteriores a fevereiro de 2012.

Os cinco milhões e tantos leitores levantados pela pesquisa estão certamente entre esses compradores. Mas o universo das pessoas que obtiveram livros pela internet não se restringe a compradores. Há os que baixam livros de portais como o do MEC, de títulos em domínio público (www.dominiopublico.gov.br) e outros que acessam sites que disponibilizam livros escaneados e disponibilizados "gratuitamente".

Já os quase quatro milhões e meio de leitores de cópias reprográficas certamente usaram material não licenciado pelos autores e editores.

A questão, portanto, não é de pouca monta. 11% dos leitores tiveram acesso ao livro através de meios "não tradicionais". Desses, uma parcela não conhecida, mas certamente muitíssimo significativa, o fez a partir do pretexto de que "baixar livros", e "xerocar" é ter "acesso grátis" ao conteúdo. Uma prática que é daninha para os autores e editores, que vivem dos lucros obtidos com a venda do conteúdo disponibilizado nos livros.

Essa é a ideia que está embutida na ilusão do "almoço grátis". Grátis?

Há muitos anos fico intrigado com esse dito americano. Alguém sempre tem que pagar pelo almoço, de alguma maneira. Só para lembrar, a frase é proveniente do costume que havia nos *saloons* de Nova York, no século XIX, de montar um bufê no qual os fregueses que pagassem pelo menos por um drinque podiam se servir "gratuitamente". Pouco depois a prática foi liquidada, e hoje até o amendoim é cobrado em muitos bares. A frase desperta em mim ao mesmo tempo curiosidade e antipatia, e apesar de discordar dos princípios de autores de livros de economia que posteriormente acabaram por adotá-la, não pude evitar de pensar nela. Isso se deve especialmente a meu profundo interesse em que os produtos culturais – especialmente os livros – sejam acessíveis ao conjunto da população. Certamente não vou discutir aqui a teoria dos custos de oportunidade, mas uso a frase somente como um aforismo para abordar alguns pontos.

A questão sempre me vem à mente quando voltam à tona as conversas sobre conteúdo grátis, seja pela internet, seja através das cópias reprográficas.

Do ponto de vista do livro tradicional, em papel, a questão do acesso gratuito a eles pela população já está solucionada desde o século XVIII. Chama-se BIBLIOTECA PÚBLICA. Nesse local, os livros adquiridos pelo Estado, por associações da sociedade civil ou mesmo por doações, passam a estar disponíveis para o público. Que o Estado se responsabilize pela aquisição de livros e pela implementação de políticas públicas visando a manutenção de um sistema de bibliotecas públicas é uma exigência da sociedade, de modo que o acesso ao conhecimento, informação e lazer esteja disponível para todos.

Mas não há almoço grátis. Tampouco livro grátis. As editoras vendem os livros que tiveram custos para serem produzidos, que vão desde a contratação dos serviços gráficos, até o pagamento dos direitos autorais a quem os escreveu.

A história do direito autoral para livros apresenta alguns exemplos bem interessantes. Desde que a produção de bens culturais e sua fruição ultrapassou os limites da aldeia (onde os contadores de histórias retransmitiam – sempre acrescentando algum detalhe – para ouvintes de um núcleo social minúsculo), a difusão e a distribuição dos bens culturais gera mecanismos de remuneração para os diferentes agentes sociais (e culturais) envolvidos. Remuneração que podia até se expressar sob a forma de prestígio, e poder, mas que também sempre encontrava, no final, um denominador comum: valor.

Deixando de lado, momentaneamente, a questão da remuneração direta dos autores, lembremos alguns casos que se apresentam como "almoço grátis" – mas as aparências enganam:

Advogados, médicos e professores universitários. Não deixa de ser sintomático que muitos expoentes da advocacia defendam a livre apropriação de conteúdo. O jurisconsulto famoso publica suas obras e não vê problema nenhum que sejam copiadas, circulem em cópias reprográficas e integrem as famosas "pastas dos professores" dos cursos universitários. A razão é bem simples, e vale para advogados, médicos e para os demais profissionais cuja remuneração aumenta paralelamente ao prestígio que têm na profissão. O causídico, o professor doutor da renomada universidade não vive da venda dos livros que publicam. Vive dos pareceres que vendem em causas milionárias, das consultas caríssimas e operações feitas bem longe do SUS – Sistema Único de Saúde – e mesmo dos planos de saúde ("O professor doutor só atende em particular. Não trabalha com planos"; "O parecer na disputa entre o Banco X e o Governo custou tantas centenas de milhares de reais para a parte interessada"; "A consultoria sobre o impacto ambiental de uma grande obra vai custar tanto...", e por aí vai), etc. Ou seja, o almoço está sendo pago pelo prestígio que permite a cobrança de remuneração à altura das atividades profissionais do benemérito. O custo de oportunidade do advogado, do médico e do consultor permite que estes "doem" sua produção intelectual genérica porque isso lhes proporciona rendimentos muito maiores.

Autores iniciantes. Márcio Souza, romancista, frequentemente cita uma boutade de sua autoria: "É mais fácil livrar-se de um cadáver do que de mil exemplares de um livro". Autores estreantes muitas vezes se iludem ao pensar que a simples publicação de um livro lhes basta para alcançar a fama e o prestígio. Publicam por conta própria. Quando chegam mil exemplares, as caixas atulham a sala da casa. E começam a distribuir exemplares para os amigos. Estes, depois de já terem recebido dois, três, ou mais exemplares, passam para o outro lado da rua quando cruzam com o autor: "Já tenho, já ganhei, muito obrigado". E em casa a pilha mal diminui. Dos 1000 exemplares iniciais ainda estão lá 900.

Só no *Facebook* temos centenas e milhares de amigos. *Lulu.com*, empresa americana de *self-publishing*, já tem mais de meio milhão de títulos publicados, com tiragens que variam entre alguns exemplares a alguns milhares. E, obviamente, trombeteia os casos em que o autor efetivamente alcançou a fama (e a fortuna?), no esquema de "auto-publicação". São os autores – inclusive os que não vendem nada – que pagam o almoço dos sócios da *Lulu.com* e de todas as editoras que prestam esse serviço, além do almoço dos fabricantes de máquinas de impressão digital, fabricantes de papel e até mesmo deram sua contribuição para o cofrinho do Steve Jobs, na Apple, ou do Jeff Bezos, na Amazon, com a publicação de suas obras em *e-books*. Pagaram esse almoço de qualquer outra forma, menos com o direito autoral.

Começamos aqui a entrar no terreno do mundo digital. Como sabemos, existe uma forte militância em torno do conceito do acesso gratuito aos conteúdos via internet. E, de fato, muita coisa circula de modo aparentemente gratuito na rede. Sempre que postamos alguma coisa em blogs, no *Facebook* e permitimos a sua reprodução, implícita ou explicitamente, estamos divulgando de modo aparentemente gratuito o que escrevemos.

Aparentemente?

Sim. Aparentemente. Mesmo que não recebamos um tostão por esse conteúdo, quem o lê está pagando e alguém está ganhando seu almoço às nossas custas. Nominalmente, as companhias telefônicas e as empresas provedoras de acesso à internet. Mais ainda: para divulgar ideias na internet pelo *Facebook* ou por um blog, já se está pagando.

O corolário óbvio disso tudo é simples: os grandes interessados no chamado conteúdo grátis são essas categorias de empresas, as que transmitem os dados e as que vendem a tecnologia que nos permite acessar a internet, e os fabricantes de máquinas copiadoras e de tintas, no caso da reprografia.

Quanto mais conteúdo grátis houver em um portal, mais visitas serão geradas e mais se poderá faturar com publicidade (além de conseguir mais assinantes de acesso ao serviço). E, além desses, provedores, ganham sempre os que transportam os dados. No primeiro caso, Zuckberger, o criador do *Facebook*, por exemplo, e seus similares nos agradecem. No segundo caso, Carlos Slim e seus amigos, todo santo dia dedicam um reverente momento de graças a todos nós que depositamos nos seus cofres.

Essa é, portanto, a primeira premissa: tudo o que circula na internet tem, no mínimo, o custo dessa veiculação pago, por quem a publica e por quem a recebe. E, se esses serviços forem disponibilizados pelo Estado, cada um de nós contribui com uma parte disso, através dos impostos. O mesmo vale para as máquinas copiadoras.

A segunda questão importante é distinguir entre os que produzem conteúdo "gratuito" por espontânea vontade, como é aqui o caso de milhões de usuários das redes sociais, e aqueles que produzem conteúdo acessível através da internet, mas que devem ser remunerados, pois é disso que vivem (autores, por exemplo). Não os que pagam o almoço dos donos da *Lulu.com*, e sim os que vivem do seu trabalho intelectual de produzir conteúdo.

A internet abriu um espaço fabuloso para que a universalização do acesso aos conteúdos se concretize. Mas essa universalização não quer dizer, necessariamente, gratuidade.

Certamente, a multiplicação das possibilidades de acesso deve contribuir para a diminuição do preço para cada entrada individual. Os conteúdos podem e devem ser disponibilizados a um preço razoável para que todos os interessados possam acessá-los. Se não for feito dessa maneira, o espaço para a pirataria, a reprodução ilegal, estará definitivamente aberto.

Por outro lado, devem ser evitadas duas atitudes. A primeira, como vimos, é a ilusão de que tudo deve ser gratuito na internet, simplesmente porque isso não existe. A segunda é a ideia de que seja possível bloquear o acesso ao que está na internet, seja lá por meios mecânicos/tecnológicos ou por meio de ações legais. A indústria da música aprendeu isso a duras penas.

A construção de instrumentos que permitam o acesso legal, com o licenciamento da cópia de trechos de obras, ou o pagamento de preços razoáveis pelo acesso via internet, faz-se cada vez mais urgente. Desde a constituição do DOI – *Digital Object Information*, no final dos anos 1990, e que contou com a participação da IPA – *International Publishers Association* (*http://www.doi.org/*) é possível identificar até pequenos trechos das obras, e a partir daí processar o licenciamento. Para tal, certamente, as editoras têm que melhorar seus sistemas de metadados. É importante recolher as experiências como a da Kopinor, a associação de direitos reprográficos da Noruega (http://www.kopinor.no/en/home) e a do *Copyright Clearance Center* (*http://www.copyright.com/*) dos EUA. Todas afiliadas á IFFRO – *International Federation of Reproduction Rights Organization* (*http://www.ifrro.org/*) nessa area. A Kopinor chega a financiar editoras norueguesas, e o CCC americano recolhe milhões de dólares todos os anos. Em resumo: transformar o limão em uma limonada.

O caso das obras "órfãs" – as que se presume ainda estejam protegidas, mas que não se sabe onde está o autor ou as que estão fora do mercado – deve ser equacionado. Uma das soluções possíveis é que o preço do licenciamento dessas obras fique bloqueado por certo período à espera do autor, depois esses recursos sejam destinados a aquisição de acervos para as bibliotecas. Pode ser uma alternativa.

A disponibilização das obras para estudantes deve ser feita principalmente através de uma rede atualizada e eficiente de bibliotecas públicas, universitárias e especializadas. Mas isso não impede – ao contrário, exige – uma abordagem mais criativa e afirmativa sobre a questão das cópias.

Afinal, não existe almoço grátis, mas a necessidade de conhecimento, informação e lazer deve ser satisfeita de alguma maneira.

Felipe Lindoso é jornalista, tradutor, editor e consultor de políticas públicas para o livro e leitura. Foi sócio da Editora Marco Zero; Diretor da Câmara Brasileira do Livro, quando participou da organização da participação do Brasil nas Feiras de Frankfurt 1994, Bogotá – 1995 e Guadalajara – 2001 e consultor do Cerlalc – Centro Regional para o Livro na América Latina e Caribe, órgão da Unesco. É também consultor da Biblioteca Nacional. Publicou, em 2004, *O Brasil pode ser um país de leitores? Política para a cultura, política para o livro*, pela Summus Editorial. Mantém o blog **www.oxisdoproblema.com.br**, no qual comenta o mercado editorial.

capítulo 9

A cadeia produtiva do livro e a leitura

Fabio Sá Earp
George Kornis

Ao longo da última década publicamos (Earp e Kornis) uma série de trabalhos sobre a economia do livro no Brasil[1], destacando sobretudo a oferta representada pelas editoras, mas dando alguma atenção à demanda a partir de dados do IBGE. Neste trabalho colocamos em contato a oferta, representada simbolizada pelas editoras e livrarias, e a demanda, representada pelos leitores. Para isso recorremos a três pesquisas divulgadas recentemente, pela CBL/SNEL/Fipe (2011), pela ANL (2012) e pelo Instituto Pró-Livro (2012). Essas pesquisas, colocadas lado a lado, permitem um melhor conhecimento sobre a cadeia produtiva do livro do que dispúnhamos anteriormente, ao mesmo tempo em que apontam para alguns aprimoramentos que podem ser tentados nas próximas edições.

Quem são os leitores?

Quase 90 milhões de brasileiros declararam-se leitores na última pesquisa do Instituto Pró-Livro. Podemos distribuí-los segundo a região em que moram, a classe de renda em que se enquadram e sua faixa etária.

---

1. Ver referências bibliográficas ao final.

Onde estão?

Como previsível, a maior concentração é no Sudeste. O dado para nós surpreendente é que o Nordeste tem mais do dobro de leitores do que o Sul e praticamente tantos quanto o somatório das regiões Sul, Norte e Centro-Oeste. Esste resultado reflete o fato de que o Nordeste tem maior número de estudantes do ensino fundamental, segundo a Retratos da Leitura no Brasil; além disso, aqui se encontra um provável efeito da redistribuição pessoal e regional da renda ora em curso no país. Conhecido por uma das maiores concentrações de renda do mundo, o Brasil vem corrigindo essa distorção por meio das políticas de assistência social focadas, praticadas desde 1995, e, sobretudo, do aumento do salário mínimo acima da inflação, praticado desde 2004 e que impacta positivamente toda a escala salarial.

Distribuição regional dos leitores

região	milhões de leitores	%
Norte	6,6	7,4
Nordeste	25,4	28,4
Sudeste	38,8	43,6
Sul	11,3	12,7
Centro-oeste	6,8	7,6

Fonte: Instituto Pró-Livro (2012).

A que classe social pertencem?

Sabemos quantos leitores estão em cada classe social. Aqueles da classe A (com renda média acima de 8.400 reais) são relativamente negligíveis, compreendendo 1,1% do total, cerca de um milhão de pessoas. Este dado corrobora o que já tínhamos observado a partir da avaliação da Pesquisa de Orçamentos Familiares (POF) de 2005, do IBGE[2]. Estes brasileiros mais ricos, ainda que tenham um seu con-

---

2 Ve r Earp e Kornis (2010). Infelizmente ainda não podemos cotejar os dados do IBGE (que fazem uma classificação segundo a renda medida em salários mínimos) com aqueles apurados segundo o Critério Brasil (que utiliza o critério de posse de bens duráveis).

sumo *per capita* maior, pois compram maior número de exemplares e gastam mais, têm um consumo total pequeno, visto que a renda ainda é muito concentrada no Brasil. As classes D e E (com renda média abaixo de 700 reais), igualmente reafirmando o observado anteriormente, compram pouco por falta de recursos e constituem 16% do total.

O critério Brasil

Este critério é elaborado pela Associação Brasileira de empresas Agências de Publicidade – ABAP. A classificação econômica se faz mediante a ponderação da renda, do grau de instrução do chefe da família e de itens selecionados de bens e serviços de consumo disponíveis no domicílio – número de televisores em cores, rádios, banheiros, automóveis, empregadas mensalistas, máquinas de lavar, videocassetes e/ou DVDs, geladeiras e *freezers*. Consideradas estas variáveis é feita uma contagem de pontos que conduz à seguinte classificação:

Classe	Pontos	Renda média familiar (valor bruto em reais – R$ 2010)
A1	42 a 46	12.926
A2	35 a 41	8.418
B1	29 a 34	4.418
B2	23 a 28	2.565
C1	18 a 22	1.541
C2	14 a 17	1.024
D	8 a 13	714
E	0 a 7	477

Observe-se que a pesquisa do Instituto Pró-Livro não faz a divisão entre as subclasses A1, A2, B1, B2, etc. Por outro lado, a Abap não fornece nem a fronteira de renda entre classes e subclasses e nem a renda média das classes A, B, C, D e E.

Como a pesquisa Retrato da Leitura no Brasil mostra, pouco mais de metade dos leitores está na classe C. Este fenômeno, que dominou a atenção da mídia nos últimos anos, está longe de restringir-se ao Brasil. Ao contrário, estudos recentes mostram sua ascensão em todo o mundo, inclusive em parte dos países da África. Fenômenos recentes –, como a superlotação de aeroportos devido ao aumento explosivo da demanda por esta classe –, estão longe de serem exclusivamente brasileiros. Este é um dos pontos que despertam maior interesse nos pesquisadores de economia, *marketing*, sociologia e antropologia: quem é esta classe C, cuja presença percebemos, mas cujo comportamento e composição ainda precisamos conhecer melhor.

Distribuição dos leitores por classe de renda

classe de renda	milhões de leitores	%
A	2,3	1,1
B	25,6	29,0
C	46,2	52,4
D+E	14,1	16,0

Fonte: Instituto Pró-Livro (2012).

Qual a sua faixa etária?

A leitura pode ser voluntária ou derivada de obrigações escolares e profissionais, que mudam com o ciclo de vida da pessoa. A maior concentração de leitores está entre os menores de 17 anos, enquadrados no ensino básico obrigatório. A faixa de 18 a 24 anos engloba a grande maioria dos estudantes universitários e que está sendo ampliado, tanto pela expansão da classe C quanto pelos programas de cotas; este é o público dos livros científico-técnico-profissionais (CTP). Entre os 25 e 39 anos de idade encontram-se os profissionais em formação e os que fazem cursos de pós-graduação de todo tipo (não apenas mestrados e doutorados acadêmicos, mas igualmente cursos de especialização das quais os *MBAs* são os mais visíveis), também consumidores de livros CTP. Acima dos 40 anos estão os profissionais estabelecidos, que se diferenciam de todos os anteriores por suas escolhas de livros serem relativamente menos ligadas a obrigações escolares.

Distribuição dos leitores por faixa etária

faixa etária	milhões de leitores	%
5 a 17	31,1	35,3
18 a 24	12,2	13,8
25 a 39	21,5	24,4
acima de 40	22,3	26,4

Fonte: Dados do Instituto Pró-Livro (2012), nossa elaboração.

Quem são os editores, o que publicam e quanto faturam?

O estudo da CBL/SNEL/Fipe mostra que existem no Brasil cerca de 750 empresas editando livros, das quais 498 se enquadram na definição de editora adotada pela Unesco, ou seja, anualmente publicam pelo menos cinco títulos por ano, em um total de pelo menos 5 mil exemplares. Suas vendas alcançaram em 2010 cerca de R$ 4,2 bilhões. Então, no que se refere às editoras, sabemos o que vendem, por meio de que canais e quanto faturam, mas não onde estão localizadas.

No ano de 2010, cerca de um terço dos quase 55 mil títulos publicados no Brasil foram de primeiras edições, e o dobro disso de reedições. Essa distinção é importante porque as primeiras edições embutem o risco da inovação, portanto a probabilidade de sucesso é menor do que nas reedições, feitas apenas com títulos bem-sucedidos.

A Ttabela 4 mostra como esses títulos novos e antigos se distribuem entre os quatro sub-setores. No entanto, a mesma tabela mostra alguns outros fenômenos que merecem atenção. Vejamos, antes de mais nada, o sub-setor didáticos[3] que, embora tenha ape-

---

3. Para efeito deste trabalho incluímos a totalidade dos livros vendidos ao governo na categoria didáticos. Este é um ponto a ser aperfeiçoado em estudos futuros.

nas 28% dos títulos, respondem por 45% do número de exemplares vendidos e 50% do faturamento total. As compras do governo e as do mercado respondem igualmente pelo faturamento de didáticos, mas o número de exemplares adquiridos pelo governo é quase três vezes maior do que os do mercado, exibindo uma brutal diferença de preço médio.

Quanto maior o número de exemplares em relação ao número de títulos, maior a tiragem média. Quanto maior o faturamento em relação ao número de exemplares, maior o preço médio. No caso das obras gerais, sua participação no número de títulos, exemplares e no faturamento é assemelhada. O sub-setor de livros religiosos, por sua vez, detém 36% dos títulos publicados, mas apenas 15% do número de exemplares vendidos, o que indica tiragens substancialmente pequenas, e preços médios ainda menores.

Já os livros científico-técnico-profissionais (CTP), aqueles que são indispensáveis aos leitores na faixa de 18 a 39 anos de idade, respondem por 16 % dos títulos, mas por apenas 5% dos exemplares vendidos. Esse fato indica tiragens ainda menores do que as dos religiosos, mas representa 16% do faturamento, o que implicando nos maiores preços médios dentre todos os sub-setores.

Distribuição de títulos, exemplares vendidos e faturamento

Sub-setor	% de títulos	% de exemplares vendidos	% faturamento
Didáticos	28	45	50
ao mercado		12	25
ao governo		33	25
obras gerais	24	20	23
religiosos	36	15	11
CTP	16	5	16

Fonte: dados CBL/SNEL/Fipe, nossa elaboração.

Um resultado notável é a queda do preço médio dos livros no Brasil. Este resultado espelha a reversão de uma tendência de aumento que se verificou até 2004, e que se dá mais pronunciadamente no sub-setor de CTP. O encontro entre livros mais baratos e renda ascendente incentiva um olhar otimista sobre o futuro do mercado editorial no longo prazo – desde que com isso não se abra espaço para discursos ufanistas que mascaram os problemas, que não são poucos.

A mesma pesquisa permite também que saibamos o tamanho das empresas segundo o faturamento, bem como o número de editoras em cada categoria. Sabemos que predominam as empresas de pequeno porte, com faturamento inferior a 1 milhão de reais. Seguem-se as médias (entre 1 milhão e 10 milhões de reais), as grandes (entre 10 milhões e 50 milhões de reais) e as muito grandes (acima de 50 milhões). Seria interessante estudar em que sub-setores se inscrevem estas empresas de diferentes tamanhos.

Distribuição das editoras segundo o porte

	Nº empresas	%
Muito grandes	16	3,2
Grandes	62	12,4
Médias	189	38,4
Pequenas	231	46,4

Fonte: CBL/SNEL/Fipe.

Como ambos se comunicam?

Vistos separadamente os lados da demanda e da oferta, coloquemos agora ambos em contato.

Como os leitores obtêm seus livros?

Voltemos à pesquisa Retratos da leitura no Brasil. Sabemos que 48% dos leitores compram livros – ou seja, mais de metade obtêm seus livros sem gastarem um único centavo. Cerca de 30% dos leitores os obtêm emprestados por outras pessoas, enquanto 26% os conseguem através de empréstimos de bibliotecas e 21% dos leitores recebem livros como presente (provavelmente em sua maioria novos, logo comprados recentemente). Vale ainda destacar que 16% dos leitores recebem seus livros por doação do governo. Percentuais muito menores mencionam livros obtidos por meio da internet e xerocados. Não custa lembrar que muitos leitores recebem livros de mais de uma fonte, daí o somatório superar 100%. Dentre os que compram livros, 65% o fazem em livrarias, 18% em bancas de jornal, 11% em sebos, 7% em igrejas, 6% em bienais, etc.

Assim, existe um mercado primário no qual são vendidos os livros novos (parte para consumo próprio e parte relevante – 21% do total – para presente), um mercado secundário de livros usados (os sebos) e um grande circuito de empréstimos (com ou sem volta) – além das bibliotecas. Aqui cabe destacar que cerca de 70% dos leitores informaram que emprestam seus livros.

Vejamos a motivação para o leitor dirigir-se ao mercado primário de livros. As principais variáveis para a escolha do local da compra são preço (47%), comodidade (33%), variedade (29%) e proximidade (28%). Esses elementos serão adiante conectados com os canais de venda das editoras e a distribuição de livrarias. Verificaremos que existe uma assimetria nesse mercado.

A significativa incidência da obtenção de livros por meios não comerciais revela uma modalidade de transação em que as editoras não penetram, mas que são de importância fundamental para a leitura no país. Os circuitos de empréstimos tanto pessoais quanto de bibliotecas, bem como a reciclagem de livros usados no mercado secundário, constituem áreas de pesquisa que merecem ser desenvolvidas por economistas e sociólogos. Em particular, o conjunto de presentes e empréstimos pessoais mostra que o livro é um importante veículo de sociabilidade, cuja racionalidade precisa ainda ser estudada. Já no que se refere às bibliotecas, cerca de 2/3 dos leitores as conhecem e as consideram de fácil acesso. No entanto, apenas 24% as frequentam, dos quais 70% são estudantes, sobretudo entre 5 e 17 anos. Ou seja, o uso de bibliotecas é feito basicamente por estudantes de primeiro e segundo graus.

Como os editores vendem seus livros?

Os valores a seguir diferem daqueles apresentados no item anterior, sobretudo por se referirem a grandezas diversas. Os leitores dizem onde compram livros, na ponta final do varejo, não como distribuem percentualmente suas compras. Já os editores dizem a quem venderam no mercado primário e informam a quantidade vendida através de cada canal e seu faturamento. Os valores são diferentes porque primeiro podem haver outros intermediários antes da ponta final do varejo e segundo os leitores não dizem quantos livros compraram nem quanto gastaram.

Canais de venda das editoras

Canais de venda	% exemplares	% do faturamento
Livrarias	40,51	62,70
Distribuidoras	24,55	18,35
Porta-a-porta	21,66	8,10
Internet[4]	1,54	1,74
Supermercados	1,47	0,68
Escolas e colégios	1,41	2,91
Igrejas e templos	1,26	0,54
Empresas	0,62	1,33
Bancas de jornal	0,36	0,26
Marketing direto[5]	0,10	0,06
Bibliotecas privadas	0,08	0,11
Vendas conjuntas com jornais	0,01	0,01
Outros	8,41	3,21
Total	100,00	100,00

Fonte: CBL/SNEL/Fipe.

---

4. Aqui constam apenas as vendas feitas pelos sites das editoras; as que foram realizadas pelos sites das livrarias estão incluídas nas suas vendas totais.
5. Mala direta, clube do livro, correio.

O mercado primário: a assimetria entre livrarias e leitores

Aqui temos os dados da pesquisa da ANL. Sabemos onde as livrarias se localizam e quanto faturam globalmente, mas não por região do país nem por sub-setores do mercado editorial. Conforme mostrado na tabela na pág. anterior, sabemos qual o faturamento segundo o porte: temos pequenas livrarias (que faturam menos de 1,2 milhão de reais anualmente), médias (de 1,2 milhão a 9,6 milhões de reais), grandes (de 9,6 milhões a 20 milhões de reais) e muito grandes (acima de 20 milhões de reais). O faturamento está espalhado de forma relativamente uniforme entre essas quatro categorias de porte.

Distribuição das livrarias segundo o porte

	% do faturamento
Muito grandes	19
Grandes	21
Médias	33
Pequenas	21
Não respondeu	6

Fonte: ANL

Sabemos igualmente, pelo estudo da ANL, que cadeias com pelo menos cinco livrarias controlam 19% dos pontos de venda e detêm 43% do faturamento total. Além disso, o número de livrarias vem diminuindo nos últimos anos. Como 47% dos leitores consideram o preço um elemento essencial na decisão de compra, as grandes cadeias que oferecem descontos e financiamento (por vezes em até 10 prestações) têm uma vantagem no mercado de massa. Em contrapartida, a valorização feita pelos leitores da comodidade e acessibilidade abre oportunidades para as pequenas livrarias que, para enfrentar a concorrência das grandes, têm que criar mercados de nicho. Aqui se inclui a oferta de serviços, tais como o atendimento pela internet e a encadernação e o empacotamento de livros para entrega ema domicílio.

Podemos observar também que as livrarias estão distribuídas de forma desigual pelas regiões do país. Há relativamente menos estabelecimentos do que leitores no Nordeste e o oposto se verifica no Sudeste e no Sul. Essa assimetria entre vendedores e compradores coloca na fronteira de expansão do mercado as vendas *online*, tanto por parte das livrarias como das editoras.

Distribuição regional de leitores e livrarias

Região	% leitores	% livrarias
Norte	8,0	3,4
Nordeste	29,0	17,0
Centro-Oeste	8,0	6,1
Sudeste	43,0	52,1
Sul	13,0	21,0

Fonte: Instituto Pró-Livro (2012) e ANL (2012

Uma agenda para o futuro próximo

O recurso a estas três pesquisas permite um avanço no estudo da economia do livro no Brasil em relação ao que tínhamos anteriormente. No entanto, como mostramos, ainda existe muito a fazer para finalmente compatibilizar as distintas fontes estatísticas e permitir que os dados de cada pesquisa sejam articulados com os das demais fontes de informação. Nesse sentido, consideramos como de grande valia a realização de um debate prévio sobre a metodologia a ser adotada nos próximos levantamentos, reunindo, por exemplo, o IBGE, a ANL, a Fipe, o IPL e centros de pesquisa como o Gent-UFRJ. Essa concatenação de critérios propiciaria aos estudos de economia do livro no Brasil a passagem para um patamar superior de qualidade.

Referências

Associação Brasileira de Eempresas de Pesquisa. Critério de classificação econômica Brasil. Disponível em http://www.abep.org/novo/Content.aspx?ContentID=301, obtido em 01°/5/2012.

Associação Nacional de Livrarias. Levantamento do setor livreiro 2012. Obtido em http://anl.org.br/web/pdf/levantamento_anual_2012.pdf em 21/5/2012.

Câmara Brasileira do Livro, Sindicato Nacional dos Editores de Livros e Fundação Instituto de Pesquisas Econômicas. O comportamento do setor editorial brasileiro em 2010. Documento em *power point* apresentado para a imprensa em 16/8/2011.

Earp, F. S. e Paulani, Leda. Mudanças no consumo de bens culturais após a estabilização da moeda. Rio de Janeiro, IE/UFRJ, Textos para Discussão, nº 1, 2011. Disponível em http://www.ie.ufrj.br/images/pesquisa/publicacoes/discussao/2011/IE_Earp_Paulani_2011.pdf

Earp, F. S. e Kornis, G. "Editoras universitárias", in *Verbo*, no prelo.

_____ "Em queda livre: A economia do livro no Brasil (1995-2006)", in Anibal Bragança e Márcia abreu [orgs.], Impresso no Brasil. *Dois séculos de livros brasileiros*. São Paulo: Unesp, 2010.

_____ "Proteger o livro: quem tem medo do lobo mau?" in Markus Gerlach [org.], *Proteger o livro. Desafios culturais, econômicos e políticos do preço fixo*. Rio de Janeiro: Libre, 2006. Disponível em http://www.ie.ufrj.br/hpp/intranet/pdfs/proteger_o_livro.pdf.

_____ A economia do livro: a crise atual e uma proposta de política. Rio de Janeiro: IE/UFRJ, Texto para Discussão nº 04/2005. Disponível em www.ie.ufrj.br/publicações/discussao/discussao.

_____ "Preço fixo do livro: solução frágil para um problema grave". *Pensar el libro*, nº 4, agosto 2006. Disponível em www.cerlalc.org/revista_precio/editorial.htm.

_____ A economia da cadeia produtiva do livro. Rio de Janeiro: BNDES, 2005. Disponível em http://www.ie.ufrj.br/hpp/intranet/pdfs/ebook_a_economia_da_cadeia_produtiva_do_livro.pdf

Instituto Pró-Livro. *Retratos da leitura no Brasil*, 3ª edição, 2012. Obtido em http://www.prolivro.org.br/ipl/publier4.0/texto.asp?id=2834 em 1º/5/ 2012.

Fabio Sá Earp. Economista graduado pela Cândido Mendes, mestre em Engenharia de Produção (Coppe-UFRJ), doutor em Economia (IE-UFRJ). Professor Associado do IE-UFRJ, coordenador do Grupo de Pesquisas em Economia do Entretenimento (Gent). Lecionou anteriormente na PUC-RJ, na UERJ e na UFF. Ministrou, juntamente com George Kornis, o curso Metamorfoses do Mercado de Arte na Escola de Artes Visuais do Parque Lage em 2010 e 2011. Autor de diversos trabalhos sobre economia do livro em co-autoria com George Kornis, entre os quais: *A economia da cadeia produtiva do livro*, Rio de Janeiro, BNDES, 2005; "O preço único do livro: solução frágil para um problema grave", in *Pensar o livro*, Cerlalc, nº 4, agosto de 2006; "Em queda livre? A economia do livro no Brasil (1995-2006)", in Anibal Bragança e Márcia Abreu (orgs.), Impresso no Brasil. *Dois séculos de livros brasileiros*. São Paulo, Unesp, 2010.

George Kornis. Economista (PUC-RJ), mestre em Economia (Unicamp), doutor em Economia (IE-UFRJ). Professor Associado do IMS/UERJ, pesquisador do Gent. Lecionou anteriormente na UFF, na Fiocruz e na Ence-IBGE. Ministrou, juntamente com Fabio Sá Earp, o curso Metamorfoses do Mercado de Arte na Escola de Artes Visuais do Parque Lage em 2010 e 2011. Diretor do Departamento Cultural da UERJ (1988 a 1992), curador da galeria de arte da UERJ (1992-1996). Autor de diversos trabalhos sobre economia do livro em coautoria com Fabio Sá Earp, entre os quais: *A economia da cadeia produtiva do livro*, Rio de Janeiro, BNDES, 2005; "O preço único do livro: solução frágil para um problema grave", in *Pensar o livro*, Cerlalc, nº 4, agosto de 2006; "Em queda livre? A economia do livro no Brasil (1995-2006)", in Anibal Bragança e Márcia Abreu (orgs.), Impresso no Brasil. *Dois séculos de livros brasileiros*. São Paulo, Unesp, 2010. Colecionador de gravura brasileira e autor de diversos textos sobre o tema. Ministrou diversos cursos sobre gravura brasileira e internacional na EAV-Parque Lage entre 1990 e 2000. Curador de diversas exposições de arte.

capítulo 10

O rumo está certo.
Agora, é acelerar!

Galeno Amorim

Como geralmente costuma ocorrer com boas pesquisas de opinião que vão fundo no afã de auscultar as populações e garimpar dados e impressões reveladores, esta terceira edição da Retratos da leitura no Brasil trouxe à tona milhares de informações úteis e da maior relevância a todos aqueles que se ocupam com a questão do livro e da leitura no país. E há, ao menos, duas grandes notícias. Como também é de praxe nesses casos, uma delas é muito boa. Já a outra...

A boa notícia, no caso, advém do fato de os mais recentes indicadores sobre leitura no Brasil terem, aparentemente, consolidado o posicionamento do comportamento leitor brasileiro em um novo e, até bem pouco tempo atrás, inimaginável patamar – o dos quatro livros lidos, em média, por habitante/ano. É um número acima daqueles registrados apenas uma década atrás. Lá pelos idos de 2001, ano em que as entidades do livro, capitaneadas pela Câmara Brasileira do Livro (CBL), mediram pela primeira vez o comportamento leitor da população, os números eram, como se recorda, pífios.

Na época, e nem faz tanto tempo assim, muito embora a metodologia fosse bem diferente da atual (agora são ouvidos todos com mais de 5 anos de idade, inclusive os analfabetos, enquanto antes só eram pesquisados aqueles com idade acima de 15 anos e alguma escolaridade), a média era inferior a dois livros *per capita* – ou exatos 1,8. O número foi repetido à exaustão nos anos seguintes como prova inequívoca de que também nesse tema o Brasil precisaria mudar urgentemente.

Uma década mais tarde – a medição encomendada pelo Instituto Pró-Livro foi a campo em meados de 2011 –, verificou-se a mesmíssima média, só que num período de tempo mais curto: os brasileiros ouvidos desta feita declararam ter lido, em média, 1,8 livros no trimestre anterior. Mas, calma aí: não se pode simplesmente multiplicar este número pelos quatro trimestres do ano para tentar encontrar uma média nacional, que, nesse caso, seria muito maior que a média real encontrada pelos pesquisadores do Ibope Inteligência.

Fora o exagero do indicador artificialmente inflado, seria um erro, já que a média de leitura é irregular ao longo do ano. Além disso, entrevistados tendem a lembrar melhor de atividades mais recentes (experimente você mesmo, caro leitor: Quantos livros exatamente você leu no último ano? Será que conseguiria citar, de memória, todos eles e seus respectivos autores?).

Mas é fato que, ao cruzar os dados da segunda pesquisa, realizada em 2007, com os da atual, percebe-se que os indicadores se estabilizaram em torno dos quatro livros lidos anualmente pelos brasileiros – é bem verdade que com uma ligeira queda em relação ao estudo feito quatro anos atrás. De todo modo, mudamos de 2- para 4+, o que permite afirmar que a faixa atual é duas vezes maior do que aquela que por bons anos foi justamente tratada como um padrão vergonhoso da leitura entre os brasileiros. Não deixa, portanto, de ser um dado positivo e alvissareiro. Mas não é muito. E não é tudo.

E a má notícia, então, qual é?! Trazida no bojo da mesma Retratos da leitura no Brasil – 2011, a notícia ruim – que poderemos classificar como uma das duas questões centrais do estudo – é, no fundo, apenas a outra face da mesma moeda, ou seja, da boa notícia mencionada acima. Pode parecer um paradoxo, e é. Explico: ver nossos índices de leitura estacionados, e até regredirem um pouco, na casa dos quatros livros anuais (o que, definitivamente, não é uma boa média, sobretudo quando se busca galgar a condição de nação rica, desenvolvida, justa e cidadã) não é, com certeza, o cenário mais desejável. Ainda que a evolução da última década sinalize que o país seguramente caminha para ocupar, nos próximos anos, posições mais favoráveis nos *rankings* internacionais.

Os pesquisadores do Ibope Inteligência também puderam confirmar alguns problemas detectados na sondagem anterior: os índices de leitura são extremamente desiguais nas diversas faixas etárias, de acordo com o estrato social, e nas regiões. Isso merece atenção especial dos governos e gestores, pois aí estão boas oportunidades para se criar novos programas para enfrentar a baixa leitura nesses grupos sociais – os idosos, que apresentam índices baixíssimos de leitura, os mais pobres, certas regiões e os grotões, para ficar em alguns exemplos.

O alerta principal, entretanto, vem do capítulo sobre as bibliotecas públicas, que deve ser encarada como questão central para a sociedade. As respostas às perguntas sobre seu papel e finalidade e como o cidadão comum encara e se relaciona em seu cotidiano com elas revelam um quadro preocupante, que exige medidas urgentes e políticas a médio e longo prazo.

Tal questionamento, ao contrário do que alguns poderiam supor, não diz respeito somente aos responsáveis pelas políticas do livro e leitura em âmbitos nacional, estadual ou local. Mas é algo que deve incomodar e tirar o sono de mais gente. Afinal, não há um só país no mundo desenvolvido que tenha chegado a essa condição sem ter, antes, resolver a questão do acesso à educação, à cultura e, notadamente, aos livros e à leitura, de forma pública e gratuita – quando se trata de políticas amplas e de massa, ela atende por um só nome: bibliotecas de acesso público.

É aí que surge com força e nitidez a função mais nobre de um estudo como Retratos da Leitura no Brasil: seu papel de provocar novas reflexões, críticas e propostas, para que possa influir nos planejamentos e rumos das políticas públicas. Ao mesmo tempo em que gera teses e estudos qualitativos, a pesquisa também vem sendo amplamente utilizada como instrumento para o poder público qualificar suas ações e para pautar nossos dirigentes – sejam eles ministros, governadores, secretários, líderes de associações, coordenadores e demais agentes. É justamente assim que deve ser.

Isso tem acontecido, e não é de agora, no Ministério da Cultura e na Fundação Biblioteca Nacional, que desde 2012 tornou-se formalmente responsável pela gestão e execução das políticas da área no âmbito do MinC. Por aqui, projetos e programas foram analisados e reavaliados à luz dos novos apontamentos. Até mesmo ações prestes a serem lançadas foram submetidas a uma nova sabatina, a fim de corrigir eventuais distorções ou serem aprimoradas, algo fundamental para fazer evoluir a qualidade do gasto público e das próprias ações. Disso pretendo me ocupar mais adiante.

Por ora, me deterei sobre um ponto que me parece essencial para que o Brasil venha a ser, de fato, um país de cidadãos leitores. Refiro-me à necessidade urgente de governos e sociedade darem ao tema a dimensão de política de Estado, que seja perene e contínua. Para compensar o acúmulo de 500 anos sem uma política de Estado, ela terá que ser progressiva durante os próximos 20 ou 30 anos.

No Governo Federal, isso vem sendo levado a sério. Com todas as dificuldades – e elas existem, é preciso que se reconheça, aliás, o primeiro passo para superá-las –, um dado positivo é que, felizmente, muito mais gente compartilha, atualmente, dessa visão.

Há, nas mais diferentes gestões, independente da orientação política e ideológica, uma preocupação maior em formar leitores e dar acesso aos livros, destinando mais recursos ao tema. O momento, pois, é auspicioso e renova as esperanças e a motivação para quem milita na área. Ao mesmo tempo, faz crescer a certeza de que o Brasil pode, finalmente, modificar sua história de exclusão que também se repete na questão do acesso à leitura e se perpetua como demonstram os imensos contingentes de analfabetos absolutos e funcionais aos quais jamais se ofereceu a contento acesso público aos livros.

Inúmeros bons exemplos têm vindo, nos últimos anos, tanto de parte do Estado como das organizações da sociedade civil. Dessa última, a própria Retratos da Leitura no Brasil destaca-se como saudável demonstração. Esta nova edição reforça a noção de continuidade e o reconhecimento das entidades do livro – Câmara Brasileira do Livro, Sindicato Nacional de Editores de Livros e Associação Brasileira de Editoras de Livros Escolares, que financiam o IPL – do papel positivo de estudos como este para a sociedade.

O Brasil do terceiro milênio sinaliza, enfim, que pretende dar outra dimensão a esse tema. Um rápido retrospecto dos últimos dez anos permite perceber isso. Em 2003, o presidente Luiz Inácio Lula da Silva assinou a Lei do Livro, primeiro marco regulatório no país. No ano seguinte, desonerou o mercado editorial e o Brasil se tornou um dos raros países nos quais os livros gozam de imunidade fiscal e não pagam tributos. Em 2005, quando se comemorou o Ano da Leitura na Ibero-América, fizemos aqui no Brasil o Vivaleitura, iniciativa de governos e sociedade que mobilizou o país.

Disso resultou a criação, em 2006, do Plano Nacional do Livro e Leitura (PNLL), do Ministério da Cultura e do Ministério da Educação. O PNLL gerou novos projetos e programas do governo e da sociedade para promover mais acesso aos livros, o fomento e a valorização da leitura e o apoio às cadeias criativa e produtiva. No contexto favorável que se estabeleceu, surgiriam, ainda, no âmbito do governo, a Câmara Setorial do Livro e Leitura (mais tarde convertida em Colegiado Setorial), a Coordenação Geral do Livro e Leitura do Ministério da Cultura e, em seguida, no lugar desta, a Diretoria do Livro, Leitura e Literatura (DLLL). Já do lado da sociedade, foram criados, por exemplo, o Instituto Pró-Livro e o Observatório do Livro e da Leitura.

Nas pegadas deste bom momento, os orçamentos cresceram de forma exponencial. Ao chegar ao Ministério da Cultura, em 2004, os recursos para implantar uma política nacional capaz de retomar, ampliar e aprofundar a função da extinta Secretaria Nacional do Livro e Leitura eram simplesmente irrisórios. Para se ter uma ideia disso, basta dizer que os R$ 6 milhões encontrados em caixa equivaliam, por exemplo, ao orçamento de cultura de uma cidade do porte de Ribeirão Preto (SP), na época com 500 mil habitantes. Todo o espaço físico destinado, naquele ano, a essas políticas ocupavam uma sala de não mais do que 25 m², vizinha ao porão do Ministério.

Menos de dez anos depois, o que se vê é o Ministério da Cultura anunciar investimentos de R$ 373 milhões para o Plano Nacional do Livro e Leitura em 2012, sete vezes mais do que aquela esquálida meia dúzia de milhões de onze anos antes. A Fundação Biblioteca Nacional, por sua vez, entrou esse mesmo ano com um orçamento de R$ 120 milhões, devidamente engordados, ao longo do exercício, com mais dinheiro do Fundo Nacional de Cultura e de outras fontes.

Da mesma forma, estados e municípios já têm compreendido melhor que é preciso conferir às suas iniciativas na área a dimensão de política de Estado. O Mato Grosso do Sul, ao instituir seu Plano Estadual do Livro e Leitura (PELL), saiu na frente, e já pode contabilizar os ganhos dessa ousadia (os editais de chamada pública da FBN premiam com maior pontuação os estados que fizeram a lição de casa). Em outras unidades da Federação, governos de diferentes matizes políticas caminham na mesma direção, o que reforça a crença de que, em 2014, mais da metade dos estados talvez já tenha seu PELL.

Ao mesmo tempo, prefeituras de todo o país ostentam, com orgulho, seus planos municipais em pleno funcionamento, e várias outras buscam lograr o mesmo. Espera-se que, até o final da década, a totalidade das unidades da Federação esteja com planos prontos e que, em 2022, quando o Brasil comemora os 200 anos de Independência, boa parte das cidades brasileiras tenha feito o mesmo.

Quando isso ocorrer, o Brasil provavelmente será o único país no mundo a ter uma política do livro e leitura enraizada, o que é essencial para dar o acesso necessário e fomentar a leitura por toda a parte. Aí sim poderemos afirmar que somos um país leitor. Enquanto isso, há muito trabalho pela frente. E tarefas e desafios para toda gente, começando, naturalmente, pelo próprio governo. Mas também a sociedade deve fazer a sua parte – e as instituições, os militantes e os voluntários da causa não têm se furtado a isso, algo imprescindível para tornarmos um continente de leitores.

De seu lado, o Governo Federal está empenhado na tarefa de criar as condições necessárias, aprovando orçamentos importantes para a consecução desses objetivos. A primeira condição para se formar leitores é, como se sabe, assegurar a habilidade mínima para o cidadão ler e compreender o que está lendo. Mas também assegurar o acesso aos livros e a outros materiais de leitura. Isso tudo o Ministério da Educação, com suas políticas educacionais, programas de alfabetização, formação de educadores e investimentos para suprir escolas públicas, bibliotecas escolares, professores e alunos de livros, tem feito muito bem, e com a compreensão de que se trata de uma ampla política de Estado.

Outros setores do Governo Federal – do Ministério do Desenvolvimento Agrário, com suas 10 mil bibliotequinhas e 20 mil agentes de leitura no campo, passando pelo BNDES, com financiamentos a taxas reduzidas para a cadeia produtiva do livro, à Apex, a agência do Ministério de Desenvolvimento Econômico e Comércio Exterior que apoia a exportação de livros – seguem na mesma linha. Uma sinalização concreta foi o decreto assinado pela presidenta Dilma Rousseff em 2011 que dá maior dimensão institucional ao PNLL e o torna uma ação do conjunto do governo, e não só uma iniciativa da Cultura e da Educação.

No âmbito do Ministério da Cultura, 2012 entrará para a história como o ano em que se deu um dos maiores avanços do Plano desde sua criação, representado pela inédita sistematização de 42 ações da pasta nos quatro eixos do Plano. Também a definição das iniciativas da área do livro e leitura que até então estavam espalhadas por inúmeras repartições do Ministério em um só lugar – no caso, a FBN – também pode ser considerado um belo exemplo de avanço institucional, já que fundações públicas costumam ter agilidade superior à da administração direta para executar projetos e programas.

Outra boa notícia recente foi a reestruturação da Diretoria do Livro, Leitura e Literatura, que ganhou um B de Bibliotecas, ao incorporar o Sistema Nacional de Bibliotecas Públicas (SNBP). Também o Proler (Programa Nacional de Leitura), existente desde a década de 1990, ganhou maior musculatura e passou a fazer parte da DLLL-B. Quase que simultaneamente, a FBN percebeu o novo momento vivido pelo país no cenário mundial e criou novas políticas e um Centro Internacional do Livro, cuja incumbência é espalhar mundo afora nossos livros e a literatura brasileira.

Enquanto isso, o SNBP coloca nas ruas programas inovadores como o de ampliação e atualização dos acervos das bibliotecas de acesso público, com repasse de recursos para que elas próprias escolham os livros de sua preferência. A meta inicial foi expressiva: 2.700 bibliotecas municipais, estaduais, comunitárias, rurais e pontos de leitura passaram a ser atendidas. As bibliotecas adquirem os livros em pontos de venda próximos – uma outra novidade! É uma forma – mas não a única – de enfrentar o drástico sumiço dos leitores que, conforme deixam a escola, desaparecem automaticamente das bibliotecas, que, embora sejam os equipamentos culturais mais presentes nos municípios brasileiros, segundo o IBGE, ainda são vistos como lugares para estudar, fazer pesquisas e frequentar durante a vida escolar. Por isso, terminado o ciclo escolar, não sentem que podem voltar lá, ler, curtir esses espaços, ir a exposições e oficinas e, naturalmente, ler e emprestar livros.

Se um em cada três usuários de bibliotecas afirma que livros novos e títulos interessantes fariam com que as frequentassem mais, nada mais natural que o governo, auscultando a sociedade, crie políticas para responder a isso. Que invista em bibliotecas-parques, as de referência, nos estados, as bibliotecas com telecentros, nas Praças de Esportes e Cultura (PEC) e nos Espaços mais Cultura. Aliás, as bibliotecas – incluindo a formação de profissionais, para que esses locais não sejam meros depósitos de acervos – lideram os investimentos do MinC no PNLL em 2012.

Outro bom exemplo de resposta às questões levantadas pela pesquisa – como o desinteresse pela leitura – é a ampliação dos programas de formação e bolsas para agentes de leitura nas cidades e agora também no campo. Ou, ainda, a criação das Caravanas de Escritores, que levam autores para percorrer o país e falar com leitores em bibliotecas, escolas, centros culturais e feiras de livros e festivais de literatura, um conjunto colossal de 200 eventos que integram o Circuito Nacional de Feiras de Livro e Festivais Literários, lançado em 2011.

Essas Caravanas contemplam as regiões Norte, Nordeste e Centro-Oeste, onde as pesquisas indicam a necessidade de maior esforço para alavancar os índices de leitura. O edital da FBN também fez incluir uma cláusula inovadora, também de olho nos dados da pesquisa: os projetos propostos pelos estados da Amazônia Legal terão, a partir de agora, 30% mais recursos que os demais, para compensar o chamado custo amazônico, que cria dificuldades adicionais aos gestores da região.

Nisso tudo, parece existir uma única certeza: os impactos das políticas sobre os índices de leitura sempre serão em um ritmo muito aquém das nossas necessidades do país. Não se transforma o comportamento leitor, e muito menos se formam leitores, na velocidade e na dimensão necessárias em curto espaço de tempo. Mas os resultados já aparecem, e indicam que o rumo está certo, e que é possível identificar ações importantes nas agendas do livro e da leitura do Executivo e do Legislativo, que também tem dado, nos últimos anos, importante colaboração à causa.

O rumo, portanto, está certo. Agora, é hora de pisar mais fundo no acelerador!

Galeno Amorim é presidente da Fundação Biblioteca Nacional e do Conselho Diretivo do Plano Nacional do Livro e Leitura (PNLL) e responsável, no âmbito do Ministério da Cultura, pelas Políticas Públicas do Livro e Leitura. Também preside o Conselho do Centro Regional de Fomento ao Livro na América Latina e no Caribe (Cerlalc/Unesco). É jornalista e autor de 16 livros, entre ensaios e literatura infanto-juvenil. Foi membro dos conselhos estaduais de leitura dos estados de São Paulo e do Rio de Janeiro e secretário de Cultura do município de Ribeirão Preto (SP). Professor de Ética e Legislação no Jornalismo na Universidade de Ribeirão Preto, atuou em *O Estado de S.Paulo*, *Jornal da Tarde* e Rede Globo, entre outros. Criou e dirigiu instituições ligadas à área do livro e leitura, como Observatório do Livro e Leitura, Fundação Palavra Mágica, Instituto do Livro e Fundação Feira do Livro.

capítulo 11

Livros, leitura e literatura em oito anotações

Marisa Lajolo

> (...)
> O tempo pobre, o poeta pobre
> fundem-se no mesmo impasse
> (...) [1]

1

Este 2012 é um ano muito especial para a história do livro e da leitura no Brasil. Além de centenário de nascimento de Jorge Amado, bicentenário de Teixeira e Sousa, nosso primeiro romancista, e da publicação de *Eu* de Augusto dos Anjos, assinala também os 200 anos da publicação, na Bahia, da primeira revista brasileira: *Variedades* ou *Ensaios de Literatura*.

Tomemos, pois, a divulgação dos resultados desta terceira edição da pesquisa Retratos da leitura no Brasil[2] como celebração de tantos eventos auspiciosos. Desde 2000/2001, a pesquisa – ela também auspiciosa – vem traçando e retocando o retrato do Brasil leitor, embora talvez fosse mais adequado falar-se em autorretrato na medida em

---

1. Andrade, C.Drummond de. *A flor e a nausea*. In *Poesia completa e prosa*. RJ. Aguilar. 1973, p. 140-141 (originalmente em A rosa do povo [1945]).
2. Disponível em www.prolivro.org.br

que se trata de pesquisa de opinião, na qual cabe aos pesquisados definirem-se como leitores ou não-leitores.

O calendário de iniciativas brasileiras ligadas à leitura, no entanto, assinala ainda outra coincidência interessante em 2012: o 95º aniversário da publicação – talvez pioneira – de um estudo brasileiro sobre leituras infantis. As recomendações de leitura da educadora mineira Alexina Magalhães Pinto (1870-1921), apresentadas em Esboço provisório de uma biblioteca infantil fazem parte de seu livro *Provérbios populares, máximas e observações usuais*[3], publicado em 1917.

No ensaio que introduz a obra, Alexina comenta sua tentativa de pesquisar, em 1906, os livros tidos como melhores para crianças e jovens:

> Colaborando algumas vezes no "*Almanaque Garnier*" ocorreu-me pedir ao seu diretor que dirigisse aos nossos "imortais" uma circular nestes termos: "Que livros dareis aos vossos filhos, entre sete e quatorze aos, para leitura subsidiária?".

E mais que, obtidos os resultados, os publicasse no dito almanaque (op.cit., p. 280)

Comentários da autora à sua frustrada tentativa de uma pesquisa ainda fazem sentido aos nossos ouvidos do século XXI:

> Lamento que a troca de livros didáticos e recreativos infantis, antigos e recentes, não se faça no Brasil de Estado para Estado, com a intensidade desejável a bem do progresso pátrio e da unidade Nacional.
>
> A implantação do hábito da leitura subsidiada desde os bancos escolares primários é problema com esse entrelaçado e a pedir solução prática. Os diretores de colégios e de escolas muito poderiam concorrer para tal fim pela organização de bibliotecas (...) (op. cit., p. 280)

2

Quase 100 anos depois do esforço da educadora mineira, a divulgação dos resultados da terceira edição da pesquisa Retratos

---

3. Alexina de Magalhães Pinto. *Provérbios populares, máximas e observações*. RJ: Ed. Francisco Alves. 1917. Apud Lajolo & Zilberman. *Um Brasil para crianças* . SP: Ed. Global. 1993. 4ª. ed., p. 280-288.

da leitura no Brasil constitui oportunidade excelente para evocação, registro e comemoração dos esforços de muitos brasileiros pela qualidade da educação se se entender – como aqui se entende – que pesquisas e iniciativas voltadas para leitura inscrevem-se no esforço maior pela qualificação da educação brasileira.

Nestes quase um século que transcorreu, desde que Alexina Magalhães Pinto publicou seu livro, no âmbito da leitura, dos livros e da educação, três conquistas são indiscutíveis, talvez irreversíveis, e merecem celebração:

1) disponibilidade de bons livros na maioria das escolas brasileiras;

2) tomada de consciência por parte de educadores e de parcela significativa de brasileiros da importância da capacidade leitora da população;

3) compreensão da responsabilidade maior e intransferível da escola na capacitação de seus alunos para leitura eficiente.

Não foi de repente, nem por acaso, que chegamos a esta situação.

A herança do modelo português de colonização – três séculos de completo obscurantismo cultural – precisou de muito esforço para ser alterado, para chegarmos onde estamos hoje.

O quadro abaixo registra momentos que marcam iniciativas importantes pela promoção e qualificação da leitura no Brasil dos últimos 50 anos:

QUADRO I	
1968	CRIAÇÃOFUNDAÇÃO DA FUNDAÇÃO NACIONAL DO LIVRO INFANTIL E JUVENIL (FNLIJ) , SETOR BRASILEIRO DA *INTERNATIONAL BOARD ON BOOKS FOR YOUNG PEOPLE (IBBY)*, ÓRGÃO CONSULTIVO DA UNESCO
1981	FUNDAÇÃO DA ASSOCIAÇÃO DE LEITURA DO BRASIL
1982	INAUGURAÇÃO DO PROJETO CIRANDA DE LIVROS (VIGENTE ATÉ 1985)
1983	AS JORNADAS LITERÁRIAS DE LITERATURA DE PASSO FUNDO TORNAM-SE NACIONAIS (E NÃO MAIS REGIONAIS)
1984	INAUGURAÇÃO DO PROGRAMA NACIONAL DE SALAS DE LEITURA (VIGENTE ATÉ 1996)
1997	INAUGURAÇÃO DO PROGRAMA NACIONAL DE BIBLIOTECA DA ESCOLA (PNBE)
2001	DIVULGAÇÃO DOS RESULTADOS DA PESQUISA RETRATOS DA LEITURA NO BRASIL (1).
2003	PROMULGAÇÃO DA LEI N.º 10.753 - LEI DO LIVRO

continua

continuação

QUADRO I	
2004	PROGRAMA FOME DE LIVRO: OBJETIVO: dotar toda cidade brasileira com uma biblioteca pública.
2004	CRIAÇÃO DA CÂMARA SETORIAL DO LIVRO, LITERATURA E LEITURA – CSLLL
2004	DESONERAÇÃO DO PIS/COFINS.
2005	EXISTÊNCIA DE BIBLIOTECAS EM 90 % DOS MUNICÍPIOS BRASILEIROS (MinC)
	ANO IBERO-AMERICANO DA LEITURA
2006	LANÇAMENTO DO PLANO NACIONAL DO LIVRO E DA LEITURA: " conjunto de projetos, programas, atividades e eventos na área do livro, leitura, literatura e bibliotecas em desenvolvimento no país, empreendidos pelo Estado (em âmbitos federal, estadual e municipal) e pela sociedade. A prioridade do PNLL é transformar a qualidade e a capacidade leitora do Brasil e trazer a leitura para o dia-a-dia do brasileiro"
2006	CRIAÇÃO DO INSTITUTO PRÓ-LIVRO : " associação de caráter privado e sem fins lucrativos mantida com recursos constituídos, principalmente, por contribuições de entidades do mercado editorial, com o objetivo principal de fomento à leitura e à difusão do livro (CBL, SNELL, Abrelivros).
2008	DIVULGAÇÃO DOS RESULTADOS DA PESQUISA RETRATOS DA LEITURA NO BRASIL (2) cobrindo amostra representativa da população brasileira maior de 5 anos e estabelecendo como leitor "quem leu um livro nos três meses anteriores à pesquisa", a pesquisa levanta que 48% dos entrevistados não leram nenhum livro nesse períodoos três meses anteriores à pesquisa; 45% não leram um livro nos doze meses anteriores à pesquisa; e que a leitura ocupa o 4º ou 5º lugar na preferência. 50% dos pesquisados apontam falta de tempo para leitura.
2011	LANÇAMENTO DO LIVRO PNLL: PLANO NACIONAL DO LIVRO E DA LEITURA (TEXTOS E HISTÓRIA : 2006-2010) CASTILHO MARQUES NETO, J. (ORG.), GUEDES, R. e VALE, L.DO (CO-ORG.). CULTURA ACADÊMICA.

É a partir destes e de muitos outros esforços e iniciativas coletivas que a maioria das escolas brasileiras dispõe hoje de um bom acervo de livros e é agente e palco de projetos de promoção da leitura.

Se podemos considerar consolidado o panorama acima delineado, torna-se bastante modesta a definição de leitor com que trabalha, desde 2007, a pesquisa Retratos da leitura no Brasil que considera leitor: quem declarou, no momento da entrevista, ter lido pelo menos um livro nos últimos três meses anteriores à pesquisa.

Mas, mesmo definindo com tanta modéstia o perfil do leitor, os resultados da pesquisa parecem, à primeira vista, desalentadores, registrando decréscimo: os 55% de leitores auto declarados em 2007 caem para 50% em 2011.

3

A divulgação de resultados de uma pesquisa detalhada como a Retratos da leitura no Brasil – independentemente dos resultados que ela levanta – é boa ocasião para olhar para a frente e estabelecer novas metas. Esse olhar prospectivo precisa levar em conta que as três edições da pesquisa até hoje levadas a cabo – fundamentadas em procedimentos estatísticos legítimos – levantou os dados a partir de entrevistas com pouco mais de 5 mil entrevistados (5.200 em 2001 e 5.012 em 2007 e 2011) reunidos em pouco mais de 300 municípios nas versões 2007 e 2011.

Talvez incomode um pouco pensar que os cinco mil e poucos entrevistados – número que a Estatística garante ser representativo das quase duas centenas de milhões de brasileiros – é apenas levemente superior aos 3.000 exemplares da primeira edição de um livro. Este número, por sua vez – para aumentar o incômodo que números causam a letrados – é bastante próximo de tiragens de romances de José de Alencar e Machado de Assis, no século XIX[4].

Analisar os resultados da pesquisa ora divulgados supõe também – além de considerações de cunho histórico – considerar a natureza específica da comunicação verbal em interação face a face em situação de assimetria: o entrevistador tem mais poder do que o entrevistado.

Na tentativa de minimizar a transferência de valores implícitos nas perguntas para as respostas fornecidas, a atual versão da pesquisa alterou a sequência das questões apresentadas. A iniciativa foi muito louvável. Mas não zerou – como, evidentemente, nada zeraria – a negociação de imagens entre entrevistador e entrevistado, fator que pode afetar a credibilidade das respostas fornecidas.

4

Nas primeiras discussões dos resultados da pesquisa (Brasília, 28/03/2012), foi aventada a hipótese de que o instrumento de ava-

---

4. Cf. Lajolo, M e Zilberman, R. *A formação da leitura no Brasil*. SP;: Ed. Ática. 1996 (3ª. ed. 1999 ; *A leitura rarefeita: leitura e livro no Brasil* . SP: Ed. Ática. 2001; *O preço da leitura*. SP.: Ed. Ática. 2001; *Das tábuas da lei à ela do computador.* SP.: ed. Ática.

liação de 2011, por ser mais sensível, sensibilidade, por exemplo, representada pela já mencionada alteração da sequência das questões, tenha levantado dados mais rigorosos do que os levantados em 2007. Ou, ainda, que uma mais rígida definição de livro seja responsável pela alteração dos dados.

Tudo isso pode ser.

E será? Vale a pena não esquecer que estamos interpretando o que cinco mil e poucos brasileiros responderam a quem lhes perguntava se eram leitores. E como perguntas e respostas – no modelo de pesquisa adotado – inscrevem-se no complexo reino da linguagem, cumpre não esquecer que é sempre arriscado entender literalmente o que se ouve: tanto quanto a linguagem escrita, a linguagem oral tem entrelinhas...

São essas entrelinhas que sugerem, por exemplo, o cruzamento dos dados recolhidos pela pesquisa Retratos da leitura no Brasil com resultados de outras pesquisas que vêm se debruçando sobre o sistema livresco[5] brasileiro. Pois é apenas no interior deste sistema – constituído, na formulação de Antonio Candido, por um conjunto de leitores, de autores e de livros – e a partir de seus constituintes, que faz sentido discutir hábitos, práticas e condições de leitura no Brasil.

Pesquisas como esta debruçam-se sobre um dos vértices do sistema: os leitores; outras – como as regularmente realizadas pela CBL e SNEL[6] debruçam-se sobre livros. De eventos e projetos que fazem a intermediação entre livros e leitores, ocupam-se pesquisas como as desenvolvidas pelo PNLL e publicadas no já citado *PNLL: Plano Nacional do Livro e da Leitura* (textos e história)[7].

---

5. Adapto aqui, para o mundo dos livros e da leitura, a seminal formulação de Antonio Candido relativamente à literatura, a noção de *sistema literário*. Cf. Antonio Candido. *A formação da literatura brasileira*. SP: Ouro sobre Azul. 2006 9 particularmente a *Introdução*.

6. Cf., por exemplo, Relatórios finais de pesquisas como *produção e venda do setor editorial brasileiro*, ou *O comportamento do setor editorial brasileiro em 2009*. Cf. ainda Earp, Fabio S. e Komis, G. *A economia do livro. A crise atual e uma proposta de política*. TD 004/2005. Universidade Federal do Rio de Janeiro. Instituto de Economia. Série Textos para discussão.

7. Castilho Marques Neto, J. (org), *PNLL: Plano Nacional do Livro e da Leitura* (textos e história : 2006-2010). (org.), SP: Cultura Acadêmica. 2011.

Talvez seja no cruzamento dos resultados de todos estes universos – dos livros, dos leitores e dos textos – que se possam entender melhor algumas formas assumidas pelas práticas de leitura no Brasil e, com isso, interpretar de forma mais produtiva o que dizem alguns cidadãos deste país quando perguntados sobre suas práticas de leitura.

5

Como um primeiro exemplo, pode ser interessante cruzar as informações que fornecem estes cinco mil e poucos brasileiros de carne e osso, com o que dizem os frios números do relatório que analisa o nosso setor editorial brasileiro em 2009/2010

QUADRO II		
EXEMPLARES PRODUZIDOS		
	2009	2010
EXEMPLARES PRODUZIDOS	401.390.391	492.579.094
LIVROS DIDÁTICOS	194.866.827	230.208.962
OBRAS GERAIS	120.322.638	146.783.764
LITERATURA INFANTIL	28.704.739	26.500.755
LITERATURA JUVENIL	26.885.158	43.790.281
TOTAL INF + JUV	55.589.897	70.291.036
TOTAL INF+JUV+ DID		300.499.998
LITERATURA ADULTA	21.007.834	39.652.617

Tabela construída a partir de dados constantes do relatório O Comportamento do Setor Editorial Brasileiro em 2010 (F fipe, CBL, SNELL) apresentado em 16/08/2011.

O quadro acima delineia um panorama um pouco diferente do que o sugerido pela última versão da Retratos da leitura no Brasil. Os números apontam que a produção de livros cresceu (com exceção do setor de livros infantis), sendo produzidos por ano, no Brasil, bem mais do que um livro por cidadão, sobretudo se considerarmos como leitores hipotéticos da produção livresca a população com mais de cinco anos de idade[8].

Como interpretar, então, o encolhimento do público leitor brasileiro?

O conhecimento dos modos de circulação desses muitos milhões de livros pode contribuir para, se não responder à questão, ao menos formulá-la de forma melhor. Como eles circulam?

Boa parte deles circula com chapa branca: são comprados pelo governo.

QUADRO III	
NÚMERO DE EXEMPLARES COMPRADOS POR PROGRAMAS GOVERNAMENTAIS EM 2010	
PNLD	120.532.996
PNLD/EM/PNLEM	17.025.196
PNBE	13.376.477
PNLD EJA/PNLA	2.143.729
OUTROS	10.054.760
TOTAL	163.133.158

Dados constantes do relatório O Comportamento do Setor Editorial Brasileiro em 2010 (F fipe, CBL, SNELL) apresentado em 16.08.2011

Novas questões: o que acontece com os livros que o governo compra?

Eles chegam às escolas. Ótimo!

E será que chegam às mãos e aos olhos dos alunos? Que tipo de pesquisa pode responder a esta questão? Não seria urgente planejar uma pesquisa que estudasse destinação final dos livros em que, acertadamente, o governo investe tanto?

Os dois quadros aqui apresentados são meras sugestões de caminhos possíveis de serem percorridos na importante análise dos

---

8. Vertentes contemporâneas de estudos sobre práticas leitoras apontam a importância de envolver a criança desde muito cedo em atividades leitoras. Cf. www.affaebeto.com.br e Tussi, Rita de Cassia e Rosing, Tania M. K. *Bebelendo: uma intervenção precoce de leitura* (SP. Global, 2011).

resultados da pesquisa RLB-3 que, adequadamente interpretados, podem fundamentar tanto políticas governamentais, quanto decisões da cadeia produtiva do livro, relativas à identidade de seu produto e aos modos de sua distribuição.

6

Além de debruçar-se sobre o que aqui talvez se possa chamar de macro dados (por exemplo, o total de livros produzidos e sua destinação), pode ser sugestivo olhar mais de perto para um segmento de livros e um determinado grupo de leitores. Como mero exemplo da pesquisa aqui sugerida, talvez valesse a pena analisar a população jovem, e a produção de livros infantis e juvenis. Ou seja, cruzar dados do IBGE relativos à população brasileira de 0 a 19 anos com dados da produção específica de livros para esse público.

Os resultados de um primeiro cruzamento são interessantes.

A população de 190.755.799 brasileiros (IBGE, 2010) apresenta a seguinte distribuição pelas faixas etárias que representam o segmento crianças e jovens – virtuais leitores da produção literária infantil e juvenil:

QUADRO IV			
FAIXA ETÁRIA	SEXO	POPULAÇÃO	PORCENTAGEM
(A) 0-4 ANOS	MASC.	7. 016.987	3.7%
	FEMIN.	6. 779.172	3.6%
	TOTAL	13.696.172	
(B) 5-9 ANOS	MASC.	7. 624.144	4.0%
	FEMIN.	7. 345.231	3.9%
	TOTAL	14.969.375	
(C) 10-14 ANOS	MASC.	8. 725.413	4.6%
	FEMIN.	8. 441.348	4.4%
	TOTAL	17.166.761	
(D) 15-19 ANOS	MASC.	8. 558.868	4.5%
	FEMIN.	8. 432.002	4.4%
	TOTAL	16.990.870	

www.censo.ibge.gov.br/sinopse/webserv consulta em 11.09.2011

Agrupando as diferentes faixas etárias para as quais se destina a produção considerada, respectivamente, literatura infantil e literatura juvenil, e comparando esses números com os números de exemplares produzidos desses respectivos gêneros, encontramos uma proporção interessante:

QUADRO V		
FAIXA ETÁRIA	POPULAÇÃO	% DA POP.
(B) 5 - 9 ANOS	14.969.375	7.9 %
(C) 10 - 14 ANOS	17.166.761	9.0 %
(D) 15 - 19 ANOS	16.990.870	8.9 %
TOTAL	49.127.006	25.8%

-www.censo.ibge.gov.br/sinopse/webserv consulta em 11/09/2011

QUADRO VI	
EXEMPLARES DE LITERATURA INFANTIL	26.500.755
(B) POPULAÇÃO 5 - 9 ANOS	14.969.375
EXEMPLARES DE LITERATURA JUVENIL	43.790.281
(C) POPULAÇÃO DE 10 - 14 ANOS	17.166.761
(D) POPULAÇÃO DE 15 - 19 ANOS	16.990.870
(C + D) POPULAÇÃO DE 10 - 19 ANOS	34.157.631

Este quadro cruza dados disponibilizados em www.censo.ibge.gov.br/sinopse/webserv; consulta em 11.09.2011; e dados constantes do relatório O Comportamento do Setor Editorial Brasileiro em 2010 (Fipe, CBL, SNELL) apresentado em 16/08/2011

O quadro VII divide o número de exemplares produzidos pela população a que, por hipótese, tais exemplares se destinam, delineando uma relação sugestiva entre livros e leitores não adultos.

Os números, por um lado, confirmam resultados da pesquisa Retratos da leitura no Brasil. Mas, ao mesmo tempo, conferem-lhe matizes, sutilezas. Se olharmos, por exemplo, para o polo da produção de livros, parecem ser mais intensas, frequentes e duradouras as atividades de leitura no segmento de leitores do Ensino Fundamental 2.

7

Será que é assim mesmo? E se é, por quê? Enem e vestibulares têm algum papel neste quadro? Como o varejo das respostas fornecidas pela pesquisa podem iluminar a questão?

QUADRO VII	
(E) População de 5 - 9 anos	1.77 livros/leitor
(F) População de 10 - 14 anos	2.55 livros/leitor
(G) População de 10 - 19 anos	1.28 livros/leitor

Outro desenvolvimento possível para a interpretação dos resultados da pesquisa é sugerido pelas respostas fornecidas à sequência de questões que se seguem à pergunta relativa ao *último livro lido* ou *o livro que estava lendo*.

Dos entrevistados, 51% não a responderam, entendendo-se o caso a *não resposta* como indicação de que não estavam lendo nada no momento ou de que não se lembravam do que estavam lendo.

Ambas as hipóteses são sugestivas. Mas são apenas hipóteses.

Foram capazes de indicar 22 títulos, 49% dos entrevistados.

Se lembrarmos que o total de pesquisados era de pouco mais de cinco mil almas, o número de 22 livros indicados como de *leitura recente* ou em curso sugere uma espantosa parcimônia de práticas de leitura no momento das entrevistas e marca, ao mesmo tempo, uma unanimidade incrível nos títulos mencionados como de *leitura recente ou simultânea da pesquisa.*

O quadro VIII (pág. 174) reproduz as respostas dos entrevistados, assinalando também coincidências e diferenças de classificação entre os dados levantados em 2011 e os obtidos em 2007.

QUADRO VIII		
2011	**ÚLTIMO LIVRO QUE LEU OU ESTÁ LENDO**	**2007**
1º	*BÍBLIA*	1º
2º	*ÁGAPE*	-
3º	*A CABANA*	-
4º	*CREPÚSCULO*	-
5º	*VIOLETAS NA JANELA*	7º
6º	*O CAÇADOR DE PIPAS*	11º
7º	*O PEQUENO PRÍNCIPE*	-
8º	*AMANHECER*	-
9º	*D. CASMURRO*	12º
10º	*HARRY POTTER*	4º
11º	*CHAPEUZINHO VERMELHO*	6º
12º	*O SEGREDO*	3º
13º	*O ALQUIMISTA*	-
14º	*ECLIPSE*	-
15º	*A ESCRAVA ISAURA*	-
16º	*PAIS BRILHANTES, PROFESSORES FASCINANTES*	-
17º	*LUA NOVA*	-
18º	*A BELA E A FERA*	-
19º	*A MENINA QUE ROUBAVA LIVROS*	-
20º	*IRACEMA*	18º
21º	*MARLEY E EU*	-
22º	*MEMORIAS PÓSTUMAS DE BRÁS CUBAS*	-

Observa-se que o conjunto de obras que os entrevistados dizem estar lendo ou terem acabado recentemente de ler é constituído por obras de gêneros muito diferentes, de estatuto literário bastante heterogêneo, de destinação etária variada, e de canais de circulação distintos. Como entender essa variedade nos títulos mencionados? Para o que ela aponta?

Dentre as 22 obras mencionadas, oito já haviam sido indicadas em 2007. Por permanecerem mencionadas merecem estudo cuidadoso.

O que têm em comum *Harry Potter*, *Chapeuzinho vermelho* e *O caçador de pipas*? Integram pacotes de compras governamentais? Desfrutam de grande exposição na mídia? Suas tiragens brasileiras – entre 2007 e 2010 – confirmam sua intensa presença nas mãos dos leitores? Que "retrato de leitor" esta lista delineia? Que projetos editoriais ela chancela ou inspira? Que programas de leitura ela cacifa ou recomenda? E, a que resultados chegaria o cruzamento desses 22 livros apresentados como *últimos lidos ou em processo de leitura* e as obras apresentadas como as mais marcantes?

Os cinco mil e poucos entrevistados foram capazes de indicaram 844 títulos como *obras marcantes*, cifra bem mais generosa do que os 22 elencados como *últimos lidos ou em processo de leitura*. Dos 844, foram identificados os 25 mais recorrentes e, entre eles, nota-se a mesma pluralidade de gênero, de estatuto literário, de destinação etária e de canal de circulação apontado a propósito dos *últimos títulos lidos ou em processo de leitura*.

O quadro IX (pág. 176) indica os 25 títulos *mais marcantes* indicados em 2011 e em 2007:

QUADRO IX		
2011	**LIVRO MAIS MARCANTE**	**2007**
1º	BÍBLIA	1º
2º	A CABANA	-
3º	ÁGAPE	-
4º	O SÍTIO DO PICAPAU AMARELO	2º
5º	O PEQUENO PRÍNCIPE	5º
6º	D. CASMURRO	7º
7º	CREPÚSCULO	-
8º	HARRY POTTER	4º
9º	VIOLETAS NA JANELA	9º
10º	A MORENINHA	23º
11º	CAPITÃES DE AREIA	14º
12º	CÓDIGO DA VINCI	12º
13º	OS TRÊS PORQUINHOS	6º
14º	ROMEU E JULIETA	18º
15º	IRACEMA	13º
16º	O ALQUIMISTA	10º
17º	O MENINO MALUQUINHO	16º
18º	A BRANCA DE NEVE	8º
19º	BOM DIA, ESPÍRITO SANTO	22º
20º	O CAÇADOR DE PIPAS	-
21º	O SEGREDO	-
22º	VIDAS SECAS	-
23º	CHAPEUZINHO VERMELHO	3º
24º	CINDERELA	11º
25º	O MONGE E O EXECUTIVO	-

A comparação entre os quadros VIII e IX permite conhecer um pouco melhor o que a sociologia da cultura chama de capital cultural[9]. Importa pouco se o acervo que resulta do cotejo entre as duas listas seja ou não fruto de efetiva leitura por parte dos informantes. Real ou imaginário, ele é importante pelo que delineia.

E vem a questão: pode-se entender que – por serem os cinco mil e poucos entrevistados representativos da população brasileira – o capital cultural deles representa fidedignamente o que se verifica nacionalmente capital cultural da população brasileira? Será? Onde estão nesta lista os livros premiados? Onde estão nesta lista aqueles que satisfazem aos editais do PNLL, PNLD e similares programas governamentais? E onde estão os livros efetivamente distribuídos pelo governo?

As perguntas multiplicam-se e aprofundam-se quando se inclui na reflexão a lista de escritores brasileiros que os entrevistados dizem admirar mais. Do total de 97 escritores mencionados na pesquisa, o quadro X (pág. 178) apresenta os 25 mais frequentemente citados acompanhados – quando é o caso – de sua posição em 2007.

A riqueza das reflexões que os dados constantes dos quadros sugerem torna interessante a montagem de um último quadro – quadro XI (pág. 179) – que põe lado a lado escritores brasileiros mais admirados, livros mais marcantes e últimos livros lidos ou em processo de leitura.

---

9. A noção de *capital cultural* aqui empregada vem de Bourdieu, P. *As regras da arte* . SP: Cia. das Letras. 1996; *Ce que parler veut dire (L'économie des echanges linguistiques)*. Paris: Fayard. 1982; Cf. também, Abreu, M. *A cultura letrada*. SP: EdUnesp. 2006.

QUADRO X		
2011	**ESCRITOR BRASILEIRO MAIS ADMIRADO**	**2007**
1º	*MONTEIRO LOBATO*	1º
2º	*MACHADO DE ASSIS*	4º
3º	*PAULO COELHO*	2º
4º	*JORGE AMADO*	3º
5º	*CALOS DRUMMOND DE ANDRADE*	7º
6º	*MAURÍCIO DE SOUZA*	10º
7º	*JOSÉ DE ALENCAR*	9º
8º	*VINÍCIUS DE MORAES*	5º
9º	*ZIBIA GASPARETTO*	13º
10º	*AUGUSTO CURY*	17º
11º	*ÉRICO VERÍSSIMO*	8º
12º	*CECÍLIA MEIRELES*	6º
13º	*CHICO XAVIER*	16º
14º	*PE. MARCELO ROSSI*	-
15º	*ZIRALDO*	15º
16º	*MANUEL BANDEIRA*	14º
17º	PAULO FREIRE	19º
18º	FERNANDO PESSOA	-
19º	CLARICE LISPECTOR	25º
20º	ARIANO SUASSUNA	18º
21º	GRACILIANO RAMOS	22º
22º	MÁRIO DE ANDRADE	-
23º	MÁRIO QUINTANA	11º
24º	SILAS MALAFAIA	-
25º	PEDRO BANDEIRA	-

QUADRO XI		
ESCRITOR BRAS. MAIS ADMIRADO (67)	**LIVRO MAIS MARCANTE (68)**	**ÚLTIMO LIVRO QUE LEU OU ESTÁ LENDO (69)**
MONTEIRO LOBATO	*BÍBLIA*	*BÍBLIA (1)*
MACHADO DE ASSIS	*A CABANA*	*ÁGAPE (3)*
PAULO COELHO	*ÁGAPE*	*A CABANA (2)*
JORGE AMADO	*O SÍTIO DO PICAPAU AMARELO*	*CREPÚSCULO (7)*
CARLOS D. DE ANDRADE	*O PEQUENO PRÍNCIPE*	*VIOLETAS NA JANELA (9)*
MAURÍCIO DE SOUZA	*D. CASMURRO*	*O CAÇADOR DE PIPAS (20)*
JOSÉ DE ALENCAR	*CREPÚSCULO*	*O PEQUENO PRÍNCIPE (5)*
VINÍCIUS DE MORAES	*HARRY POTTER*	*AMANHECER*
ZIBIA GASPARETTO	*VIOLETAS NA JANELA*	*D. CASMURRO (6)*
AUGUSTO CURY	*A MORENINHA*	*HARRY POTTER (8)*
ÉRICO VERÍSSIMO	*CAPITÃES DE AREIA*	*CHAPEUZINHO VERMELHO*
CECÍLIA MEIRELES	*CÓDIGO DA VINCI*	*O SEGREDO*
CHICO XAVIER	*OS TRÊS PORQUINHOS*	*O ALQUIMISTA (16)*
PE. MARCELO ROSSI	*ROMEU E JULIETA*	*ECLIPSE*
ZIRALDO	*IRACEMA*	*A ESCRAVA ISAURA*
MANUEL BANDEIRA	*O ALQUIMISTA*	*PAIS BRILHANTES, PROFESSORES FASCINANTES*
PAULO FREIRE	*O MENINO MALUQUINHO*	*LUA NOVA*
FERNANDO PESSOA	*A BRANCA DE NEVE*	*A BELA E A FERA*
CLARICE LISPECTOR	*BOM DIA, ESPÍRITO SANTO*	*A MENINA QUE ROUBAVA LIVROS*
ARIANO SUASSUNA	*O CAÇADOR DE PIPAS*	*IRACEMA (15)*
GRACILIANO RAMOS	*O SEGREDO*	*MARLEY E EU*
MÁRIO DE ANDRADE	*VIDAS SECAS*	*MEMORIAS PÓSTUMAS DE BRÁS CUBAS*
MÁRIO QUINTANA	*CHAPEUZINHO VERMELHO*	
SILAS MALAFAIA	*CINDERELA*	
PEDRO BANDEIRA	*O MONGE E O EXECUTIVO*	

Como se vê, dos 22 livros apontados como de leitura recente, 12 repetem títulos indicados como mais marcantes. Dentre os livros apontados como mais marcantes, apenas 6 foram escritos por escritores incluídos na lista dos mais admirados.

Uma interrogação se impõe: trata-se efetivamente de categorias distintas de livros os indicados como mais marcantes e os indicados como mais recentemente lidos? Se cruzarmos autores mais admirados, livros marcantes e últimos livros lidos podemos pensar que se trata dos únicos livros lidos ou únicos autores e títulos de que se lembram os entrevistados? E se se lembram, lembram-se por efetivamente os terem lido, ou por terem ouvido falar deles? Como tais indicações dialogam com as tiragens? Por quais canais leitores e não-leitores se familiarizam com livros e autores que dizem admirar, serem marcantes ou estarem lendo? Seria produtivo replicar a pesquisa que gerou tais resultados com aquela levada a cabo junto a comunidades específicas?

8

Questões relevantes, que merecem discussão para aprofundamento.

Para o necessário aprofundamento dos resultados da pesquisa Retratos da leitura no Brasil, talvez valha a pena submetê-los a discussões de uma equipe multidisciplinar capaz de ler na pesquisa tudo o que ela pode ensinar relativamente a: políticas de leitura e educação; políticas editoriais e formatações possíveis para novas pesquisas que, refinando seus procedimentos, refinem igualmente seus produtos.

Muito embora as pesquisas disponíveis sejam extremamente úteis, elas deixam em aberto questões importantes. Há, por exemplo, na classificação dos livros, a categoria outros. Num momento em que os estudos mais significativos no âmbito da literatura e da linguagem operam com a categoria básica de gêneros textuais ou literários, parece ser muito pouco produtiva uma classificação curinga para significativa percentagem da produção livresca.

Igualmente desejável seria que no interior da categoria literatura infantil, houvesse subdivisões que apontassem distinções básicas de gêneros, como narrativa, poesia e teatro, para ficarmos apenas nas mais tradicionais das categorias por que se pautam estudos literários.

Reforça esta sugestão de que as pesquisas deem visibilidade a estas categorias a observação de que:

1) compras governamentais estipulam gêneros; e

2) as premiações mais significativas da área vêm multiplicando de

forma acelerada as categorias a partir das quais atribui os prêmios. Em outra direção, seria interessante distinguir, em todas as categorias, textos traduzidos e textos, digamos, brasileiros. No momento editorial que o Brasil vive, de acelerada e crescente internacionalização de seu parque editorial, valeria a pena ter dados que registrassem, num tão florescente ramo da produção de livros, a porcentagem brasileira de textos (verbais e visuais), umas das matérias-primas do livro, produto para o qual há tão fartos financiamentos públicos.

A pesquisa Retratos da leitura no Brasil valeu-se de metodologia internacional sancionada pela Cerlalc e aplicada a diferentes países da América Latina (cf. resultados em www.prolivro.org.br...). Vale a pena articular a discussão dos resultados destas pesquisas referentes a diferentes países latino-americanos com outros dados e análises. A versão relativa a 2012, do Anuário Ibero-americano sobre *el Libro Infantil* e Juvenil recentemente lançado pela Fundação SM[10] dá sequência a números anteriores da mesma publicação, o que viabiliza análise das séries históricas.

Esta interpretação multidisciplinar provavelmente será mais matizada e polifônica e seus resultados talvez sejam decisivos para subsidiar tanto políticas de leitura e de educação, quanto políticas editoriais, recordando a lição do poeta Castro Alves que ensina que

> (...) O livro caindo n'alma
> É germe – que faz a palma
> É chuva – que faz o mar[11]...

Quem sabe fazemos o grande poeta baiano dialogar com o grande poeta mineiro lá da epígrafe?

Marisa Lajolo. Tem Mestrado e Doutorado pela USP, professora Titular da Unicamp, professora da Universidade Presbiteriana Mackenzie. Pesquisadora Sênior 1A do CNPq. Pesquisa e publica regularmente sobre história da leitura no Brasil. O livro que organizou, "*Monteiro Lobato livro a livro : obra infantil* "(SP; EdUnesp/Imesp. 2008), recebeu Prêmio Jabuti, na categoria "Melhor livro do ano não ficção". Seu último livro "*O poeta do exílio* "(SP :FTD, 2011) foi incluído no Catálogo de Bologna.

---

10. Anuário Ibero-americano sobre *el Libro Infantil e Juvenil* 2012. *Fundación S.M.* EAN 8435240529066. Impreso en UE/ printed EU . 228 p.
11. Disponível em http://www.jornaldepoesia.jor.br/calves05.html

Retratos do comportamento leitor pelo Brasil – o impacto de ações de fomento a leitura

José Castilho Marques Neto

Em recente mesa redonda em Buenos Aires, o tema nos remetia diretamente à seguinte questão: por que estimular a leitura? O que se busca nessa luta interminável para formar novos leitores? O mesmo tema também indicava que esse projeto é uma grande tarefa, e não posso discordar disso, até porque o entendo como dever do Estado e direito do cidadão. A pesquisa tema deste livro também é pródiga em exemplos e respostas que demonstram o quanto o Brasil deve caminhar na área do incentivo, da democratização do acesso e da mediação da leitura se quiser se tornar um país de leitores plenos.

Apenas 28% dos brasileiros têm a leitura como parte de seu tempo livre, e entre eles apenas 58% se declararam leitores segundo os critérios da pesquisa. Do conjunto dos entrevistados, a leitura média nos últimos três meses não chega a dois livros, permanecendo na fração de 1,85 livros lidos no geral. Esse número sobe para quase quatro pontos – 3,74 entre leitores e 3,41 entre estudantes – apenas quando se trata da parcela que lê por hábito ou por necessidades escolares ou profissionais. No período de um ano o número médio de livros lidos entre todos os pesquisados é quatro, aí incluídos os livros escolares.

Ao analisar números tão envergonhados para uma economia do porte da brasileira não se pode, por outro lado, ocultar que estamos tratando de um universo de 88,2 milhões de leitores, ou 50% da população do país. Se considerarmos a análise apenas com base nesses números, dos que leram algum livro, seja total ou parcialmente, já teríamos um imenso trabalho de construção de políticas públicas includentes e necessárias para aumentar o interesse desses potenciais leitores. Nem é preciso falar do enorme esforço, seguramente muito mais vigoroso e intenso, do que é preciso fazer em relação aos outros 50% de brasileiros que sequer se aproximam de um livro. É preciso separar as ações, as necessidades diferentes de um e de outro grupo para definir as medidas a serem implantadas de maneira adequada e assertiva.

No entanto, ao lado dos estudos e ações de órgãos governamentais que cuidam da educação, da alfabetização e do incentivo à educação continuada, da qual a leitura é parte integrante, é necessário observar o poder e o lugar de milhares de ações pela leitura, praticadas indiscriminadamente por setores públicos, comunitários e privados, que se aplicam aos leitores e aos não-leitores. A pergunta muitas vezes ouvida é: com as ações governamentais na área da educação, qual o real valor e a efetividade dos movimentos organizados pela leitura que são pautados pela sociedade? Até que ponto os esforços de ações individuais e coletivas para promover rodas de leitura, festivais de literatura, salas de leitura em voz alta, bibliotecas comunitárias, gincanas literárias e tantas outras iniciativas incidem positivamente na formação de novos leitores e contribuem para o aumento dos índices em pesquisas como a que vemos aqui?

Por convicção pessoal e trajetória profissional, além dos mais de quatro anos em que fui secretário executivo do PNLL (Plano Nacional do Livro e Leitura) em sua fase de implantação, estou certo de que a questão da leitura (ou da não leitura) do brasileiro e de qualquer sociedade só chegará a bom termo se houver um pacto social firme e proveitoso. Um dos lemas do PNLL brasileiro é que o Estado e a sociedade são igualmente responsáveis pela formação e pela gestão dos seus planos de leitura. Firmemente defendida e respeitada nos quatro primeiros anos de implantação, essa questão é muito maior do que o entendimento entre partes e interesses conflitantes, e hoje infelizmente recebe pouca atenção dos atuais gestores. Na verdade, no caso brasileiro, trata-se de resgatar e dar voz às milhares de ações que uma parcela da sociedade brasileira sempre realizou em prol de um país leitor.

E se entendermos a prática da leitura como parte fundamental da constituição de uma cidadania plena dos indivíduos, essa relação entre o Estado e a sociedade se torna estrategicamente ainda mais aguda, porque ao falarmos de leitura estamos falando também de um direito que nunca teve lugar de destaque na nossa história. Ao contrário, nessas terras abaixo do Equador, tudo foi tardio no que se refere aos direitos à leitura e à escrita! Diferentemente dos povos europeus, hegemônicos na maior parte de nossa história a partir de 1500, não tivemos nenhuma experiência com alcance de política pública que superasse os séculos de proibição ao acesso da produção literária, artística, científica e cultural. Tal direito foi negado e ainda não foi totalmente conquistado pela maioria de nossa população. Contra o cidadão leitor, há o histórico acúmulo de movimentos contrários à leitura, diferentemente do que ocorreu em outros países, como a França, onde as correntes favoráveis fizeram elevar os índices de leitura e desenvolvimento social.

Não é ocioso ao tratar desse tema, ouvir um pouco os historiadores. Tenho especial gosto por um estudo de Roger Chartier. Em livro publicado em 1991 nos Estados Unidos e editado no Brasil pela Editora Unesp, Chartier, um dos mais completos historiadores do livro e da leitura de nosso tempo, nos remete a interessante reflexão sobre *As origens culturais da Revolução Francesa*.[1] Em um dos capítulos mais instigantes o autor questiona: será que os livros fazem revoluções? Ao responder essa pergunta, seus argumentos enveredam por um caminho em que se demonstra que não apenas as ideias inovadoras contidas nos livros seriam as responsáveis por "conquistar as mentes das pessoas, moldando sua forma de ser e propiciando questionamentos". Mais do que o conteúdo avassalador da reflexão filosófica moderna e iluminista, Chartier demonstra que a dessacralização da leitura foi fator decisivo para as "transformações intelectuais e afetivas que provocaram a súbita e radical ruptura com a Monarquia absoluta".

E como ocorreu essa dessacralização da leitura? O primeiro fato histórico a ser notado é a quadruplicação da produção de livros nos primeiros 80 anos do século XVIII, refletida na imensa oferta que se passou a ter com o advento da indústria editorial, proporcionando uma circulação jamais vista de material impresso (algo que hoje chamaríamos de "democratização do acesso à leitura"). Com essa oferta, multiplicaram-se as bibliotecas privadas e surgiram novos acessos aos livros e à leitura, como os *cabinets de lecture* criados pelos livreiros em 1760, que alugavam livros a preços acessíveis para os leitores que não podiam comprá-los.

O novo movimento que influenciou a sociedade francesa nos últimos decênios do Antigo Regime foi o incremento do hábito da leitura,

---

1. São Paulo: Editora Unesp, 2009.

que atingia todos os segmentos sociais. Chartier demonstra como tal mudança modificou "profundamente a maneira de ler das pessoas". A antiga prática tradicional da leitura, na qual o leitor era o chefe da família ou do grupo, que lia em voz alta, "significava um mundo onde o livro era reverenciado e a autoridade era respeitada". A multiplicação das mais variadas formas de impressão em escala industrial, do advento do livro de bolso, da difusão da literatura ou da "baixa literatura", a eclosão dos panfletos, dos jornais diários, das revistas, todos estes últimos impressos descartáveis, provocaram o que Chartier chama de a "mudança mais espetacular no mercado livreiro: [...] o declínio – leve, mas depois em escala vertiginosa – dos livros religiosos".

E que tipo de leitor essa nova onda fez surgir? Novamente remeto a Chartier:

> "[...] o novo estilo de leitura mostrava muitas características que o distinguiam das práticas tradicionais: a ampliada mobilidade do leitor diante de textos mais numerosos e menos duráveis; a individualização da leitura quando, em essência, ela se torna um ato individual e silencioso tendo lugar em ambiente privado; a religião sendo desligada da leitura, que perde sua carga de sacralidade. Uma relação comunitária e respeitosa com o livro, constituída de reverência e obediência, deu lugar a uma forma de ler mais livre, mais casual e mais crítica."

De forma objetiva, as transformações na prática da leitura refletiam uma modificação mais ampla de toda a sociedade francesa, e se misturavam e se inter-relacionavam principalmente quando desenvolviam atitudes críticas "livre[s] dos laços de dependência e obediência subjacentes às representações anteriores".

No caso brasileiro a história é outra e seguramente não podemos compará-la com o percurso desenvolvido pela Europa na sua conquista da cidadania. No entanto, ouso pensar que relativamente às ações empreendidas por parcelas ativas da sociedade que buscam seus direitos, temos nas ações pró-leitura uma percepção tardia das conquistas europeias, como o acesso aos bens culturais e sua valorização pela nova sociedade. Porque se trata justamente disso o real movimento das ações pró-leitura que observamos em todo o país: a dessacralização do objeto livro, o entendimento compartilhado de que a leitura e a escrita são algo que faz parte da vida e não que serve apenas ao crescimento profissional e estudantil. É curioso que 55% dos pesquisados do Retratos da leitura no Brasil nessa versão 2012, quando perguntados sobre a motivação que os leva à leitura, indiquem que leem para "atualização cultural e conhecimentos gerais" e 49% leem por "prazer/gosto ou necessidade espontânea". A "exigência escolar ou acadêmica" aparece depois com 36% e "motivos religiosos" com 31%, ambos aparentemente complementares aos dois primeiros motivos.

Os grupos sociais e os indivíduos que estimulam a leitura com inúmeras ações sabem que desenvolver políticas públicas verdadeiramente comprometidas e inclusivas não são apenas uma grande tarefa, como anunciei no início deste capítulo, mas sim uma tarefa tardia que precisa ser realizada. Esse elemento de atraso é um agravante perturbador no processo de construção de sociedades leitoras, até porque tal processo só se realiza em longo prazo, consumindo um tempo que a França, aqui citada, cumpriu já no século XVIII. Na prática esse atraso significa, por exemplo, a interrupção de políticas estruturalmente concertadas que passam pela constituição de novos atores sociais que influenciam, e mesmo compartilham responsabilidades por processos de construção de leitores. Políticas estruturantes desse tipo são trocadas em transições de governos por expedientes que buscam resultados gerenciais de efêmera duração e em curto prazo, mas convenientes aos interesses políticos do tempo previsto para o mandato daquele governo em questão. Ou seja, temos periodicamente, desde a modernização do Estado brasileiro nos anos 1930, a repetição de um conjunto de medidas historicamente determinadas, hábitos e ideologias contrárias às finalidades estratégicas de construção de novos e capacitados leitores. Esse atraso continua criando periodicamente situações constantes de retrocesso, como a supremacia dos aspectos comerciais de distribuição do objeto livro em detrimento, por exemplo, da formação e da valorização de recursos humanos – imprescindíveis para fazer valer a antiga e permanente diretriz iluminista de disseminar conhecimento e prazer pela atividade intelectual raciocinada, como é o ato de ler.

Mas, apesar de equívocos, más intenções e atrasos, há avanços visíveis em boa parte da América Latina neste tema e é importante investigar as razões dessa situação inesperada até alguns anos atrás.

Por que muitos dos países ibero-americanos se esforçam para dar consequência prática à tarefa de estimular leitores? Por que inúmeros países, principalmente a partir da Resolução dos Chefes de Estado Ibero-americanos em 2003 que estabeleceram o projeto Ilímita, desenvolvem programas que possibilitam a crescente democratização do acesso e do gosto pela leitura? Estaríamos finalmente chegando às Luzes? Entendo que devemos observar um pouco nossa história política recente para compreender o que se passa, pois esse olhar talvez afaste o pessimismo inerente a esse constante "refazer" que os militantes da leitura se veem obrigados a cumprir periodicamente.

O estímulo à leitura é ato essencialmente político e obedece a essa dinâmica!

A escuridão das ditaduras que dominaram países ibero-americanos com terror, ódio e repressão política e cultural se foi com o saudável declínio dos generais e caudilhos de plantão, processo que levou algumas décadas e que se estabilizou na maioria desses países nos anos 1990. Após esse nefasto período, governos posteriores às ditaduras passaram a dedicar maior ênfase na necessidade de mudança dos quadros sociais dos países fortemente marcados pela desigualdade, pela marginalidade e pela exclusão social e econômica. Foi nesse contexto de reflorescimento e de criação de sociedades democráticas que novos conceitos de desenvolvimento econômico começaram a ser concebidos e implantados.

Por ação do PNUD (Programa das Nações Unidas para o Desenvolvimento), um grupo de especialistas buscou um novo enfoque para o conceito de desenvolvimento, mudando radicalmente a perspectiva meramente econômica anterior. Citando Amartya Sen: "[...] se pasa a entender el desarrollo, entonces, como un proceso continuado de ampliación de las capacidades y opciones de las personas. Las condiciones materiales influyen en esa dinámica en la medida en que aportan los recursos instrumentales para hacerla viable, pero lo importante es el proceso de realización de las personas, que se despliega en cuantas dimensiones el ser humano valora" [2]

O desenvolvimento dos países passa a ser entendido em outra dimensão e perspectiva. Conceitos como a liberdade e a dignidade, a coesão social, a construção de sociedades democráticas e participativas, o desenvolvimento sustentável, se tornam valores e objetivos

---

2 Tradução livre do editor: "passa-se a compreender o desenvolvimento, então, como um processo contínuo de expansão das capacidades e opções das pessoas. As condições materiais influenciam essa dinâmica na medida em que disponibilizam recursos instrumentais para torná-la viável, mas o importante é o processo de realização das pessoas, que se estendem a todas as dimensões do ser humano." In: *Economía del español*. 2. ed. Madrid: Ariel, 2008, p. 222-223. Madrid: Ariel, 2008, p. 222-223.

intrínsecos aos programas de governo e parte das reivindicações cada vez mais presentes em nossas sociedades.

É neste novo contexto de desenvolvimento em outra dimensão de nossos países que compreendo o atual interesse em se desenvolverem planos e programas de inclusão cultural e desenvolvimento da cultura letrada – os Planos Nacionais de Leitura. É certo que esse quadro difere em cada país, assim como ainda é apenas um desejo para outros. Também é certo que há retrocessos na sucessão de governos. Todavia, os quadros gerais que se observam hoje na América Latina, na Espanha e em Portugal são radicalmente diversos dos que havia dez anos antes. Os inúmeros planos de leitura, em seus diversos nomes e modalidades, vão ao encontro desse novo objetivo de desenvolvimento social e econômico em nossas sociedades.

Mas fiquemos atentos: estamos apenas no início do resgate histórico de uma dívida social e cultural contra o esquecimento, a marginalidade, a exclusão que a leitura e a escrita viveram durante séculos na maior parte desses países. Ainda estamos longe de ter uma sociedade civil organizada para valorizar e exigir a permanência de verdadeiras políticas públicas para a leitura e a escrita. Também estamos longe de estabelecer uma política de Estado duradoura e permanente que venha a ser um patamar superior àquela heroica e pioneira intervenção de abnegados militantes da cultura que, por intermédio de ações constantes de incentivo à leitura, sempre mantiveram a chama da literatura como esperança para nossas comunidades excluídas desse ato fundamental para a convivência entre os homens. E se persistem problemas, recuos e resistências à construção de países leitores, o maior estímulo pró-leitura vem dos movimentos sociais que hoje se colocam cada vez mais contra a reserva da informação, do conhecimento, da reflexão individualizada e da luta pelo direito à leitura. Os estímulos também são fundamentais quando os encontramos nos equipamentos públicos conceitualmente sintonizados com as aspirações da sociedade, como as "bibliotecas parques", inspiração colombiana já implantada com sucesso no Rio de Janeiro e em São Paulo, e tantas outras de mais antigo e igual desempenho e engajamento social – como a Biblioteca Pública de Rio Branco, no estado do Acre. São muitos os bons exemplos dessas ações e os dados da pesquisa que tratamos agora de examinar nos demonstram a importância numérica e percentual dessas medidas, e a necessidade de que continuem!

Ao considerar o universo de 88,2 milhões de leitores, a pesquisa aponta que 42% (37 milhões de pessoas) têm acesso aos livros por intermédio de bibliotecas, escolas e distribuição governamental. Além desses números, a pesquisa também revela sob a denominação de "Emprestados" que o acesso à leitura de 30% (26,5 milhões) daqueles leitores foi possível por um empréstimo de alguém (o que significa ações pró-leitura de indivíduos ou instituições não governamentais).

Como já afirmei aqui, estamos atrasados na história e no concerto de nações e continentes mais desenvolvidos, mas não podemos esquecer que a escrita e a leitura, como as outras construções sociais, são parte do tipo de sociedade que queremos construir. O sentido social de construção de uma sociedade leitora, que entenda a escrita e a leitura além da compreensão do "código da escrita alfabética e a mera capacidade de decifrar caracteres, percebendo-a como um processo complexo de compreensão e produção dos sentidos" (PNLL do Brasil), é talvez a tarefa mais desafiadora dos que se dedicam ao estímulo desse direito de todos.

Ao agradecer a oportunidade de expor essas ideias, deixo para reflexão e como palavra de incentivo pelo trabalho de cada um que realiza ações pela leitura no Brasil a frase dos organizadores de um bombardeio de poesias, intervenção artística em que milhares de poemas são atirados de helicópteros sobre cidades que foram verdadeiramente bombardeadas em épocas de guerra civil. O primeiro bombardeio de poemas foi sobre o Palácio de La Moneda, no Chile em 2001, e o último em 2009, na cidade de Varsóvia. Assim disseram: "Uma nuvem de palavras suspensas no ar não muda a história de uma cidade, mas ajuda a dar-lhe sentido."[3]

José Castilho Marques Neto. Possui graduação (1976) e doutorado (1992), ambos em Filosofia pela Universidade de São Paulo. Atualmente é professor assistente doutor da Universidade Estadual Paulista Júlio de Mesquita Filho, Campus de Araraquara, e exerce, desde 1988, funções de direção editorial junto à Editora Unesp. Desde abril de 1996, é diretor-presidente da Fundação Editora da Unesp. Especializou-se em editoração universitária, sendo consultor de organismos nacionais e internacionais de pesquisa, editoração e leitura. Dirigiu entidades e instituições do livro e da leitura no Brasil e na América Latina e é ex-secretário executivo do Plano Nacional do Livro e Leitura, vinculado aos Ministérios da Cultura e da Educação (período agosto/2006--abril/2011). Presidente da Associação Brasileira das Editoras Universitárias (ABEU), mandato 2011-2013. Contato: castilho@editora.unesp.br

---

3. Coletivo da Revista Literária chilena Casagrande que promove "bombardeios de poemas" em cidades marcadas em sua história por bombardeios reais. *El Mercúrio*, Santiago de Chile, 10 ago. 2009, p. A8.

capítulo 13

Comportamento do leitor e acesso ao livro em países da Ibero-América – estudos pelo Cerlalc

Comportamento do leitor e hábitos de leitura: comparativo de resultados em alguns países da América Latina

Bernardo Jaramillo Hoyos
Lenin Monak Salinas

Para aqueles que no dia-a-dia atuam no mundo do livro, na leitura e/ou nas bibliotecas, a notícia do surgimento de um novo estudo que mede o comportamento do leitor é uma grande oportunidade para iniciar responsável reflexão sobre o impacto das políticas públicas destinadas a promover maiores níveis de leitura. Temos, então, a consciência de que este seja um trabalho sistemático e periódico, cujos resultados vão permitir ajustes necessários às mencionadas políticas públicas, bem como identificar pontos positivos e negativos, visar novas tendências, identificar novos protagonistas e papéis e, ainda, convocar todos os agentes que participam do mundo do livro e da leitura, para redefinirem seus modos de atuar.

Adicionalmente, é saudável comparar os resultados de um país e o seu momento específico com o resto do mundo. Entender o que ocorre em outros âmbitos geográficos ou em sociedades de desenvolvimento similar do ponto de vista econômico, social e cultural, permite completar a avaliação do já realizado, para incorporar novas ideias à estratégia e descobrir o que nos faz semelhantes, assim como identificar nossas diferenças.

No cenário ideal, a região deveria contar com um instrumento similar de medida, e se possível for, com períodos de tempo igualmente similares para a sua análise em todos os países. Esta é a pretensão do Centro Regional para o Fomento do Livro na América Latina e o Caribe – Cerlalc.

Desde o seu início, 40 anos atrás, o Centro entende como de fundamental importância, além do apoio à criação de políticas públicas de promoção ao livro e à leitura, que os resultados dessas políticas possam ser medidos em toda a região. Em 2004, no Segundo Encontro de Promotores da Leitura em FIL Guadalajara, o Cerlalc dizia que "estamos certos de que um conhecimento aprofundado dos cenários, as experiências e os costumes concretos de leitura que se desenvolvem nos países da América Latina iluminaria e ofereceria novos elementos para que as futuras estratégias de criação de políticas de leitura sejam suportadas em bases muito mais reais, conexão mais íntima com as situações e problemas cujo intuito é a sua solução". Com este propósito nasceu o projeto *"No se quede por fuera del mapa"* (não fique fora do mapa) que visava reunir as experiências de fomento à leitura na região, incorporando assim a possibilidade de sua aferição.

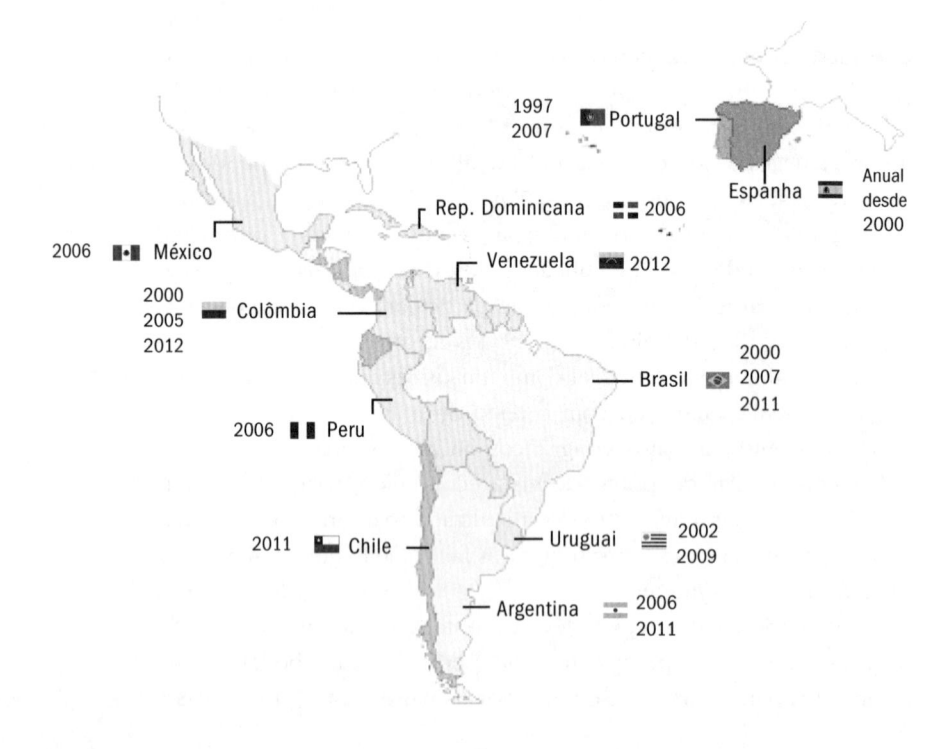

Desta forma, ao lado do mapa dos programas de fomento à leitura podemos acrescentar um mapa das ações iniciadas junto à tarefa de identificar os resultados dessas mesmas políticas e programas. O Cerlalc trabalha, desde 2005, na estruturação de um método comum de medida aplicado à região, que parte das primeiras experiências realizadas na década de 1990. O Brasil foi o primeiro país que utilizou essa metodologia proposta pelo Cerlalc, durante o estudo realizado em 2007 e publicado em 2008.

A proposta metodológica do Cerlalc, que fora publicada em 2011, como "Metodologia comum para pesquisar e medir o comportamento leitor", é cada dia mais importante no aspecto institucional do livro e da leitura dentro da região. Os processos de medição visam propósitos concretos a respeito das políticas nacionais do livro e da leitura; nesse sentido a proposta do Cerlalc deve ser entendida como um conjunto de recomendações a serem adaptadas às condições específicas dos países. Contudo, é indispensável atingir um mínimo comum de indicadores que permitam comparar a situação nos vários países, mediante perguntas feitas de forma similar e apoiadas em estudos realizados sincronicamente, sempre que possível. O mapa da medição dessa forma adquire rosto.

Na última década realizaram-se estudos em 20 países da região, e de maneira periódica, como no caso do Brasil. E é justamente nos últimos estudos que nos apoiamos para elaborar análise comparativa da terceira edição da pesquisa Retratos da leitura no Brasil, similar ao que já fizemos em 2008, atendendo convite do Instituto Pró-Livro e pela Câmara Brasileira do Livro.

Os resultados que se apresentam possuem cifras de comportamento leitor no Brasil, e em outros dez países: Argentina, Colômbia, Chile, Espanha, México, Peru, Portugal, República Dominicana, Uruguai e Venezuela. Os anos de referência não são comuns devido ao fato de as medições terem sido realizadas em épocas diferentes, embora na mesma década. A elaboração das perguntas e as maneiras de estabelecer categorias para a análise não foram iguais em todos os países, embora permitam uma aproximação comparativa do comportamento leitor na região[1].

---

1. As fontes de informação são:
Argentina: O Sistema Nacional de Consumos Culturais 2006 (Secretaria de Meios de Comunicação Chefia do Gabinete de Ministros Presidência da Nação).

Leitores e "não-leitores"

O primeiro item a ser observado, a partir dos resultados das pesquisas, é a alta proporção de "não-leitores" de livros existentes na região. Cerca da metade da população (a partir da expansão das amostras utilizadas) se declara como "não-leitora". Na América Latina, o menor percentual de "não-leitores" registrado pelas pesquisas é do Chile, que em 2011 apresentava 20% deles. No Brasil e Venezuela esse percentual é de 50%, na Argentina 45% e na Colômbia 44%. Na Espanha, a população acima dos 14 anos "não-leitora" representa 39% do total. É indubitável que as políticas públicas para o fomento da leitura devem identificar muito bem os grupos populacionais nos quais se encontram os "não-leitores", com o intuito de estruturar ações, incorporando esses grupos aos que são leitores. Uma boa parte dos primeiros se localiza nos grupos de pessoas idosas e nas zonas rurais.

Motivação para ler

A atualização cultural e a leitura pelo prazer é a motivação de maior importância nos países analisados, quando são pesquisados os motivos do hábito leitor. O prazer pela leitura é a diferença característica entre um leitor habitual e um leitor esporádico: a Espanha registra que 86% leem por esse motivo, a Argentina 70% e o Brasil, 49%. Brasil, Portugal, Venezuela, México e Chile são países nos quais a leitura com propósito de atualização cultural e conhecimento geral, é maior. A leitura por questões acadêmicas tem peso menor nas pesquisas, especialmente no Brasil, no Chile e na Argentina.

Brasil: Retratos da leitura no Brasil 2011 (Instituto Pró-Livro).

Chile: Diagnósticos do Estado da Leitura no Chile 2011 (Conselho Nacional da Cultura, as Artes e a Universidade do Chile).

Colômbia: Hábitos de leitura e consumo de livros 2005 (Ministério da Cultura, CCL, Fundalectura e Cerlalc).

Espanha: Hábitos de leitura e compra de livros na Espanha 2011 (FGEE).

México: Pesquisa Nacional de Lectura 2006 (Conaculta)

Peru: Hábitos de leitura e cidadania informada na população peruana 2004 (Biblioteca Nacional do Peru).

Portugal: A leitura em Portugal 2007 (Ministério da Educação) e Estudo de Hábitos de Leitura e Compra de Livros 2004 (APEL).

República Dominicana: Hábitos de Leitura e Atitudes del Leitor 2006 (Secretaria de Estado de Cultura).

Uruguai: Imaginários e Consumo Cultural 2009 (Ministério de Educassem e Cultura y Universidade do República).

Venezuela: Estudo de comportamento leitor, acceso ao livro e a leitura na Venezuela 2012. (CENAL).

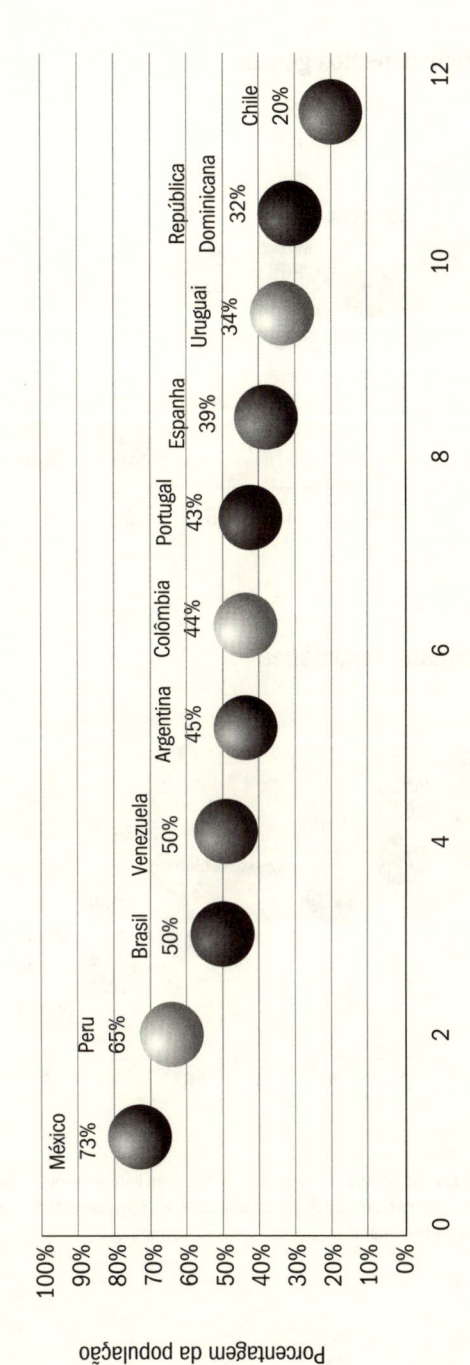

Leitores e não-leitores

Atualização cultural/conhecimentos gerais

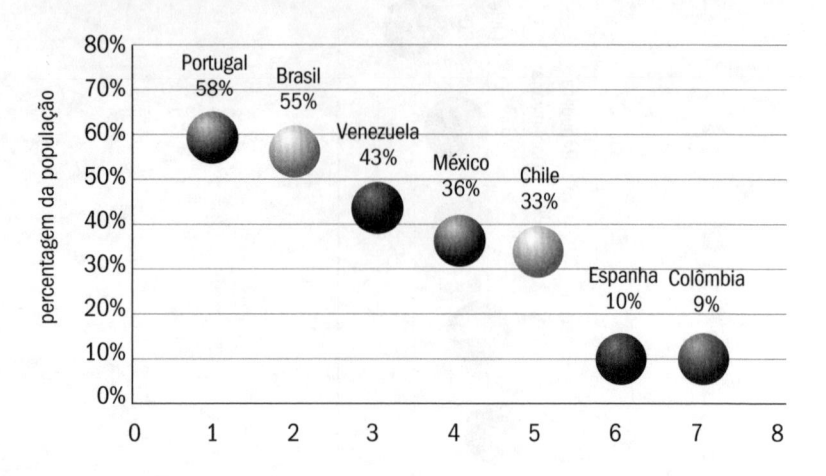

Prazer, gosto ou necessidade espontânea

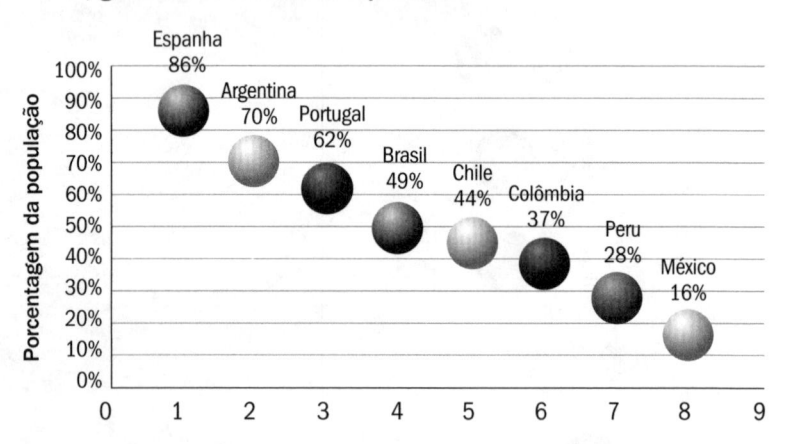

Nota: Uma pergunta na pesquisa chilena no que se refere aos "Motivos de leitura: razões pessoais", mostra que 7% da população responderam por recreação ou divertimento. Esta resposta foi utilizada pelo Cerlalc na primeira versão deste documento.

Exigência escolar ou acadêmica

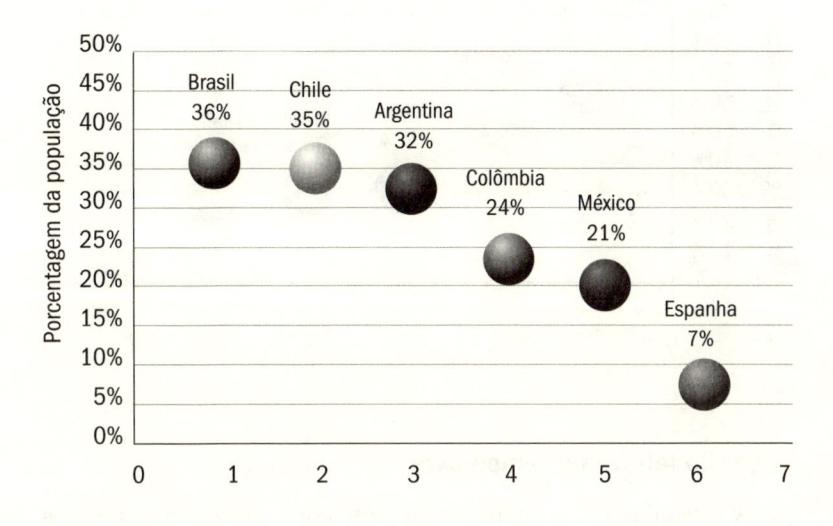

Razões para não ler

Muitas são as justificativas à falta de interesse na leitura; a predominante é a falta de tempo. É o caso dos brasileiros: 53% da população se justificaram desta forma. A seguir estão os colombianos com 43% da população. Entre os chilenos, a justificativa foi utilizada por apenas 28% dos entrevistados. 51% dos espanhóis têm o mesmo motivo para não ler.

Outra razão foi o pouco interesse pela leitura. Dos colombianos, 67% pouco se interessam; entre os chilenos são 32%. Mas somente 5% dos mexicanos expressaram a falta de interesse como justificativa para deixar de ler. É importante salientar que em quase todas as pesquisas os motivos relacionados com assuntos de dinheiro (custos, salários baixos) ou condições de acesso (infraestrutura de bibliotecas e livrarias) são pouco considerados pelas pessoas submetidas às pesquisas.

Por desinteresse/não gosta de ler

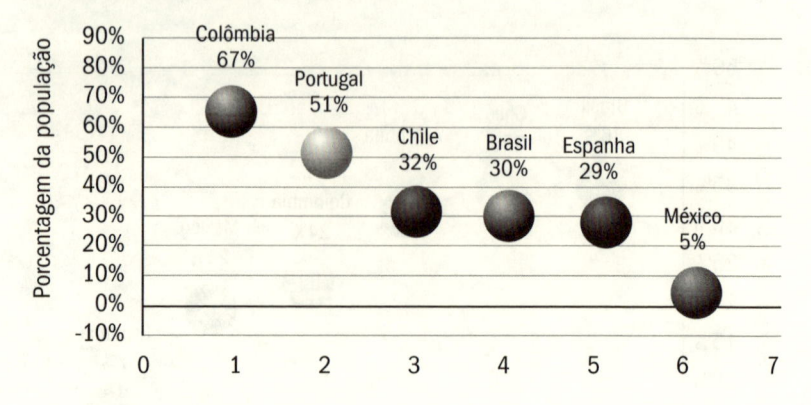

Lugar da leitura no tempo livre

A Argentina e a Espanha foram países que, ao serem analisados, registram a maior taxa de uso do tempo livre em atividades de leitura (66% na Argentina e 58% na Espanha). No Brasil, 28% dos pesquisados gostam de ler no tempo livre. No Chile, México e Uruguai a opção de leitura no tempo livre é muito reduzida. Nesses países, o mesmo tempo é utilizado em atividades relacionadas com o uso de audiovisuais.

Ler no tempo livre

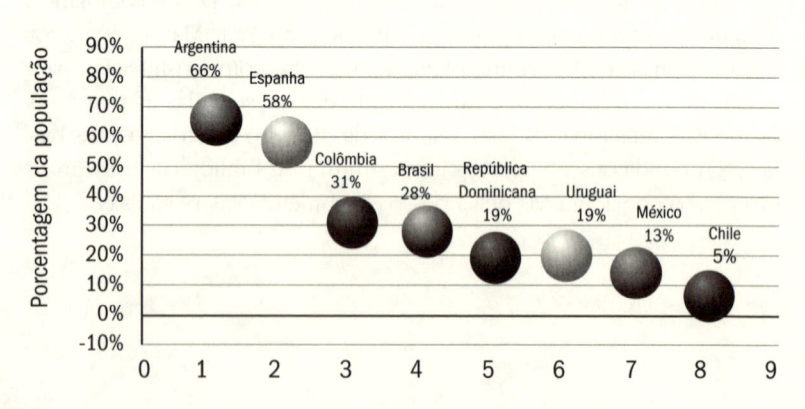

Leitura de livros e outros materiais

O índice médio de leitura de livros na população dos países estudados está em torno de 48%, com uma medição de frequência que varia de um mês a um ano. A Argentina registra o percentual mais alto (55%), seguido pelo Chile (51%) e o Uruguai (51%). Depois destes estão o México (27%) e o Peru (35%). A Espanha registrou em 2011, um índice de leitura de livros de 61%.

O índice de leitura de revistas é dominado pelo Chile, com 47% da população que as lê frequentemente, seguido do Brasil com 42% e o Uruguai com 40%. A Colômbia registrou o índice mais baixo com 26%. A Espanha apresenta um índice de 46%. Por fim, o maior consumidor de jornais é a população peruana (71%), seguido da República Dominicana (47%) e Colômbia, com 29% da população leitora. O Brasil apresenta o menor índice de leitura de jornais (15%).

Para concluir, cabe salientar o alto consumo de livros na Argentina e no Chile, onde 50% da população mostraram ler muito. No âmbito das revistas, o Chile e o Uruguai são os que apresentam maior índice de leitores, e quanto aos jornais o Peru é o destaque, em posição muito superior aos outros países e muito próximo a Portugal e Espanha que tem índices por volta dos 83% e 78%, respectivamente.

Quantos livros são lidos?

Um dos indicadores mais significativos do desenvolvimento leitor nas populações é a média de consumo de livros por ano: esse indicador para o Brasil foi de 4 livros por habitante durante o ano, embora o dado seja inferior à pesquisa anterior. O Chile e a Argentina dominam com 5,4 e 4,6 livros lidos por habitante, respectivamente. Depois do Brasil, temos a Colômbia e o México com 2,2 e 2,9 livros, em média, por habitante. A Espanha registra uma média de 10,3 livros lidos por habitante em 2011. Este indicador, sendo o que fornece melhores ideias sobre o desenvolvimento leitor dos países, deve ser devidamente analisado para entendermos os fenômenos que ocorrem e identificarmos os possíveis âmbitos nos quais as políticas públicas devem ser aplicadas.

Leitura por Livros

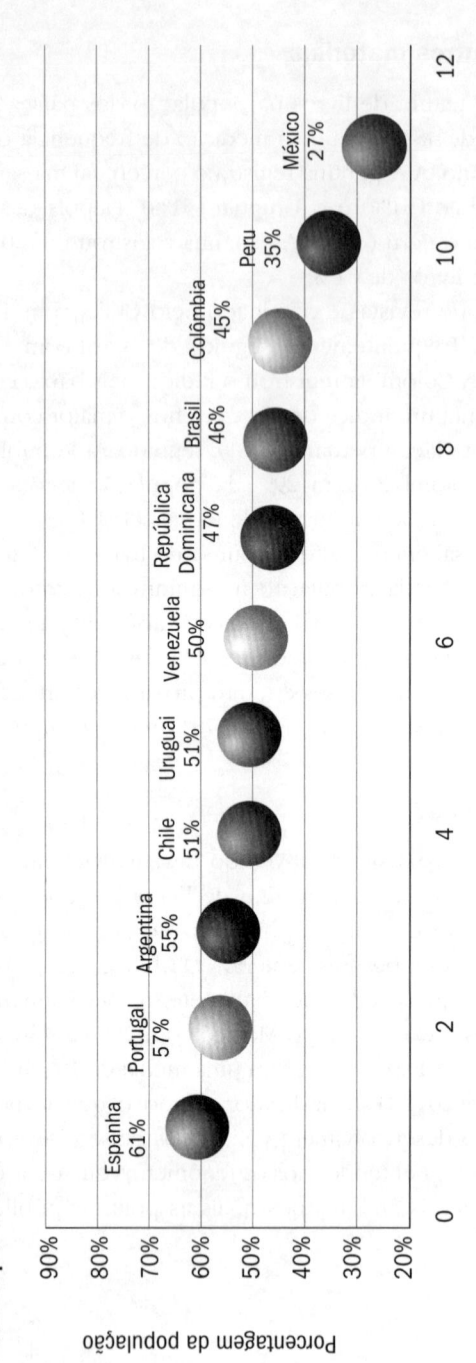

Porcentagem da população

Espanha 61%
Portugal 57%
Argentina 55%
Chile 51%
Uruguai 51%
Venezuela 50%
República Dominicana 47%
Brasil 46%
Colômbia 45%
Peru 35%
México 27%

Decompor as cifras entre os livros didáticos (livros para as escolas e os acadêmicos) e as obras de interesse geral e analisar as tendências históricas do indicador, permitirá medir o impacto de muitas políticas públicas (fornecimento de livros para as escolas e as bibliotecas públicas e escolares; geração de hábitos de leitura fora à escola, etc.).

Número de livros lidos por ano

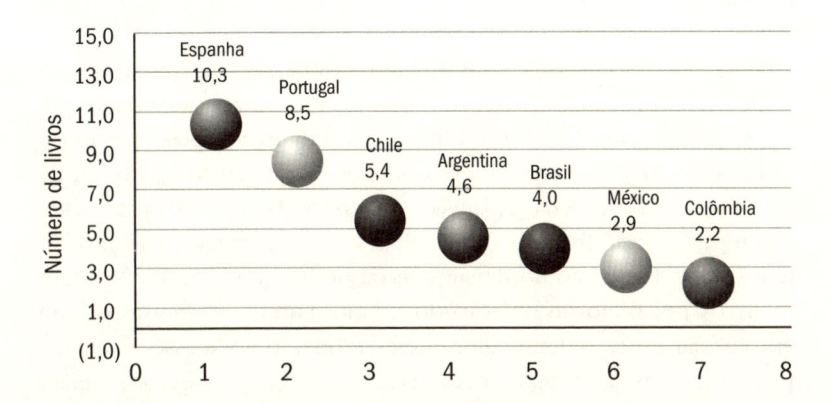

Índice de leitura de livros e quantidade de livros lidos

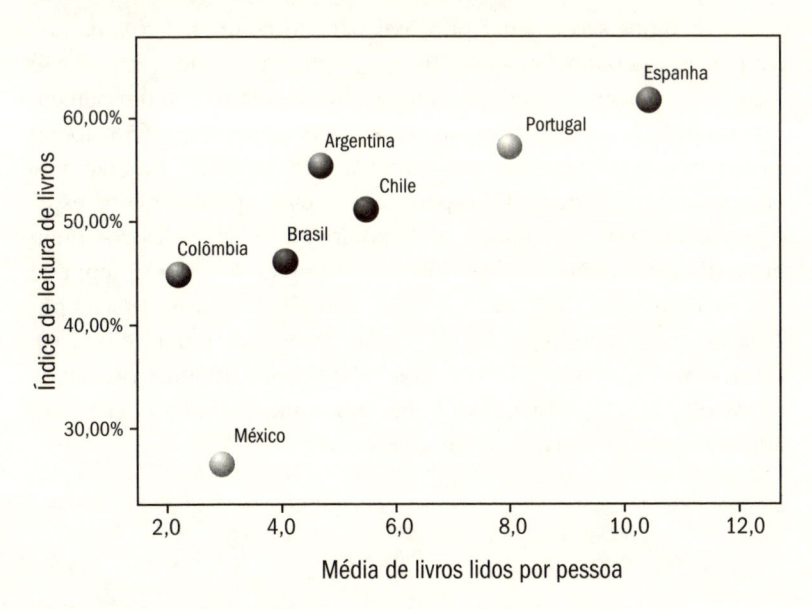

Formas de acesso aos livros

Os dados relativos a este item da pesquisa indicam que a compra predomina sobre outras formas. 59% dos mexicanos indicaram adquirir livros mediante compras. Seguem os argentinos com (56%) e os brasileiros com 48% da população leitora. O contrário ocorre no Peru, onde somente 23% da população compram livros. Na Península Ibérica, 57% dos espanhóis adquirem livros mediante compras e 47% os portugueses. Outros destaques, neste ponto, são os livros emprestados por outras pessoas, que ocorre bastante no México (36%), Uruguai (35%), Colômbia (31%) e Argentina (30%). Na Espanha, 19% da população conseguem livros emprestados por outras pessoas.

O acesso aos livros via bibliotecas tem maior peso no Brasil (26%) e no México (20%). Os livros obtidos sem custo aparecem de maneira significativa na pesquisa. Na Venezuela, 18% dos entrevistados têm recebido livros doados pelo Estado, nos quais 81% afirmam tê-los lidos. Enquanto no Brasil, 16% da população leitora, obtiveram os livros por meio de dotação do Estado. Futuras pesquisas devem aprofundar estudos com maior interesse quanto ao acesso aos livros por programas de doação, muito usados em alguns países da região.

Lugar de compra dos livros

As livrarias são o lugar principal para se comprar livros naqueles países. Aproximadamente 60% da população os adquirem nesse local. Os mexicanos, que indicaram ler livros, apontaram um percentual de 67% de aquisição nas livrarias. Os brasileiros, em 65%, foram às livrarias; e os dominicanos, em 59%. Na Colômbia, somente 45% compraram nas livrarias. Os espanhóis, em 69%, apontaram que esses estabelecimentos são o lugar onde compram e 22% deles compram em redes de livrarias. Para os chilenos o segundo lugar de compra de livros são as feiras, de acordo 27% dos leitores. No Brasil, 18% da população compram em pontos de vendas (bancas de jornais e outros), assim como na Colômbia, 10% dos colombianos adquirem os livros na escola. 24% dos espanhóis indicaram como segunda opção para adquirir livros as lojas de departamentos.

Comprados

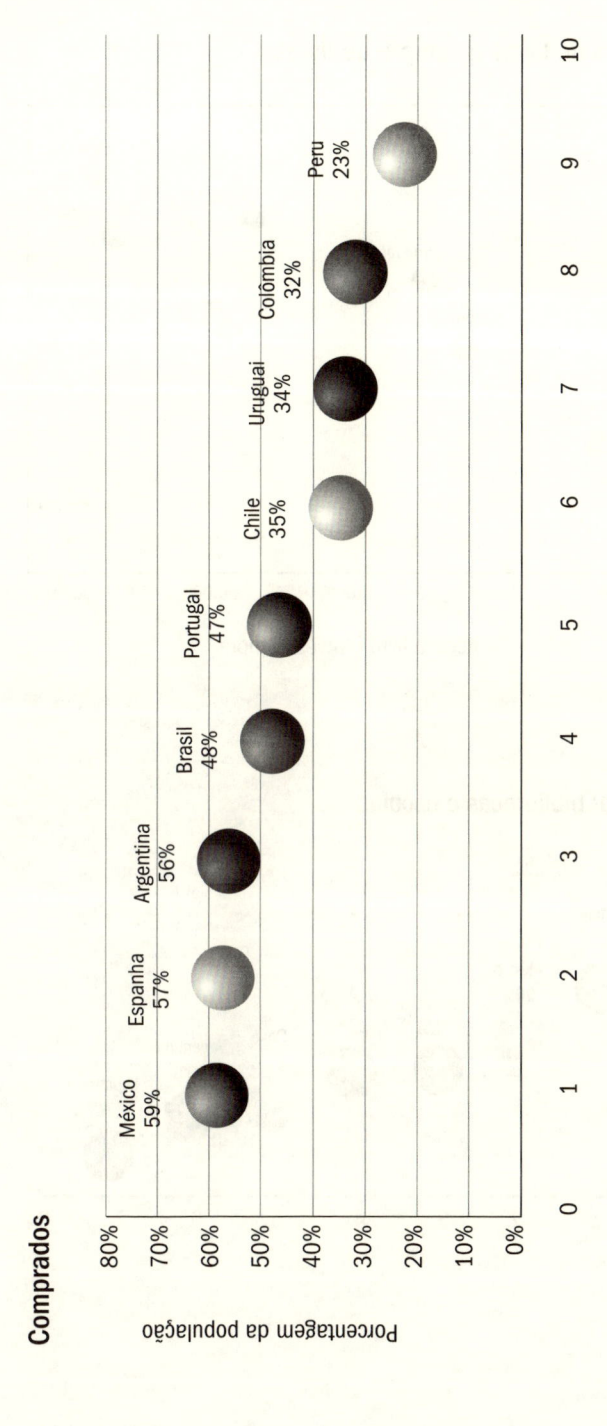

Índice de leitura de livros e compra de livros

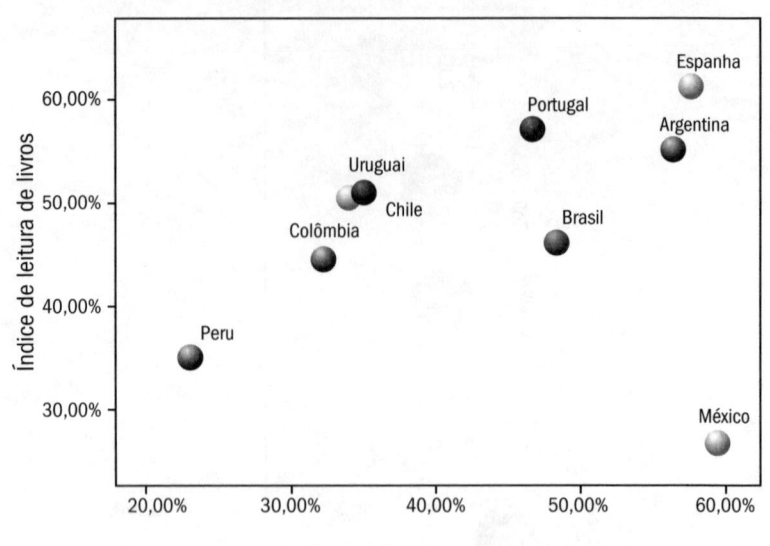

Emprestados por bibliotecas e escolas

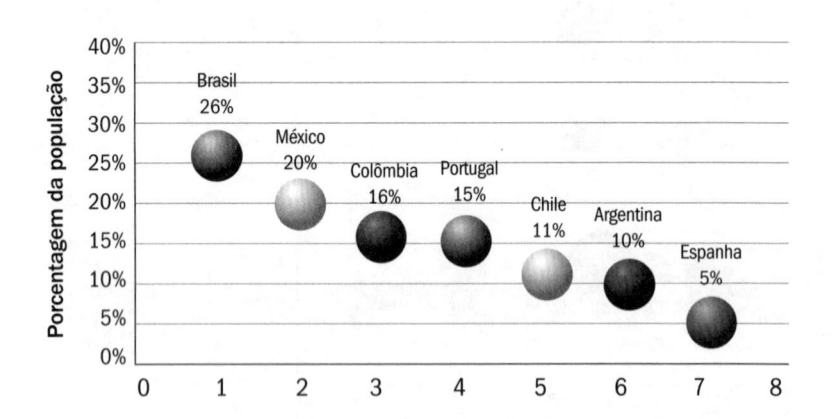

Índice de leitura de livros e acesso emprestados por bibliotecas

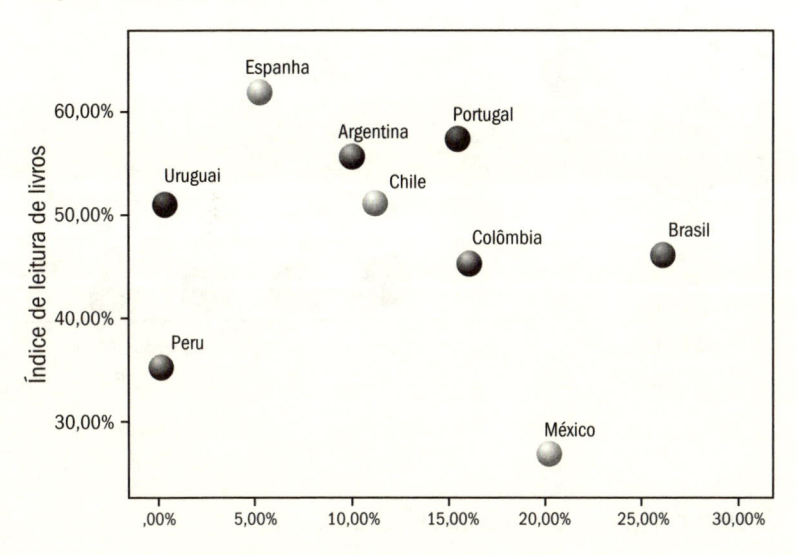

Acesso livro através compra/emprestado por bibliotecas

Livrarias

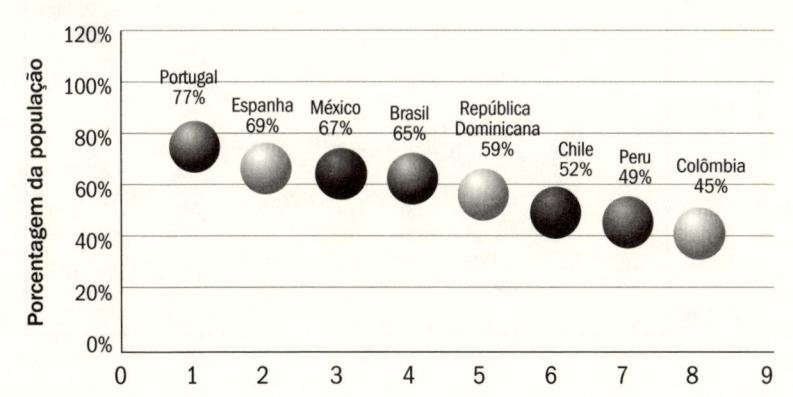

Bancas

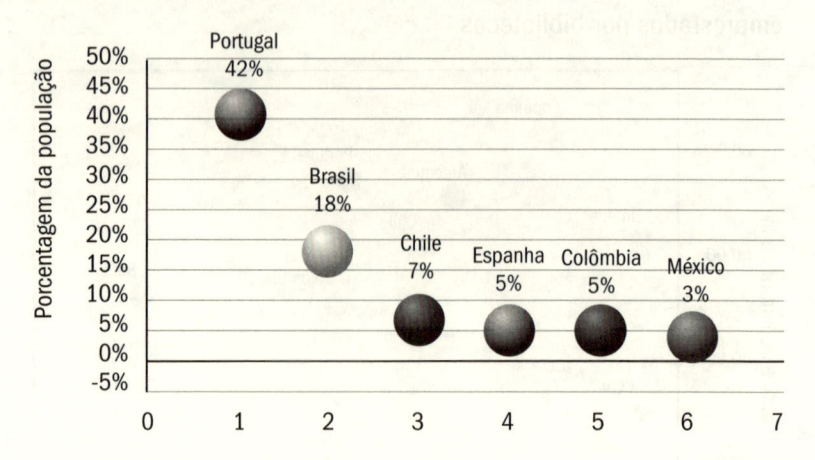

Acesso e lugar de compra de livros

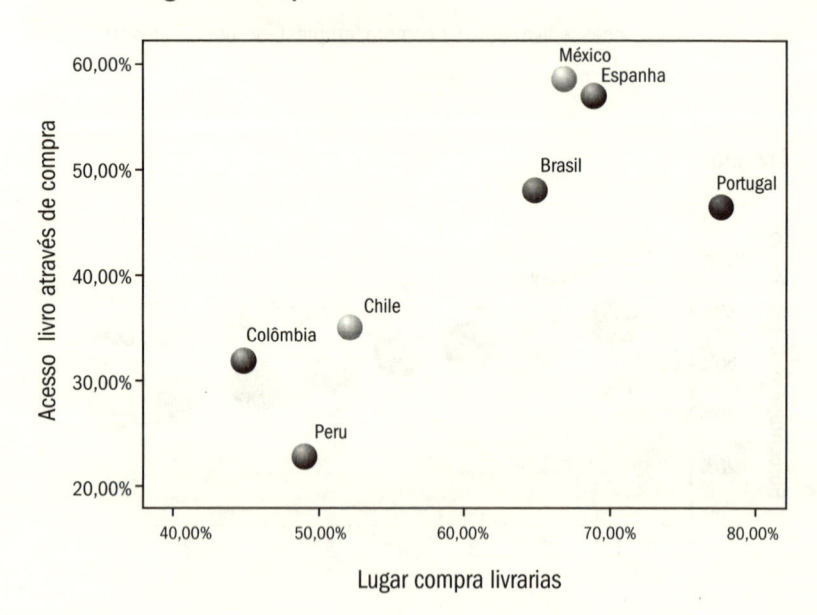

Fatores que mais influenciam a escolha de livros

O tema de um livro é o principal fator que determina a escolha na hora de comprá-lo, segundo 65% dos brasileiros e 62% dos venezuelanos. Para os colombianos isto não é importante, pois somente 36% manifestaram que o item é relevante na escolha. Contudo, para os espanhóis é muito significativo e é o principal elemento levado em conta quando escolhem, segundo 92% dos pesquisados. Outro elemento de destaque está relacionado com recomendações de outras pessoas, segundo o indicado por brasileiros e chilenos, numa média de 29%. Para os espanhóis a recomendação de livros é um fator importante para 76% dos leitores. Já na Colômbia, o motivo para se escolher um livro é a exigência escolar ou acadêmica, segundo 45% dos pesquisados.

Lugar de leitura

O lar é a primeira opção como lugar de leitura, declararam 93% dos brasileiros, e 80% dos peruanos. Os chilenos leem em casa num índice de 56%, e os colombianos em 59%. Dos espanhóis, 97%, preferem ler em casa. Em vários países da América Latina, por seu perfil leitor, a escola ou colégio está em certo grau de importância: 55% dos chilenos preferem a sala de aula para ler; o mesmo ocorre entre 47% dos mexicanos e em 33% dos brasileiros. O estudo mostra que 4% dos espanhóis usam a escola como lugar de leitura.

Em casa

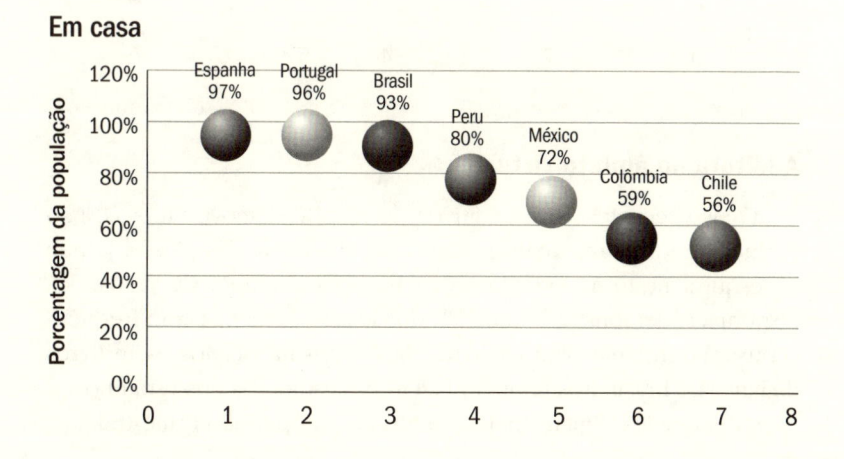

Na sala de aula

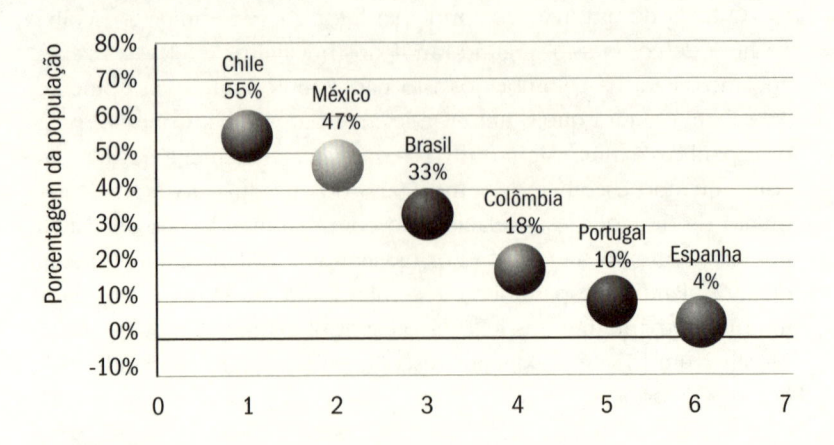

Em bibliotecas

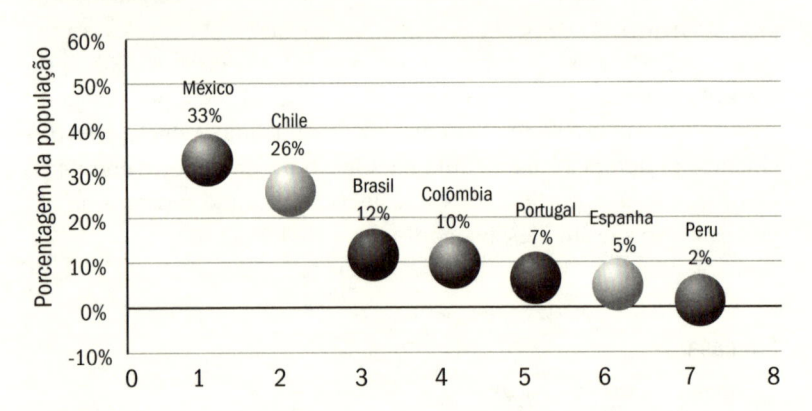

A leitura no âmbito virtual

O uso recente de dispositivos de leitura, como os *tablets*, não permite realizar uma análise minuciosa nos diferentes países, já que a pesquisa neste âmbito começou há pouco tempo. Os resultados disponíveis demonstram que 12% dos leitores chilenos com frequência usam a internet para ler livros. Já 7% dos mexicanos usam livros digitais; 4% brasileiros também fazem o mesmo. 7% dos espanhóis o fazem em meios digitais, pelos menos em um período trimestral.

Leu digitais

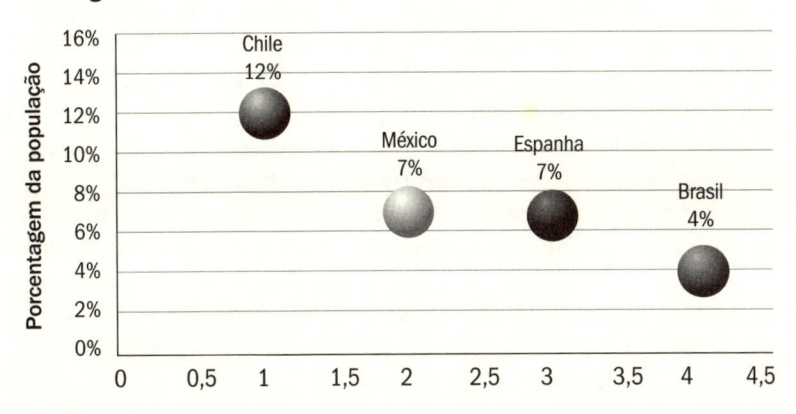

Bibliotecas

A procura a bibliotecas como uma forma de acesso ao livro é relativamente baixa entre a população leitora. Os dominicanos são os que mais frequentam, com 32%. A Espanha registrou que 28% da população leitora visitaram no último ano uma biblioteca ou um "Bibliobus", também conhecida como biblioteca itinerante. Logo em seguida vêm os peruanos e brasileiros com 24%.

Acesso a bibliotecas

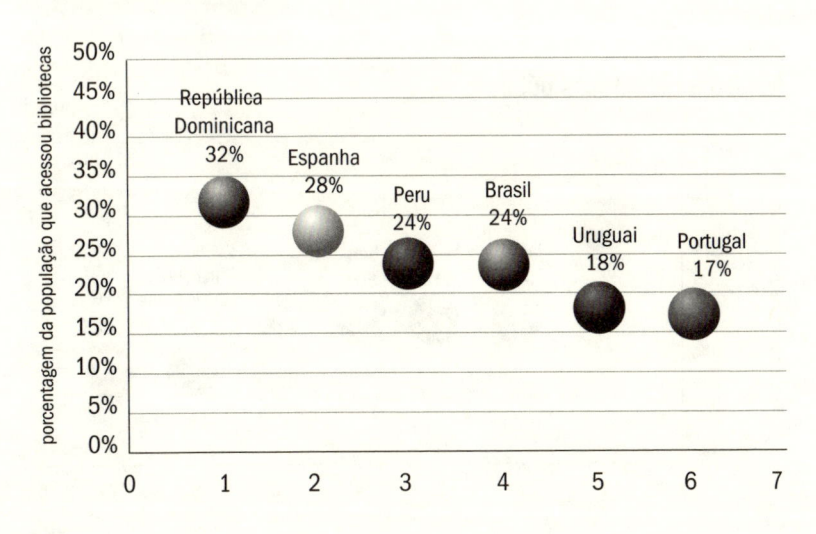

Na República Dominicana e na Espanha, 9% dos entrevistados manifestaram visitar as bibliotecas com frequência (quase todos os dias ou várias vezes por semana). De tal modo que a média da população visitou uma biblioteca esporadicamente é de 15% (pelo menos uma vez ao mês ou ao trimestre).

Dentre as bibliotecas mais frequentadas, destacam-se as escolares e universitárias. Sendo Peru e Colômbia, com visitação de 73% da população, enquanto na República Dominacana, chega aos 65% dos entrevistados. Na Espanha esse registro atinge 21% dos entrevistados. A utilização das bibliotecas públicas tem uma maior incidência no México (51%), Brasil (50%) e Colômbia (35%). A Espanha apresenta o maior indicador nesse quesito, atingindo um índice de 87% dos que recorrem às bibliotecas públicas.

Acesso a biblioteca escolar e universitária

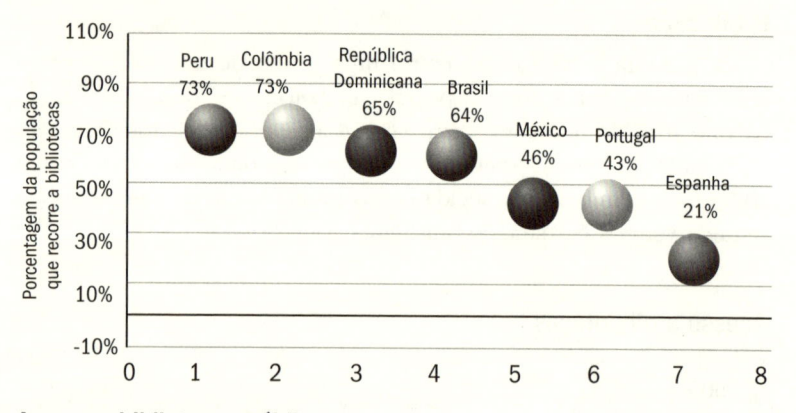

Acesso a bibliotecas públicas

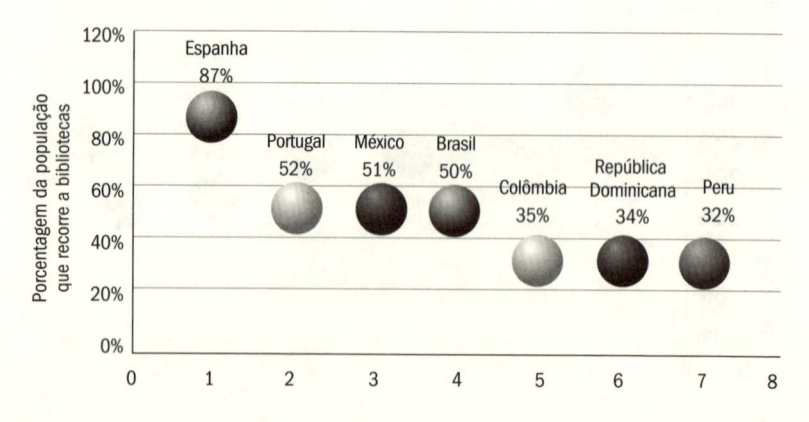

As razões pelas quais mais de 2/3 da população leitora não frequentarem bibliotecas estão relacionadas à falta de tempo, segundo 72% dos chilenos, 32% dos mexicanos e 32% dos colombianos. Outro motivo destacado é a distância das bibliotecas em relação ao lugar de trabalho ou de moradia, segundo se manifestaram 20% da população leitora do Peru, e 11% dos chilenos. Na Espanha, apenas 3% considera este motivo como uma dificuldade para frequentá-las. No entanto, quase a metade da população leitora de Peru, Colômbia e Espanha não considera necessário ter acesso ao livro através da visita às bibliotecas.

Razões para acessar às bibliotecas: sem necessidade

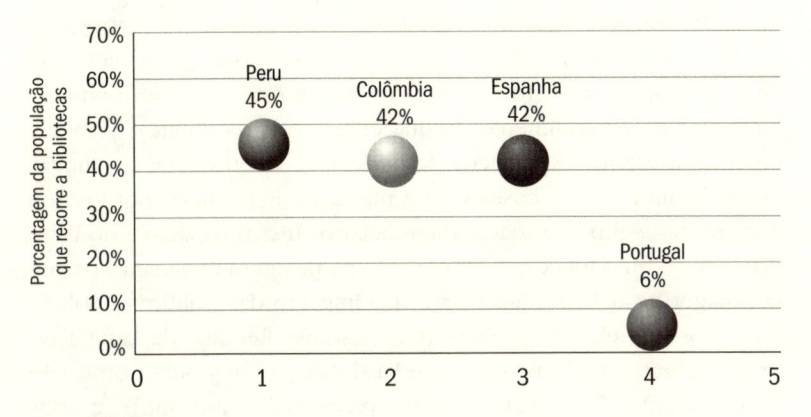

Conclusões

Uma aproximação ao perfil leitor na América Latina apresenta várias situações:

Quase a metade da população estudada, indica ser "não-leitora". A falta de tempo e o pouco interesse na leitura são as razões mais frequentes para justificar o comportamento "não-leitor". Isto confronta com os dados obtidos sobre o uso no tempo livre, que em quase todos os países analisados apontam a utilização de meios audiovisuais como a principal atividade durante o tempo livre.

As leituras por prazer e para a atualização de conhecimentos são a primeira razão que têm os leitores da região. É um fato que demonstra a necessidade de fortalecer a formação de leitores, baseados nesse interesse. A leitura como exigência acadêmica também é frequente nos estudos nacionais.

Os livros são os materiais de leitura preferidos na maioria dos países.

As livrarias continuam sendo o principal local de compra de livros. Os lares são o local de preferência para a leitura, embora nos países onde os motivos de leitura são as exigências acadêmicas, a escola e o colégio sejam os preferidos.

A leitura por meios digitais está crescendo muito, embora ainda em pequena proporção, especialmente de livros. Isto pode ser influenciado pela pouca oferta de livros por esse meio, e de um maior interesse editorial neste tipo de meio de leitura.

O número de livros lidos por ano continua sendo muito baixo. Existe uma forte correlação entre o nível de ensino e de renda, com a leitura de livros. Sem dúvida um fator importante na evolução deste indicador é o referente às políticas do Estado a respeito (entrega de livros escolares sem custo, dotação de bibliotecas e comercialização de livros por baixo custo). Deixar de analisar este indicador pode gerar vazios no entendimento do que ocorre com as políticas públicas dirigidas a grupos específicos de população (alunos, por exemplo). Construir indicadores baseados na média de livros lidos por ano ou por grupos segundo a idade, diferenciar os textos da escola do resto dos livros (como foi corretamente feito na pesquisa brasileira), permitirá diagnosticar com maior clareza o impacto das políticas públicas e roteiros que elas devem seguir. A pesquisa Retratos da Leitura no Brasil permite observar que a média de livros lidos pela população brasileira entre 5 e 17 anos é duas vezes maior que outros grupos segundo a idade.

Aproximadamente um terço da população manifesta que frequenta as bibliotecas, sendo as escolares e universitárias as mais visitadas e, em menor proporção, as bibliotecas públicas. A população que não frequenta as bibliotecas públicas tem como principal argumento a falta de tempo, a distância e a falta de necessidade ou de interesse de frequentar esse tipo de equipamento.

A cada dia aumenta a penetração dos formatos digitais e dispositivos relacionados no mundo do livro e da leitura. Neste contexto, entender o que se passa na leitura e na cabeça dos leitores da região é uma prioridade dentro das políticas educativas e culturais. A América Latina precisa reduzir as grandes desigualdades existentes no acesso ao livro, tanto nos formatos tradicionais como nos suportes digitais de leitura. A medição sistemática do que está acontecendo com os nossos leitores, em especial com crianças e jovens, fornecerá aos nossos governos as ferramentas necessárias para impulsionar as ações que possibilitarão a educadores autores, editores e outros agentes um melhor entendimento das tendências na demanda dos conteúdos editoriais.

Vale destacar a importância do trabalho que vem sendo realizado no Brasil pelo Instituto Pró-Livro com a medição do comportamento leitor. Retratos da leitura no Brasil já está em sua terceira medição neste princípio de século. Acreditamos que com este instrumento, disponível periodicamente, os agentes públicos e privados do setor podem contar com uma excelente e oportuna ferramenta para encontrar as ênfases, nuances e tendências na definição e execução de suas políticas para o livro e a leitura. Assim sendo, pensamos que nenhum dos nossos países deveria ficar fora do mapa da medição da leitura.

Bernardo Jaramillo Hoyos. Subdiretor de Produção e Circulação do Livro do Centro Regional para o Fomento do Livro na América Latina e o Caribe, Cerlalc.Tem ampla experiência como consultor internacional na área das Indústrias Culturais, com especial ênfase na indústria editorial e outras publicações sobre o tema. Foi diretor executivo da Confederação Latino-americana de Indústrias Gráficas e Vice-presidente da Associação Colombiana de Indústrias Gráficas. Foi diretor executivo do Instituto para a Formação e o Desenvolvimento Tecnológico da Indústria Gráfica. Por mais de dez anos está ligado como consultor externo do Cerlalc.

Lenin Monak Salinas. Economista pela Universidade Nacional de Colombia e Pós-Graduação em Estatística Aplicada. Foi diretor do Departamento de Estudos e Investigações Econômicas de Andigraf; colunista da "Revista Artes Gráficas" e da "Revista Tecnología del Plástico; Temático Econômico del Departamento Administrativo Nacional de Estadísticas de Colombia, DANE"; Catedrático pela Universidade Jorge Tadeo Lozano de Bogotá – Colombia. Atualmente trabalha como Professional Especializado de Estudos e Estatísticas da Subdireção de Estudos e Formação do Cerlalc.

Por uma leitura dos "retratos" – desafios para o desenvolvimento social da América Latina

Fabiano dos Santos Piúba

Buscando as perguntas

> *Leer alienta más dudas que certezas.*
> Juan Domingo Argüelles – *Estás leyendo... e no lees?*

As perguntas nos fazem caminhar mais do que as respostas. Partimos dessa premissa e este artigo será permeado – ao longo de suas poucas páginas – por perguntas e provocações que podem nos instigar a reflexão e nos levar à ação em torno da temática da leitura. Sendo assim, de imediato lançamos a primeira pergunta: qual o sentido de um estudo como esse do Instituto Pró-Livro?

Como uma pergunta nos leva a outras, disparo um leque para essa reflexão. Qual a razão dos Retratos da leitura no Brasil? Qual a sua necessidade e a quem interessa um estudo dessa natureza? Está voltado aos interesses dos produtores, criadores, consumidores de livros, gestores públicos? Serve apenas de revelação de um mapa de tendências para que o mercado editorial possa planejar melhor sua intervenção econômica? Ou esse estudo é também um mecanismo importante para que os gestores possam avaliar e qualificar suas políticas públicas?

Recordo que ao final de nossa fala no seminário de apresentação dos resultados do estudo em março de 2012 na cidade de Brasília, sugerimos aos representantes dos Ministérios da Cultura e da Educação que fizessem uma leitura dos Retratos da leitura no Brasil. Nossa proposta não se tratava de um mero jogo de palavras com os representantes institucionais que manejam o Plano Nacional de Livro e Leitura. Estávamos estimulando-os a realizarem uma interpretação política e institucional, apontando críticas. Em que medida esse estudo poderia impactar os rumos dos programas e investimentos na democratização do acesso ao livro, formação de leitores, valorização da leitura e da literatura, bem como no fomento da economia do livro, que formam os eixos do Plano Nacional de Livro e Leitura?

Nessa perspectiva, as perguntas que lançamos no limiar deste artigo servem também como uma retomada daquela provocação lançada aos Ministérios, desenhando agora uma espécie de roteiro para a leitura possível dos Retratos da leitura no Brasil. Por outro lado, não é nossa intenção percorrer todas as variáveis do estudo de maneira linear e sistemática. Vamos nos enveredar de maneira aleatória pelos aspectos relacionados ao tema das formas de acesso aos livros – como nos foi solicitado – fazendo intersecções com outras variáveis como motivações para ler, razões para não ler, lugares de leitura, proporção de leitores e de não-leitores e, claro, número de livros lidos ao ano, embora esta não seja a pergunta/resposta mais importante. Sendo assim, aproveitamos para pleitear de pronto as perguntas centrais: qual a relação de um indicador dessa natureza com outros de medição de impactos sociais, educacionais, culturais e de desenvolvimento integral? Noutras palavras, como os estudos de indicadores de comportamento leitor e de leitura estão ou podem ser relacionados aos indicadores de desenvolvimento? Quais são, por exemplo, os pontos de interseção com indicadores como Programa de Avaliação Internacional de Estudantes (PISA), Índice de Desenvolvimento Humano (IDH), Programa das Nações Unidas para o Desenvolvimento (PNUD) ou com os Índices de Educação Básica - IDEB? E, a grande pergunta: em que medida os estudos de indicadores de leitura e de comportamento leitor podem ser decisivos no apontamento de problemas e de alternativas para qualificação das políticas de bem-estar social e de desenvolvimento de um país, de um estado, de uma cidade, de uma localidade, de uma comunidade?

O direito à leitura

> "Assim como não é possível haver equilíbrio psíquico sem o sonho durante o sono, talvez não haja equilíbrio social sem a literatura. Deste modo, ela é fator indispensável de humanização e, sendo assim, confirma o homem na sua humanidade. (...) Ora, se ninguém pode passar vinte e quatro horas sem mergulhar no universo da ficção e da poesia, a literatura concebida no sentido amplo a que me referi parece corresponder a uma necessidade universal, que precisa ser satisfeita e cuja satisfação constitui um direito".

> Antonio Candido – *O direito à literatura*

> "A leitura, cito novamente a Emilia Ferreiro, é um direito, não é um luxo, nem uma obrigação. Não é um luxo das elites que possa

ser associado ao prazer e à recreação, tampouco uma obrigação imposta pela escola. É um direito de todos que, além disso, permite o exercício pleno da democracia".

Silvia Castrillón – O direito de ler e de escrever

Podemos incorporar as palavras de Antonio Candido e de Silvia Castrillón como premissas e afirmar que o limiar de qualquer política cultural e educacional é estabelecer o acesso aos bens e serviços como um direito básico do cidadão. Sendo assim, o direito à leitura não é um luxo, como bem reafirma a bibliotecária colombiana, mas um direito histórico e cultural. Nessa mesma linha de raciocínio podemos ampliar o pensamento e afirmar a leitura também como um direito humano, imbricando leitura/literatura como *fatores indispensáveis de humanização*, no sentido que defende o mestre Antonio Candido.

Se compreendermos a leitura como um *direito humano que permite o exercício pleno da democracia*, podemos dizer que se trata de um direito de cidadania. Nessa mesma linha está a compreensão de que a leitura – além de um bem individual e uma conquista íntima – é também uma prática social que pode ser inibida ou favorecida. Daí a velha afirmativa da importância de políticas públicas que promovam a leitura e fomentem a economia criativa do livro na formação de leitores. No entanto, devemos ficar atentos ao que assinala o escritor e ensaísta mexicano, Juan Domingo Argüelles:

> "El propósito del fomento y la promoción de la lectura no puede ser únicamente el voluntarismo de hacer "mejores lectores" desde el punto de vista técnico. Ser simples consumidores y en casos extremos consumistas de libros no es un ideal que me parezca muy recomendable, ello a despecho de las conveniencias de editores, agentes literarios, distribuidores, libreros y, por supuesto, autores. Lo que se fortalece o se construye con la lectura es ciudadanía: una ciudadanía, por cierto, más apta, más inteligente, más consciente de su realidad, más plena en sus capacidades y aptitudes frente a muchas cosas, incluso frente a los libros, fetiches hoy por hoy, y desde hace varios siglos, pero en realidad simples instrumentos. Lo importante no ES el libro, sino su contenido; lo importante no es que esté en papel, sino su potencia, y lo más importante es lo que nosotros, lectores, hacemos con los libros."[2]

---

2. Juan Domingo Argüelles. *Sociedad, realidade y lectura*. Ciudad de México:

Essa compreensão é fundamental para termos em conta que a figura central de qualquer política pública – nessa visão da leitura como direito humano e de cidadania – deve ser o leitor. Aliás, o leitor é aquele que atribui sentido ao mundo com sua experiência de leitura. O poeta Carlos Drummond de Andrade já traduziu esse sentido de maneira primorosa nos versos do poema "Infância", quando descobre – depois daquela prazerosa leitura infindável – que sua "história era mais bonita que a de Robinson Crusoé". Lemos para compreender e darmos sentido ao que somos ou ao que vislumbramos na vida e no mundo. Percebemos que estamos aqui pensando em outro tipo de relação com a leitura, que vai muito além do consumo do livro, de quantos livros compramos ou lemos ao longo de um ano. Estamos enfatizando uma abordagem que tem sua força na figura do sujeito leitor. Daquilo do que somos capazes de fazer com esse objeto-livro, seja numa perspectiva íntima ou social, seja numa postura de puro prazer, fruição ou aprimoramento de nosso exercício pleno de cidadania. Porque, como bem coloca Juan Domingo Argüelles, *o que se fortalece ou se constrói com a leitura é a cidadania*. Devemos deixar isso muito bem claro. Afinal, estamos tratando de um país, no qual os índices de leitura e os níveis de compreensão leitora ainda são baixíssimos. Daí a defesa de que o acesso ao livro e a formação leitora seja um direito básico de cidadania, de inclusão social e de desenvolvimento.

Leitura e desenvolvimento

Temos uma dívida social histórica com a leitura no Brasil. Nossos indicadores educacionais e culturais nessa área, embora venham sendo melhorados a cada ano, revelam o quanto ainda temos que ca-

Milênio, 12/10/2011. In: http://www.milenio.com/cdb/doc/impreso/9076846. Tradução livre do editor: o propósito do desenvolvimento e da promoção da leitura não pode ser apenas uma vontade de se fazer "melhores leitores" do ponto de vista técnico. Ser meros consumidores, e nos casos extremos, consumistas de livro, não é um ideal que me parece muito recomendável, apesar da conveniência de editores, agentes literários, distribuidores, livreiros e, claro, autores. O que se fortalece ou se constrói com a leitura é a cidadania: a cidadania certamente mais capaz, mais inteligente, mais consciente de sua realidade, mais plena em suas capacidades e habilidades em relação a muitas coisas, até mesmo aos livros, fetiches hoje, e durante muitos séculos, mas na realidade meros instrumentos. O importante não é o livro, mas o seu conteúdo, o que importa não é o que está no papel, mas seu poder, e o mais importante é o que nós, leitores, fazemos com os livros.

minhar. As estatísticas nacionais quanto à leitura indicam que os brasileiros leem pouco e que a compreensão leitora de nossas crianças, jovens e adultos revela enormes dificuldades em relação à análise, interpretação e produção de textos. Diante desse quadro, podemos dizer que não podemos mais pensar em desenvolvimento sem trabalharmos a dimensão estratégica da cultura e o direito ao livro e à leitura como direitos básicos de cidadania e de formação.

Já se tornou célebre a frase cunhada por Monteiro Lobato: "um país se faz com homens e livros". Tal frase nos revela não apenas o poder transformador da palavra, mas uma visão ampla de política pública na qual o desenvolvimento de uma nação passa, necessariamente, pelo campo da leitura. Podemos ampliar a frase e dizer que um país se faz com homens, mulheres, jovens, crianças, com livros, literatura, leitura e bibliotecas. Um país se faz com leitura. Nessa perspectiva, afirmamos que um país se faz com leitores capazes de compreender socialmente sua condição, desafios, soluções e alternativas para a construção de um país justo, sustentável e democrático. Nesse campo, a cultura e a educação assumem um papel estratégico na formulação e execução das políticas públicas fundadas no acesso ao livro e a formação de leitores como ações de cidadania, inclusão e desenvolvimento.

Não há mais espaço para as políticas públicas sem que sejam considerados a capacidade humana de simbolizar o mundo e o papel da cultura na vida política e social. Noutras palavras: a defesa da leitura e da cultura como vetores estratégicos e como dimensões fundamentais para o desenvolvimento social, econômico, humano e sustentável.

Nesse sentido, não podemos nos deter apenas nos números que o estudo "Retratos da Leitura do Brasil" aponta. Eles sozinhos podem nos dizer muito pouco. Não podemos raciocinar apenas com esses números dissociados de outros indicadores sociais, educacionais e culturais. Como estamos fazendo a defesa da leitura como um direito básico de cidadania, torna-se urgente aferimos a relação dos índices de leitura com os indicadores de desenvolvimento e de bem-estar social.

Que relevância tem sabermos que lemos em média 4 livros ao ano e que a metade da população brasileira é formada de não-leitores? Que a média de livros lidos nos últimos três meses são de apenas 1,85 no total e, que destes, praticamente a metade foi de indicação escolar e, o mais triste, que apenas 0,82 conseguiram ler um livro inteiro? Que a leitura no imaginário dos brasileiros ocupa a 7ª posição, com 28%, distante da TV que ocupa 85% do tempo livre das pessoas entrevistadas?

Que a leitura significa fonte de conhecimento para 64% dos entrevistados? Que os livros de poesia ocupam a 7ª posição nos gêneros lidos com 20% da preferência, enquanto a Bíblia – um livro que poucos leem – ocupa o 1º lugar com 42%, seguida dos livros didáticos com 32% e o romance com 31%? Que 78% dos entrevistados não leem por falta de interesse – seja por falta de tempo, porque não gostam de ler, porque preferem outras atividades ou porque simplesmente não têm paciência? Que 55% dos que leem são motivados pela atualização de conhecimentos gerais? Que os professores e as mães são os maiores influenciadores para formação de leitores, com 45% e 43% respectivamente? Que 63% dos que são identificados como não-leitores nunca viram a mãe e muito menos o pai lendo? Que a principal forma de acesso são os livros comprados em livrarias para 48% dos leitores, seguido de empréstimos com pessoas amigas (30%), enquanto que apenas 26% das pessoas entrevistadas dizem fazer empréstimos nas bibliotecas públicas ou na escola? Que embora 67% saibam da existência da biblioteca pública em sua cidade e mesmo sendo de fácil acesso, 75% não a frequentam cotidianamente, e que para 33% dos entrevistados nada, absolutamente nada, lhes fariam frequentar uma biblioteca?

Poderíamos ficar debulhando esse rosário de lamentações, tentando encontrar respostas ou alternativas, mas creio que não é o caso nem a nossa proposta. Imagino que outros autores que também assinam textos neste livro tenham feito alguns recortes específicos em suas análises, partindo das variáveis que o estudo nos apresenta. Mas não podemos nos furtar de pensar em algumas alternativas. Nas considerações finais da apresentação do estudo Retratos da leitura no Brasil, seus organizadores escrevem que "como nas edições anteriores, a pesquisa confirma as principais correlações com a leitura: escolaridade, classe social e ambiente familiar. Quanto mais escolaridade ou mais rico é o entrevistado, maior é a penetração da leitura e a média de livros lidos nos últimos três meses". Percebemos, assim, que a leitura está vinculada ao período de escolarização, ao poder aquisitivo e ao ambiente favorável ou não para a formação leitora no seio da família. Sabemos também que os três ambientes vitais para a formação de leitores são a escola, a família e a biblioteca. Daí a importância de programas que, ao mesmo tempo possam fortalecer a leitura na escola para além do instrumental e funcional e promover a criação de ambientes favoráveis para ela dentro das casas, no seio das famílias, para que pais e filhos compartilhem a experiência da leitura em suas vidas como possibilidades de transformação. Sabemos que um ambiente favorável para a formação de leitores na família pode impactar diretamente na melhoria do rendimento e da aprendizagem nas escolas das crianças e jovens atendidos por programas afins. Ou seja, o papel do ambiente familiar no desempenho da leitura é fundamental. No tocante às bibliotecas públicas como um terceiro ambiente vital para a formação de leitores, revela-se urgente a necessidade da implantação de programas voltados para a dinamização social por meio de atividades artísticas e culturais, bem como de mediação de leitura e de extensão comunitária, compreendendo a biblioteca com um dínamo cultural e social, algo que vai além de depósitos de livros.

No que se refere à escola, a pesquisa Retratos da leitura no Brasil nos revela que a penetração média de leitura por iniciativa própria aumenta de acordo com escolaridade, partindo de 30% no 4º ano até atingir a média de 65% entre os alunos de ensino superior. Mas quando associamos essa variável à penetração de livros por idade, percebemos que quanto maior é a idade, mais a pessoa se distancia da leitura. Temos um ápice com média de 44% de leitura de livros lidos por iniciativa própria entre 18 e 40 anos, que vai perdendo fôlego com o passar dos anos. Podemos constatar também que esse é o período em que a escolaridade ainda tem uma presença marcante em suas vidas, seja na escola ou na faculdade. Isso implica numa constatação de que a escola não está conseguindo formar leitores para a vida inteira. Ela tem conseguido, no máximo, garantir uma leitura vinculada aos assuntos relacionados aos estudos, conjugados com leituras por iniciativa própria que vai se esvaecendo.

Por outro lado, creio ser fundamental a relação com outros indicadores de educação básica ou de competências leitoras, sejam os indicadores nacionais como SAEB (Sistema de Avaliação da Educação Básica) ou internacionais como o PISA (Programa de Avaliação Internacional de Estudantes). O fato é que se torna fundamental uma relação entre esses tipos de dados. Tomemos como exemplo a medição de 2011 da Prova ABC (Avaliação Brasileira do Final do Ciclo de Alfabetização)[3].

---

3. A avaliação foi feita a partir de uma parceria do Todos Pela Educação com o Instituto Paulo Montenegro/Ibope, a Fundação Cesgranrio e o Instituto Nacional de Estudos e Pesquisas Educacionais Anísio Teixeira (Inep). As provas foram aplicadas no primeiro semestre de 2011 a cerca de 6 mil alunos de escolas municipais, estaduais e particulares de todas as capitais do país.

Seus resultados nos revelam que 56,1% dos estudantes aprenderam o que era esperado em leitura para essa etapa, que equivale ao 3° Ano. Mas se olharmos por outro ângulo, constatamos um número trágico, ou seja, 43,9% de nossas crianças nessa fase, não conseguiram atingir as competências esperadas em leitura. De cada 100 crianças, 44 não conseguem identificar temas de uma narrativa, localizar informações explícitas, identificar características de personagens dos textos literários nem perceberem relações de causa e efeito contidos nas narrativas apresentadas nessas avaliações. É quase metade de uma sala de aula. Se fizermos uma relação entre os dados da Prova ABC com a penetração e média de livros lidos nos últimos três meses até o 4° ano do ensino fundamental da pesquisa Retratos da leitura no Brasil, vamos perceber que apenas 21% das crianças leem um livro inteiro e somente 30% o fazem por iniciativa própria. Diante disso, que analogias, comparações ou cruzamentos de variáveis os especialistas em estatísticas e indicadores educacionais podem estabelecer entre essas duas pesquisas? Que variáveis podem fazer sentido para a orientação pedagógica na qualificação da aprendizagem de alfabetização e de competências leitoras?

Ainda não temos as respostas. Mas deixamos o desafio para os especialistas e gestores públicos. O fato é que, como afirmamos antes, os números de Retratos da leitura no Brasil por si só, podem nos dizer muito pouco. Daí a proposta de cruzamentos com outros indicadores, como esses, de cunho mais educacional.

O mesmo vale para indicadores de cunho social. Como os resultados de Retratos da leitura no Brasil podem estar relacionados, por exemplo, com o IDH (Índice de Desenvolvimento Humano)? Sabemos que o IDH é uma medida comparativa usada para classificar os países pelo seu grau de desenvolvimento humano e para separá-los em altos, médios e em baixos níveis. Para estabelecer essa avaliação, o IDH usa os seguintes índices como critérios: Expectativa de Vida ao Nascer; Índice de Educação (taxas de alfabetização e de escolarização); Índice de Anos Médios de Estudo; Índice de Anos Esperados de Escolaridade; e Renda (PIB *per capita*). Tendo como base esses índices próprios do IDH, como podemos estabelecer uma analogia com as variáveis relacionadas ao perfil dos leitores e dos não-leitores no que se referem ao seu poder aquisitivo, a sua classe social e aos níveis de escolaridade como são apresentadas pelo estudo Retratos da leitura no Brasil? Novamente, fica a provocação para os especialistas e gestores públicos.

Nessa mesma linha de raciocínio, no capítulo do "Acesso aos Livros", sobretudo no tocante à temática das Bibliotecas, seria interessante que o Ministério da Cultura pudesse fazer uma análise comparativa entre os resultados apresentados pelo estudo Retratos da leitura no Brasil com o "I Censo Nacional das Bibliotecas Públicas Municipais", realizado em 2009/10 pela Diretoria de Livro, Leitura e Literatura do Ministério da Cultura com o Sistema Nacional de Bibliotecas Públicas da Fundação Biblioteca Nacional. Os resultados da Retratos da leitura no Brasil nos revelam, por exemplo, que 67% dos entrevistados sabem da existência da biblioteca em sua cidade; que a biblioteca representa um lugar de estudo para 71%; que apenas 16% a veem como um lugar voltado para todas as pessoas e um número ínfimo de 2% como um lugar para ouvir músicas, ver filmes, ver uma exposição ou participar de algum concerto. Além daquele dado, já mencionado neste artigo, de que para 33% das pessoas entrevistadas, nada lhes fariam frequentar uma biblioteca. Dentre as variáveis mais críticas apontadas pelo referido Censo, podemos destacar: a situação do acervo (apenas 25% possuem acima de 10 mil/maioria entre 2 mil {13%} e até 5 mil {35%}); a baixa frequência dos usuários (1,9 vezes por semana); 52% dos dirigentes não têm capacitação na área; média de 4,2 funcionários por biblioteca; 44% não realizam qualquer tipo de programação cultural ou de mediação de leitura; 88% não oferecem atividades de extensão; 55% não têm acesso à internet; das que possuem internet, 71% não disponibiliza o serviço aos usuários; 91% não possuem serviços para pessoas com deficiência visual; 94% não oferecem serviços para pessoas com demais deficiências; 65% das pessoas frequentam a biblioteca apenas para a pesquisa escolar; baixos índices de biblioteca na proporção com o número de habitantes (100 mil habitantes). Seria um exercício importante para o Ministério da Cultura e a Fundação Biblioteca Nacional, o cruzamento dos números apresentados por essas duas pesquisas como instrumentos para a qualificação de suas políticas voltadas para as bibliotecas.

Diante dos quadros apresentados, podemos perceber de como a biblioteca pública, equipamento cultural mais presente nos municípios brasileiros, ainda é vista como um mero depósito de livros e destinada, quase exclusivamente, a pesquisas escolares. A percepção da biblioteca como um espaço cultural dinâmico, interativo, atraente e como ambiente de criação, fruição, produção e difusão ainda é pouco presente no imaginário tanto do gestor público como do usuário. A biblioteca pública deve ser o centro do acesso ao livro e formação leitora, onde crianças, jovens, adultos e velhos possam não apenas ter o acesso aos livros, mas estabelecerem uma relação fecunda, exploradora e prazerosa com o universo da literatura, do conhecimento e da informação por meio de variados suportes. No entanto, são poucas as bibliotecas que realizam programação cultural ou qualquer atividade de promoção da leitura e não passam de 12% aquelas que extrapolam atividades de extensão ou de promoção de acesso ao livro e à formação leitora. Nesse sentido, embora este artigo não tenha esse propósito, podemos afirmar com veemência que as políticas de qualificação para essa área devem ir muito além de implantações de bibliotecas e de compras desordenadas de livros para compor seus acervos.

Poderíamos ir mais adiante nesse exercício de comparação dos resultados da pesquisa Retratos da Leitura do Brasil com outros estudos. Mas o tempo e o espaço são limitados. Nossa intenção maior foi enfatizar a necessidade de relacionarmos os estudos de comportamento leitor com outros indicadores sociais. Para isso, o Centro Regional para o Fomento do Livro na América Latina e Caribe – Cerlalc/ Unesco, vem realizando ao longo de seus 40 anos, investigações e recomendações para os países membros do Centro, como na publicação do livro *"Metodología común para explorar y medir el comportamiento lector"*. Conforme podemos ler no marco conceitual dessa proposta, foi necessário ao Cerlalc estabelecer uma base comum de conceitos fundamentais para a elaboração desta metodologia, partindo de dois encontros organizados em Bogotá, em 2005, e em Santa Cruz de La Sierra, em 2007, com representantes dos países membros como um exercício coletivo para a construção da metodologia. Nesse sentido, como nos aponta o próprio texto: "su punto de partida fue el objetivo central Del proyecto: identificar las prácticas lectoras de los ciudadanos latinoamericanos. Esta conceptualización se orientó al diseño de una encuesta modular, lo suficientemente amplia para cubrirlos aspectos centrales de las prácticas lectoras, objeto de los programas de fomento a la lectura y lo necesariamente acotada y operativa, para construir un número manejable de indicadores"[4].

---

4. Livre tradução do editor: "Seu ponto de partida foi o objetivo central do projeto: identificar as práticas de leitura dos cidadãos latino-americanos. Esta conceituação consistia em uma pesquisa modular, grande o suficiente para cobrir os aspectos-chave de práticas de leitura, programas de fomento à leitura e limitada e operacional o bastante para construir um número razoável de indicadores"

Vale salientar aqui, que o IPL seguiu essa metodologia para a aplicação do estudo Retratos da leitura no Brasil. Outros documentos importantes nessa linha de investigação e de estudos, também publicados pelo Cerlalc são "Censo de Bibliotecas Públicas: *recomendaciones de diseño e instrumento modelo*" e "*Proyecto: Lectura, escritura y desarrollo em La sociedade de La información*" escrito por Jesús Martín-Barbero y Gemma Lluch.[5]

Cerlalc: a Mesa da Leitura e os desafios para o desenvolvimento da região

O Cerlalc está realizando como componente de seu Programa Técnico 2012-2013, o projeto "Mesa da Leitura: ler e escrever hoje". O propósito deste projeto é elaborar um documento que enunciará os principais problemas com o propósito de delinear as estratégias e os caminhos para a sua superação, bem como estabelecer roteiros de trabalho, metas e indicadores para o desenvolvimento da leitura, da escrita e de bibliotecas na região da América Latina e Caribe. Trata-se de um grande desafio na qualificação do o acesso e o exercício eficiente da leitura e da escrita em todos os suportes por parte da população. Esse projeto consiste num debate coletivo com especialistas e atores sociais que atuam no campo da leitura, bem como uma construção intergovernamental com os responsáveis pelas políticas públicas de livro, leitura e bibliotecas dos países membros do Cerlalc.

A "Mesa da Leitura" é um espaço vivo para debater importantes linhas de ações voltadas para o desenvolvimento da leitura na região, tais como o direito à leitura; a formação de leitores e seus ambientes; pais e professores como leitores; a literatura como expressão da diversidade na formação de leitores; a leitura e a cultura digital na diversidade de suportes; e indicadores de leitura e desenvolvimento social. Poderíamos aqui desenvolver essas linhas de ações. No entanto, foquemo-nos na linha de indicadores que, além de ser o tema deste nosso artigo, é também um componente próprio do projeto, que tem entre seus objetivos o desenvolvimento de uma proposta de construção de

---

5. Todas essas publicações estão também disponíveis em formato PDF que podem ser baixadas na página www.cerlalc.org.

indicadores de leitura. O objetivo é a ampliação do escopo dessa temática no âmbito dos países membros do Cerlalc e quiçá termos como resultado deste trabalho um programa ibero-americano de indicadores e desenvolvimento da leitura. E o princípio para essa construção se nutre de certa forma, das mesmas perguntas que iniciamos neste artigo, buscando relacionar o tema da leitura com outros indicadores sociais, sejam eles locais, regionais, nacionais ou internacionais. Imaginemos, por exemplo, um macroindicador social, através do qual possamos cruzar índices e variáveis do PNUD, PISA, IDH, SAEB com Retratos da leitura no Brasil ou com outros indicadores de comportamento leitor e de estatísticas de consumo cultural. A partir do qual possamos verificar algum resultado possível de medição social partir de uma triangulação cruzada entre o Coeficiente Geni de Desigualdade em Ingresso (variável PNUD), os níveis de compreensão leitora apontados pelo PISA e as variáveis de acesso reveladas em Retratos da leitura no Brasil. Fiquemos nesse exemplo, caso contrário tomaremos as páginas deste livro com possíveis diálogos entre indicadores sociais distintos.

O fato é que toda a nossa defesa consiste no desafio de inserir a leitura como vetor estratégico para o desenvolvimento humano sustentável a fim de melhorar as condições de vida das populações, sobretudo aquelas, que ainda enfrentam problemas sociais de erradicação da pobreza e de baixa qualidade nos bens e serviços de educação e de cultura. Mas para que isso não passe de mera retórica, torna-se urgente que aprimoremos nossas investigações, estudos, pesquisas de indicadores e de impactos sociais de programas voltados para a democratização do acesso ao livro e à formação de leitores. Noutras palavras, podemos formular a pergunta mais contundente até aqui: em que medida investir em leitura, significa ou garante o desenvolvimento social, econômico e sustentável de uma nação? De todas as perguntas sem soluções feitas neste artigo, esta é a que urge resposta. E que não demoremos muito. Caso contrário, continuaremos reféns da visão economicista que compreende que a noção de desenvolvimento se restringe em manter a taxa de inflação baixa e o Produto Interno Bruto *per capita* em alta. Como se essa fosse a mais perfeita adequação da prosperidade. O desenvolvimento não pode estar associado apenas a esses indicadores. Acreditamos que passa por uma série de outras variáveis e componentes. A leitura é um desses componentes. Uma dimensão visível, mensurável e vital para o desenvolvimento da humanidade.

Referências

ARGÜELLES, Juan Domingo. *Estás leyendo... e no lees?* Ciudad de México: Ediciones B, 2011.

ARGÜELLES, Juan Domingo. *Sociedad, realidade y lectura.* Ciudad de México: Milênio, 12/10/2011. In: http://www.milenio.com/cdb/doc/impreso/9076846

CANDIDO, Antonio. *Vários Escritos.* São Paulo: Duas Cidades, 1995.

CASTRILLÓN, Silvia. *O direito de ler e de escrever.* São Paulo: Editora Pulo do Gato, 2011.

Metodología común para explorar y medir el comportamento lector. Bogota: *ColeccíonLectura y Escrita / Colección Libro y Desarrollo.* Cerlalc, 2011. Disponível in: http://www.cerlalc.org/comportamiento_lector.pdf

Fabiano dos Santos Piúba. Subdiretor de Leitura, Escrita e Bibliotecas do Centro Regional para o Fomento do Livro na América Latina e Caribe – Cerlalc/Unesco. Doutor em Educação pela UFC e Mestre em História pela PUC-SP. Foi diretor da Diretoria do Livro, Leitura e Literatura do Ministério da Cultura (desde sua criação em 2009 até janeiro de 2012). Foi coordenador de Políticas de Livros e de Acervos da Secretaria de Cultura do Estado do Ceará (2005-2007). É poeta integrante do grupo Os Internos do Pátio.

PARTE II

A pesquisa Retratos da leitura no Brasil

Retratos da leitura no Brasil, promovida pelo mercado editorial, é a única pesquisa em âmbito nacional que avalia o comportamento leitor do brasileiro. A partir de um amplo diagnóstico, visa estimular novas reflexões e decisões em torno de possíveis novas intervenções com finalidade de melhorar os atuais indicadores de leitura do brasileiro.

Desde a primeira edição, em 2001, a pesquisa tornou-se referência quando se trata de índices de leitura no país. Seus resultados, amplamente divulgados, orientaram estudos, projetos e a avaliação de políticas públicas relativas ao tema.

A medição dos indicadores tanto da leitura e quanto do acesso ao livro pelos brasileiros oferece subsídios à reflexão, à avaliação e à orientação de ações efetivas de dirigentes e técnicos das áreas de educação e cultura do governo; das entidades do livro; de organizações do terceiro setor; da cadeia produtiva além de ser importante ferramenta de estudos de pesquisadores e a mídia especializada. Seus resultados tem ajudado o próprio Instituto Pró-Livro a orientar suas ações.

Conhecer o comportamento leitor do brasileiro deve constituir premissa elementar para todos os que acreditam que melhorar os indicadores de leitura e de acesso ao livro da população seja fundamental para a obtenção de melhores notas dos jovens estudantes brasileiros nas avaliações sobre educação em relação aos de outros países.

Com a terceira edição da pesquisa e a divulgação dos resultados, o IPL confirma seu compromisso promoção de estudos sobre o comportamento leitor e ações de fomento à leitura. Por meio desta já consolidada série histórica sobre indicadores de leitura, o Instituto tem ajudado a promover o debate sobre os avanços e os impasses que se revelam desde a primeira edição, realizada em 2000.

Nesses 12 anos, o conhecimento, a avaliação e a divulgação desses dados, nortearam o rumo das intervenções e investimentos da sociedade e das três instâncias do governo. Tais ações, visando o aprimoramento do acesso ao livro e o fomento as práticas de leitura, refletiram-se nos indicadores de leitura dos brasileiros. Ações que se mostraram eficazes puderam ser demonstradas e consolidadas e aquelas que não estão atingindo os resultados esperados tem sido, na medida do possível, revistas ou aperfeiçoadas. Observou-se que o trabalho daqueles que lutam para que a educação adquira condição de prioridade nacional tem sido de fundamental importância para a implantação de políticas públicas relativas à leitura no Brasil.

Assim, fomentar a ampliação deste estudo, disponibilizando os resultados dessa terceira edição a diferentes atores e segmentos da área do livro e leitura é o principal objetivo desta publicação.

Público-alvo

Esse estudo destina-se principalmente ao leitor que atua como: dirigente de ministérios e órgãos estaduais e municipais de Educação e Cultura; gestor e técnico de órgãos públicos e não-governamentais responsável por programas e projetos de leitura; dirigente e técnico da cadeia produtiva do livro e suas entidades; pesquisador, educador, bibliotecário, voluntário e agente cultural da cadeia mediadora da leitura e mídia especializada.

O Instituto Pró-Livro

O Instituto Pró-Livro – IPL foi criado no final de 2006, pelas entidades do livro – Abrelivros, Câmara Brasileira do Livro – CBL e Sindicato Nacional dos Editores de Livros – SNEL, com o objetivo principal de fomento à leitura e à difusão do livro. É mantido com recursos constituídos por contribuições dessas entidades e de editoras.

Sua criação foi uma resposta do mercado editorial a compromisso assumido entre representantes do governo e entidades do livro frente à desoneração fiscal. Mantém-se tendo como principal estratégia desenvolver ações voltadas a subsidiar ações do governo e orientar políticas públicas. Para melhor atender a essa missão foi constituída como Organização Social Civil de Interesse Público – OSCIP.

Trata-se ferramenta institucional em auxílio de especialistas das áreas de educação, cultura e produção e distribuição do livro, relativamente aos níveis de leitura da população em geral e, em particular, dos jovens, significativamente inferiores à média dos países industrializados e em desenvolvimento.

Com ambiciosa a missão de transformar o Brasil em um país de leitores, propõe-se a desenvolver suas atividades por meio da execução ou apoio de projetos e programas selecionados, desenvolvidos por outras organizações sem fins lucrativos ou órgãos públicos.

A diretoria do Instituto é composta de representantes das três entidades fundadoras.

Além da Pesquisa Retratos da leitura, o projeto mais conhecido do IPL, outros importantes marcaram sua história desde 2007, quando iniciou as atividades. O Programa "O Livro e a Leitura nos Estados e Municípios", por exemplo, foi desenvolvido em parceria com o Plano Nacional do Livro e Leitura - PNLL; MinC e MEC; para a estimular e preparar estados e municípios para a implantação de Planos do Livro e Leitura. A Campanha "Mãe Lê Pra Mim", inspirada nos resultados da 2ª edição da pesquisa, que teve grande repercussão na mídia e levou a distribuição de kits com mais de 4.000 livros para mães em comunidades carentes. Outra ação de destaque foram as instalações infantis em bienais do livro de São Paulo (Biblioteca Viva; O Livro é uma Viagem); Rio de Janeiro (Floresta de Livros) e Maceió (Túnel de Livros).

Conheça esses e outros projetos, em detalhes, acessando *www.prolivro.org.br*

Histórico

A Pesquisa Retratos da Leitura no Brasil está em sua terceira edição. Na divulgação da segunda edição, a diretoria do Instituto Pró--Livro assumiu o compromisso de promover a pesquisa a cada três anos, para o estudo da evolução e impactos das políticas públicas do livro e leitura implementadas,desde 2001, no Brasil.

1ª Edição

A primeira edição da pesquisa, realizada pela Abrelivros; CBL e SNEL com apoio da Bracelpa; lançada em 2001, foi realizada, em 2000, pelo instituto A. Franceschini Análise de Mercado, de São Paulo.

Seu objetivo básico era identificar a penetração da leitura de livros no país e o acesso a eles.

O universo estudado compreendia a população brasileira com pelo menos três anos de escolaridade e com idade de 14 anos ou mais. Em 2000, este universo representava 86 milhões de pessoas, ou 49% da população. Na ocasião, foram realizadas 5.200 entrevistas em 44 municípios brasileiros em 19 das 27 unidades da federação.

2ª Edição

Foi realizada pelo Instituto Pró-Livro com o apoio das entidades Abrelivros; CBL e SNEL. O IPL contratou o instituto Ibope Inteligência para sua aplicação, em 2007, e o consultor Galeno Amorim para coordenar a pesquisa.

Seus resultados foram apresentados em Seminário Nacional, em Brasília, em 2008, com a participação de representantes do governo, cadeia do livro, especialistas e mídia especializada.

A principal inovação em relação à 1ª edição foi a metodologia utilizada. Foi adotada metodologia desenvolvida pelo Centro Regional de Fomento ao Livro na América Latina e no Caribe (Cerlalc), da Unesco, e pela Organização dos Estados Ibero-americanos (OEI) com o propósito de orientar as pesquisas sobre leitura realizada em toda a América Latina. Essa orientação teve, por sua vez, como objetivo, buscar um padrão internacional de medição para viabilizar a comparação e permitir estudos sobre a questão da leitura nos países da região.

As principais inovações dessa edição foram a amplitude nacional e a definição da população a ser estudada que passou a considerar toda a população brasileira, a partir de 5 anos e sem requisito de anos de escolaridade. Conhecer o comportamento leitor de crianças e jovens estudantes, na faixa etária de 5 a 14 anos, foi uma inovação importante desse estudo, que pretende contribuir também com a avaliação do impacto das políticas de governo, adotadas no período.

Séries históricas

Além de estabelecer comparações e estimular o aprofundamento das investigações sobre a situação da leitura no país no período 2000-2011, a segunda e a terceira edições da pesquisa Retratos da Leitura no Brasil, apesar de pequenos ajustes, mantêm a mesma metodologia com o propósito de possibilitar análises comparativas e séries históricas sobre o comportamento leitor da população.

Com relação à primeira edição, os indicadores de leitura, em função da nova metodologia adotada no Brasil e demais países da América Latina a partir de 2007, foram apresentados, considerando a amostra de 2000 – maiores de 15 anos e 3 anos de escolaridade no mínimo (base 12 meses) – de forma a permitir uma comparação com os números apurados na segunda e terceira edições.

A partir da adoção de metodologia que busca a padronização no critério de escolha de amostragem e formulação do instrumento de pesquisa em campo, baseado em metodologia desenvolvida pelo Cerlalc, e, levando em conta recomendações de especialistas do mundo inteiro para medições dessa natureza –, houve uma considerável ampliação do universo pesquisado. Este passou de 49% da população, em 2000, para 92% em 2007 e 93%, em 2011.

Com relação a alguns indicadores, a segunda edição foi o ponto de partida para a construção das séries históricas. Já a terceira edição aprofunda o estudo sobre o livro digital e sobre a avaliação das bibliotecas públicas, além de incluir a diferenciação entre livros didáticos e de literatura entre os indicados pela escola.

O Livro – Retratos da leitura no Brasil

A primeira edição lançada na XX Bienal Internacional do Livro de São Paulo, em 2010, inaugurou uma parceria bem sucedida sendo produzido em coedição entre Instituto Pró-Livro e Imprensa Oficial do Estado de São Paulo. Contou com a organização de Galeno Amorim, na época contratado pelo IPL para coordenação da segunda edição da Pesquisa, e autores representantes de diferentes segmentos da área do livro e leitura, especialmente, dirigentes dos Ministérios da Educação e Cultura. Seu sucesso levou a mais três tiragens atingindo 4.000 exemplares e foi disponibilizado para *download*, já com nova ortografia, por meio dos endereços eletrônicos do IPL e Imprensa Oficial do Estado de São Paulo, responsável também pela comercialização. O IPL distribuiu a sua cota gratuitamente o para órgãos e bibliotecas públicas e universidades.

Esta é a segunda edição da publicação do Retratos da Leitura no formato de livro. Sua organização foi confiada, a Zoara Failla do IPL, que participou da coordenação da segunda e da terceira edição da pesquisa

3ª edição da Pesquisa

A terceira edição da Pesquisa promovida pelo IPL e contou com o apoio da Abrelivros, CBL e SNEL. O IPL contratou o IBOPE Inteligência para sua aplicação e preparação dos resultados em 2011.

A coordenação da pesquisa coube ao Pró-Livro e comissão formada por representantes das quatro entidades: IPL e Abrelivros, CBL e SNEL.

Objetivos dessa edição

Os objetivos gerais da segunda edição foram mantidos:

Conhecer o comportamento leitor da população, especialmente com relação aos livros;

Medir intensidade, forma, motivação e condições de leitura da população brasileira, segundo opinião dos entrevistados

Os objetivos específicos, incluindo o estudo sobre o perfil dos leitores de livros digitais e questões relativas às bibliotecas públicas foram amplicadas.

Objetivos específicos do estudo se constituem a identificação de:

- perfil do leitor e do não-leitor de livros
- intensidade e forma de leitura de livros e apresentar os índices de leitura do brasileiro

- motivações e preferências do leitor brasileiro
- perfil do comprador de livros
- penetração da leitura e o acesso ao livro.
- percepção das bibliotecas publicas pelo seu usuário.
- percepção ou representações da leitura no imaginário coletivo
- impacto dos livros digitais entre leitores e não leitores
- barreiras para o crescimento da leitura de livros no Brasil

Metodologia

Padrão internacional: A metodologia foi desenvolvida pelo Cerlalc/Unesco, a partir de uma solicitação do Brasil (os dois pilotos foram realizados, entre 2004 e 2006, em Ribeirão Preto (SP) e no Rio Grande do Sul). Teve a finalidade de estabelecer parâmetros internacionais de comparação entre os países da América Latina e possibilitar o desenvolvimento das séries históricas sobre o comportamento leitor .

Metodologia/amostra: Pesquisa quantitativa de opinião com aplicação de questionário e entrevistas presenciais "fase a fase" (com duração média de 60 minutos), realizadas nos domicílios.

Universo da pesquisa: População brasileira residente, com cinco anos de idade ou mais, alfabetizadas ou não

Base = PNAD 2009: População total Brasil – 191.435.389

População estudada (mais de 5 anos – alfabetizada ou não) – 178.082.033 (93%)

Abrangência (amostra): 5.012 entrevistas domiciliares em 315 municípios de todos os estados e o Distrito Federal.

Intervalo de confiança estimado de 95% (ou seja, se a mesma pesquisa for realizada 100 vezes, em 95 delas terá resultados semelhantes).

Margem de erro: a margem de erro máxima estimada é de 1,4 para mais ou para menos sobre os resultados encontrados no total da amostra.

Pesquisa em campo – de junho e julho de 2011

Principais inovações e ajustes em relação à edição anterior:

Visando o aperfeiçoamento do estudo e maior confiabilidade nos seus resultados finais foram demandados ao IBOPE – pela Comissão coordenadora da pesquisa – avaliação e ajustes na metodologia, questionário e conceitos que orientaram a pesquisa.

Esses ajustes orientaram-se pela análise das principais dificuldades apontadas pelos consultores por ocasião do estudo dos resultados da 2ª edição.

Assim, foram revistos, ou mais bem definidos para a entrevista em campo e treinamento dos entrevistadores:

- Conceituação – o que deve ser entendido/aceito como livro para efeito da pesquisa e se o livro foi lido inteiro ou em parte.
- Identificação entre os livros indicados pela escola: didáticos ou de literatura.
- Índices de leitura – detalhamento sobre a leitura nos últimos três meses, segundo diferentes perfis da amostra e conceitos. A opção pelo período de três meses e não 12 para o aprofundamento do estudo deu-se por ser mais confiável a informação/memória do entrevistado sobre o que leu, comprou etc.
- Mudança na sequência das questões no formulário de entrevista, iniciando pelo número de livros lidos pelo entrevistado. Assim o entrevistado tende a ser mais sincero ao informar número de livros lidos. As questões voltadas a conhecer as representações sobre a importância do livro no início da entrevista podem levá-lo a ter vergonha de informar que não leu ou a ampliar o número de livros lidos.
- Inovações – maiores destaques
- O aprofundamento do estudo sobre a leitura de livros digitais, buscando conhecer melhor o comportamento e interesses desse leitor e consumidor.
- O aprofundamento do estudo sobre a avaliação das bibliotecas pelos seus usuários.
- Principais conceitos (mantidos em relação à 2ª edição)
- Leitor: aquele que declarou, no momento da entrevista, ter lido pelo menos um livro nos últimos três meses.
- Não-leitor: aquele que declarou não ter lido nenhum livro nos últimos três meses (e aqueles que leram em outros meses, mas não nos três últimos ou mesmo os que leram ocasionalmente).
- Índice de leitura- tem como referência a leitura dos últimos três meses anteriores a pesquisa.

Considerações sobre o índice de leitura de 2011 – segundo o Ibope Inteligência

O índice de penetração de leitores oscilou negativamente, da 2ª edição, realizada em 2007, para esta, passando de 55% para 50%.

Essa oscilação ocorreu em praticamente todas as regiões brasileiras, com exceção do Nordeste, onde permaneceu estável.

Norte: de 55% para 47%

Nordeste: de 50% para 51%

Centro-Oeste: de 59% para 43%

Sudeste: de 59% para 50%

Sul: de 53% para 43%

O que ajuda a explicar a atual posição do Nordeste frente às demais regiões é o grande o número de pessoas estudando atualmente, sobretudo nas faixas etárias onde a leitura é considerada mais frequente (dos 5 aos 17 anos, período escolar).

Além disso, houve uma parcela expressiva de moradores nas regiões Norte, Nordeste e Centro-Oeste que declara ser leitora de livros indicados pela escola e outra parcela leitora de livros lidos apenas parcialmente, sobretudo no Nordeste e Centro-Oeste. Em contraponto com a região Sul e Sudeste que leram mais livros inteiros e também por iniciativa própria. Os novos critérios de composição do índice contribuíram então para o desempenho do NE, onde há maior proporção de leitura de livros escolares e em partes.

Assim como nas edições anteriores, a pesquisa confirma as principais correlações com a leitura: escolaridade, classe social e ambiente familiar. Quanto mais escolarizado ou mais rico é o entrevistado, maior é a penetração da leitura e a média de livros lidos nos últimos 3 meses.

gráficos e tabelas

Pesquisa quantitativa

Campo — 11 de Junho a 3 de Julho de 2011

Técnica de coleta de dados — Entrevistas pessoais domiciliares

Dimensionamento: — 5.012 entrevistas (315 municípios em todos os estados)

Intervalo de confiança: — Margem de erro máxima de 1,4 ponto percentual, com intervalo de confiança de 95%

Abrangência geográfica: — Brasil

Universo — População brasileira residente com 5 anos ou mais, alfabetizadas ou não

perfil demográfico da amostra

(%)

Perfil da amostra – sexo e idade

sexo

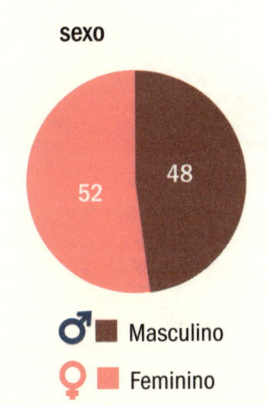

PNAD 2009	
Masculino	48
Feminino	52

♂ ■ Masculino

♀ ■ Feminino

idade

05 a 17 ▐ 25

18 a 24 ▐ 13

25 a 29 ▐ 9

30 a 39 ▐ 16

40 a 49 ▐ 14

50 a 69 ▐ 18

70 e mais ▐ 5

	PNAD 2009	Amostra 2007
5 a 17	↓ 24	29
18 a 24	13	13
25 a 29	9	9
30 a 39	16	15
40 a 49	14	13
50 a 69	↑ 18	16
70 e +	5	5

Base: População brasileira com 5 anos ou mais 2011 (178 milhões)

(%)

Perfil da amostra – região e município

condição de município

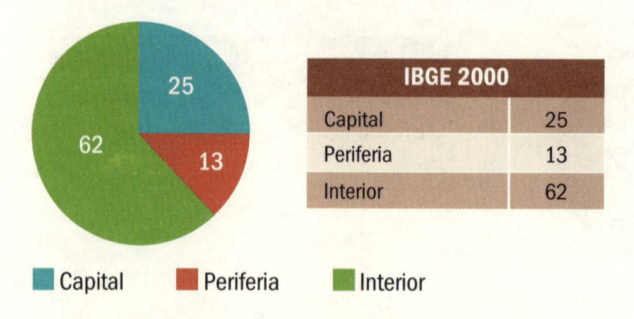

IBGE 2000	
Capital	25
Periferia	13
Interior	62

■ Capital   ■ Periferia   ■ Interior

porte do município (mil hab.)

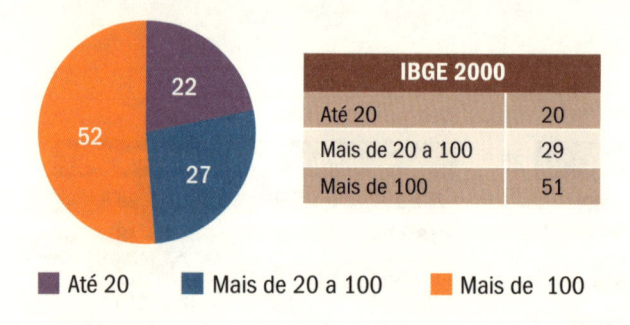

IBGE 2000	
Até 20	20
Mais de 20 a 100	29
Mais de 100	51

■ Até 20   ■ Mais de 20 a 100   ■ Mais de 100

Base: População brasileira com 5 anos ou mais 2011(178 milhões)

(%)

Perfil da amostra – região e município

região

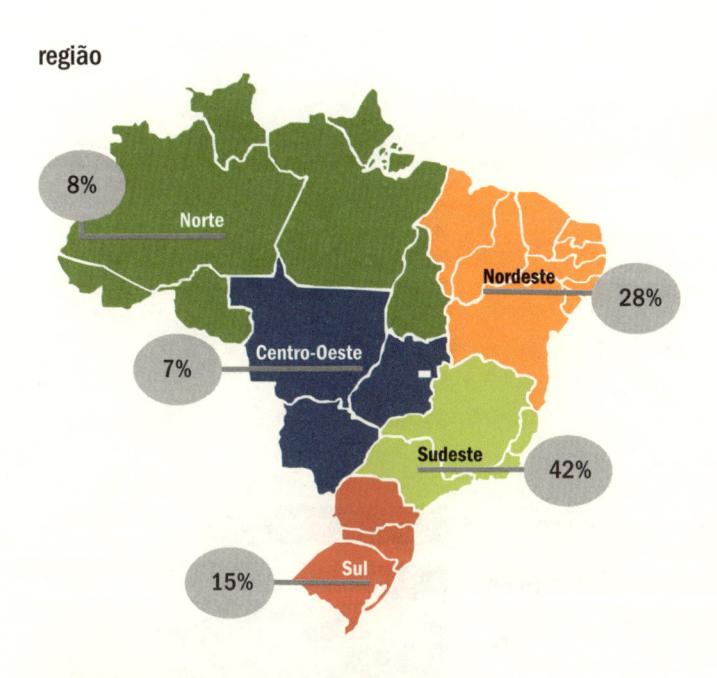

PNAD 2009	
Norte	8
Centro-Oeste	7
Nordeste	28
Sudeste	42
Sul	15

Base: População brasileira com 5 anos ou mais 2011(178 milhões)

(%)
Perfil da amostra – raça e religião

raça

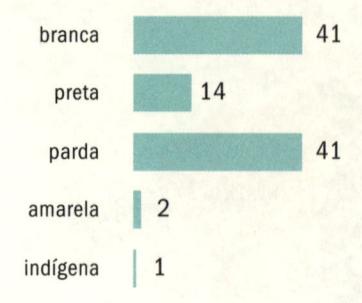

branca **41**
preta **14**
parda **41**
amarela **2**
indígena **1**

religião

Católica Apostólica Romana **64**
Evangélica **22**
agnóstico **6**
ateu/não tem religião **3**
Espírita/Kardecista **2**
Adventista **1**
Testemunha de Jeová **1**
Afro-Brasileiras (Umbanda, Candomblé, etc.) **1**
Recusa **1**

Base: População brasileira com 5 anos ou mais (178 milhões)

(%)

Perfil da amostra – renda e classe social

renda familiar (SM)

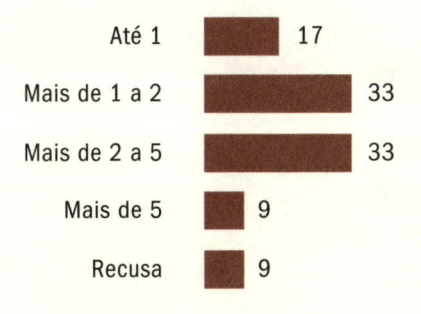

Até 1	17
Mais de 1 a 2	33
Mais de 2 a 5	33
Mais de 5	9
Recusa	9

classe social

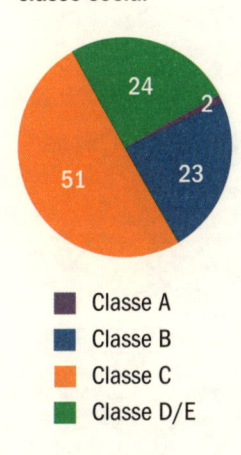

- 24
- 2
- 51
- 23

■ Classe A
■ Classe B
■ Classe C
■ Classe D/E

Base: População brasileira com 5 anos ou mais (178 milhões)

(%)

Perfil da amostra – escolaridade

escolaridade*

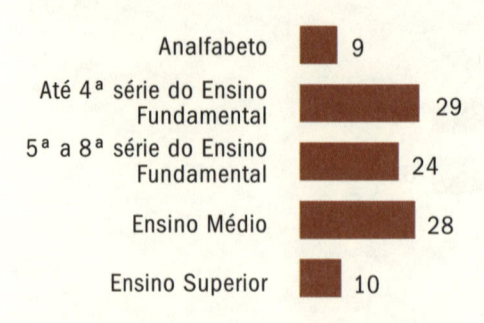

	PNAD 2009	**Amostra 2007**
Analfabeto	11	12
Até 4ª	↓ 29	32
5ª a 8ª	22	23
Ens. Médio	↑ 26	23
Superior	↑ 11	9

Base: População brasileira com 5 anos ou mais (178 milhões)

*O dado usado para a cota de escolaridade da amostra foi da população com 18 anos ou mais.
Os dados são referentes a toda amostra, com5 anos ou mais.

(%)
Perfil da amostra – rede de ensino em que estuda

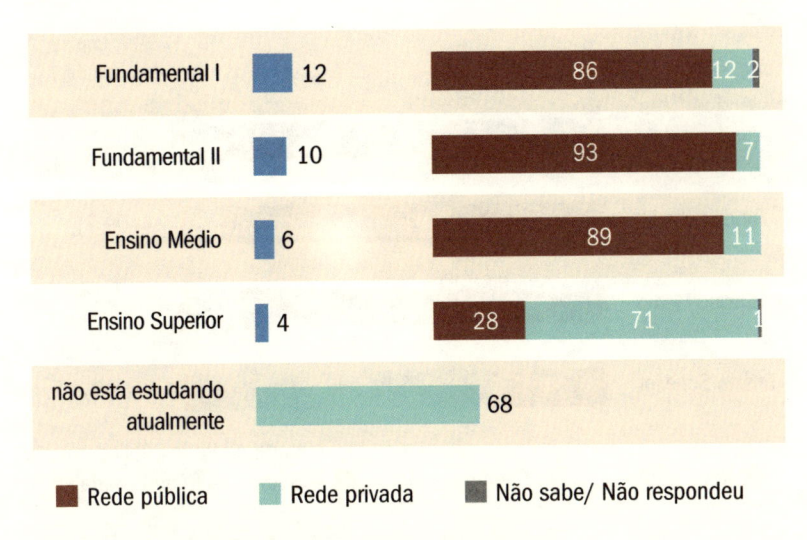

Base: População brasileira com 5 anos ou mais (178 milhões)

(%)
Perfil da amostra – rede de ensino em que estudou

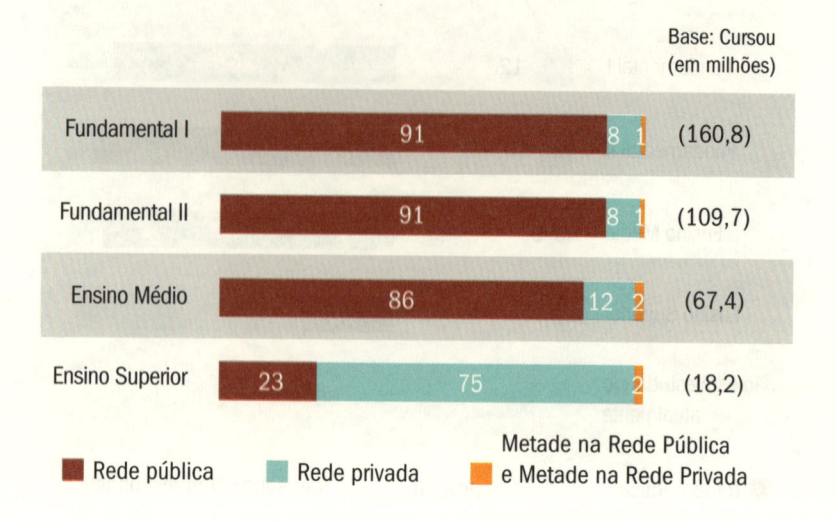

	Base: Cursou (em milhões)
Fundamental I — 91 | 8 | 1	(160,8)
Fundamental II — 91 | 8 | 1	(109,7)
Ensino Médio — 86 | 12 | 2	(67,4)
Ensino Superior — 23 | 75 | 2	(18,2)

■ Rede pública ■ Rede privada ■ Metade na Rede Pública e Metade na Rede Privada

(%)
Outros cursos – ensino básico

cursos

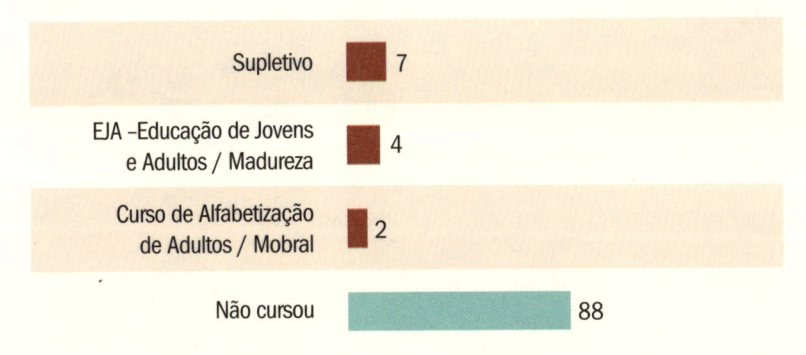

Supletivo 7

EJA –Educação de Jovens e Adultos / Madureza 4

Curso de Alfabetização de Adultos / Mobral 2

Não cursou 88

Base: População brasileira com 5 anos ou mais (145 milhões)
Base: para cada curso cursado

definição de leitor e não-leitor

Definição de leitor e não-leitor

> Leitor é aquele que leu, inteiro ou em partes,
> pelo menos 1 livro nos últimos 3 meses

> Não-leitor é aquele que não leu, nenhum livro nos últimos
> 3 meses, mesmo que tenha lido nos últimos 12 meses

(%)
Penetração da leitura – comparação 2011-2007

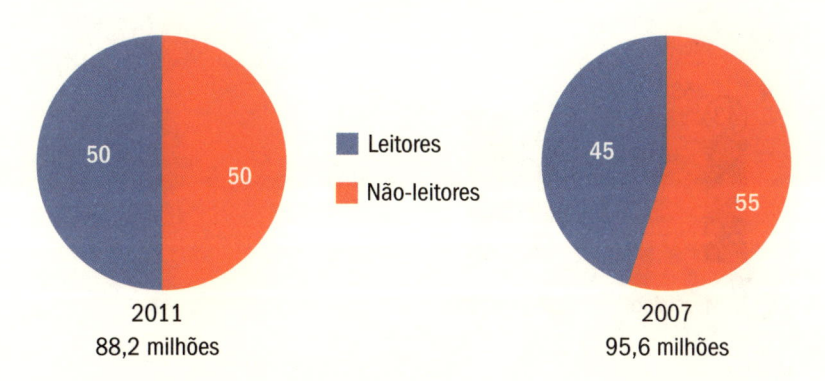

■ Leitores

■ Não-leitores

2011
88,2 milhões

2007
95,6 milhões

Base: População brasileira com 5 anos
ou mais 2007 (173 milhões) / 2011 (178 milhões)

(%)
Perfil: leitor e não-leitor - sexo e idade

■ Leitor   ■ Não-leitor

sexo

♂ Masculino   ♀ Feminino

idade

05-10   11-13   14-17   18-24   25-29   30-39   40-49   50-69   70 e mais

Base: População brasileira com 5 anos ou mais (178 milhões)

(%)
Perfil: leitor e não-leitor - estudante e escolaridade

■ Leitor   ■ Não-leitor

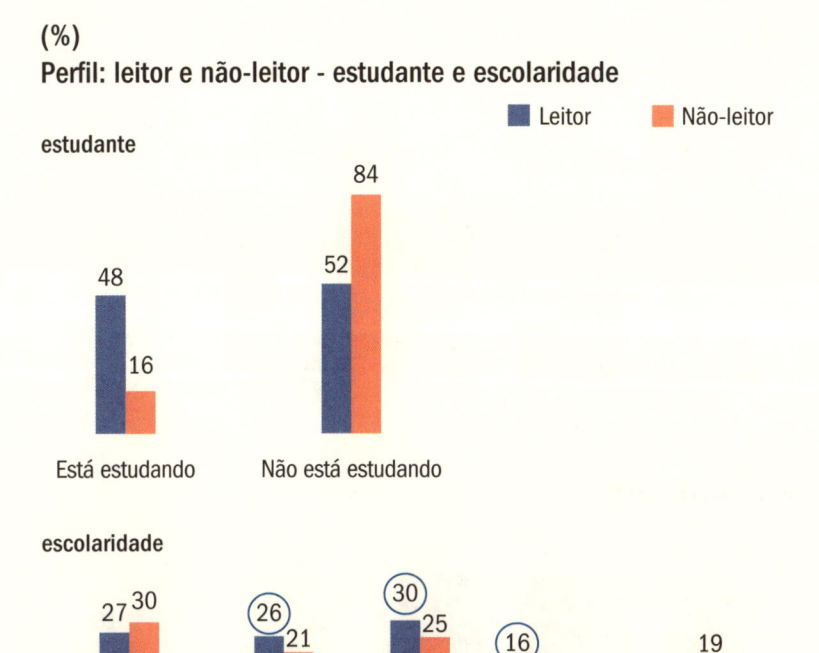

estudante

Está estudando	Não está estudando
48 / 16	52 / 84

escolaridade

Até 4ª série do fundamental	Da 5ª a 8ª série do fundamental	Ensino Médio	Superior	Não alfabetizado/ formal
27 / 30	26 / 21	30 / 25	16 / 5	1 / 19

Base: População brasileira com 5 anos ou mais (178 milhões)

Perfil: leitor e não-leitor - classe social e renda familiar

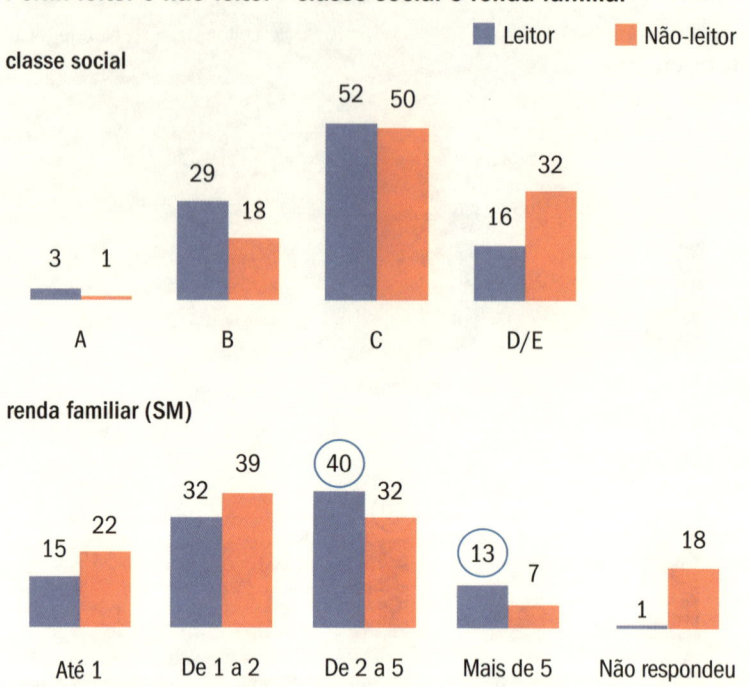

Base: População brasileira com 5 anos ou mais (178 milhões)

(%)

Perfil: leitor e não-leitor - condição, parte e região do município

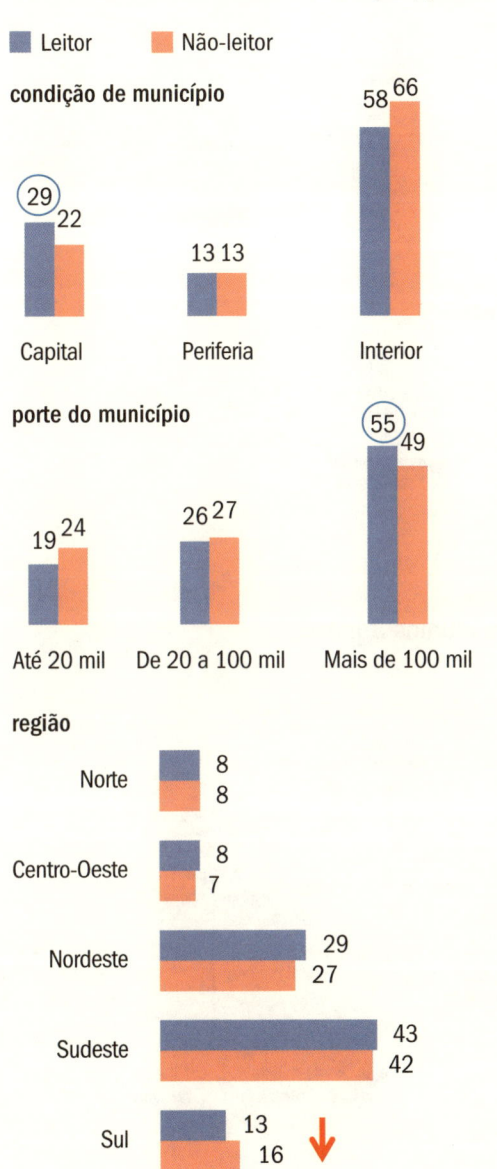

■ Leitor   ■ Não-leitor

condição de município

Capital: 29, 22
Periferia: 13, 13
Interior: 58, 66

porte do município

Até 20 mil: 19, 24
De 20 a 100 mil: 26, 27
Mais de 100 mil: 55, 49

região

Norte: 8, 8
Centro-Oeste: 8, 7
Nordeste: 29, 27
Sudeste: 43, 42
Sul: 13, 16

Base: População brasileira com 5 anos ou mais (178 milhões)

Média de livros lidos nos últimos 3 meses (entre todos os entrevistados)

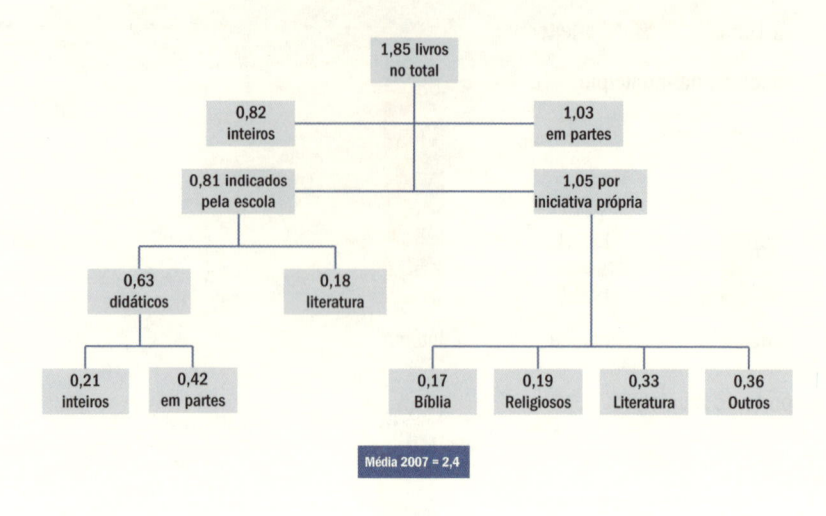

Média de livros lidos nos últimos 3 meses (entre leitores)

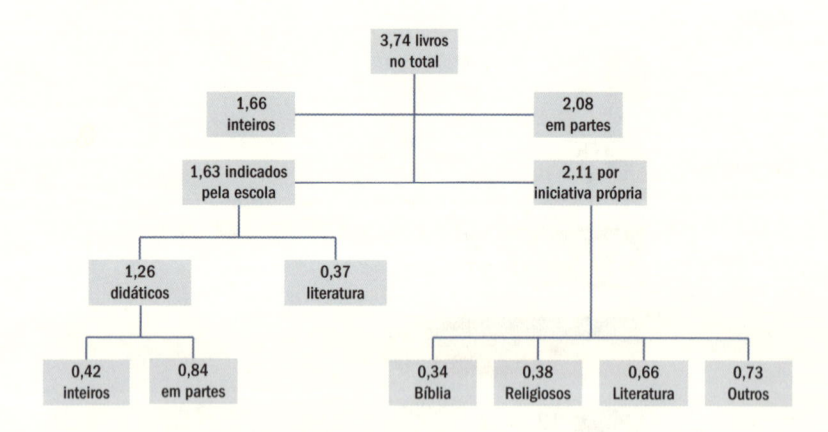

(%)
Penetração e média de livros nos últimos 3 meses - país

Média de livros lidos nos últimos 3 meses	Total
Livros em geral	1,85
Livros inteiros	0,82
Livros em partes	1,03
Livros indicados pela escola	0,81
Livros lidos por iniciativa própria	1,05
Bíblia	0,17

Penetração de Leitura	Unidade	Total
Leitura em geral	%	50
	milhões	88,2
Livros inteiros	%	26
	milhões	46,2
Livros em partes	%	39
	milhões	70,3
Leitura de livros indicados pela escola	%	21
	milhões	37,7
Leitura de livros por iniciativa própria	%	38
	milhões	67,5
Leitura de Bíblia	%	16
	milhões	28,8

(%)
Penetração e média de livros nos últimos 3 meses – por sexo

Média de livros lidos nos últimos 3 meses	TOTAL	Masculino	Feminino
Livros em geral	1,85	1,63	2,06
Livros inteiros	0,82	0,62	1,02
Livros em partes	1,03	1,01	1,05
Livros indicados pela escola	0,81	0,78	0,83
Livros lidos por iniciativa própria	1,05	0,85	1,23
Bíblia	0,17	0,13	0,20

Penetração de Leitura	Unidade	TOTAL	Masculino	Feminino
Leitura em geral	%	50	44	54
	milhões	88,2	38,3	49,9

Penetração e média de livros nos últimos 3 meses – por idade

Média de livros lidos nos últimos 3 meses	Total	5 a 10	11 a 13	14 a 17	18 a 24	25 a 29	30 a 39	40 a 49	50 a 69	70 e +
Livros em geral	1,85	3,04	3,53	3,13	1,95	1,67	1,72	1,38	0,94	0,63
Livros inteiros	0,82	1,41	1,57	1,18	0,69	0,79	0,85	0,64	0,46	0,31
Livros em partes	1,03	1,63	1,96	1,95	1,26	0,88	0,86	0,73	0,47	0,32
Livros indicados pela escola	0,81	2,23	2,53	2,11	0,74	0,45	0,42	0,29	0,06	0,00
Livros lidos por iniciativa própria	1,05	0,80	1,00	1,02	1,21	1,22	1,30	1,09	0,88	0,63
Bíblia	0,17	0,10	0,12	0,13	0,16	0,18	0,21	0,19	0,19	0,17

Penetração de Leitura	Unidade	TOTAL	5 a 10	11 a 13	14 a 17	18 a 24	25 a 29	30 a 39	40 a 49	50 a 69	70 e +
Leitura em geral	%	50	66	84	71	53	47	48	41	33	24
	milhões	88,2	12,6	8,6	10	12,2	7,7	13,8	10,5	10,5	2,3

Penetração e média de livros nos últimos 3 meses – por escolaridade

Média de livros lidos nos últimos 3 meses	TOTAL	Não alfabetizado formal	Até 4ª	5ª a 8ª	Médio	Superior
Livros em geral	1,85	0,10	1,71	1,84	1,91	3,77
Livros inteiros	0,82	0,05	0,76	0,71	0,88	1,84
Livros em partes	1,03	0,05	0,95	1,12	1,03	1,93
Livros indicados pela escola	0,81	-	0,99	1,01	0,53	1,31
Livros lidos por iniciativa própria	1,05	0,1	0,72	0,83	1,38	2,46
Bíblia	0,17	0,02	0,16	0,17	0,21	0,21

Penetração de Leitura	Unidade	TOTAL	Não alfabetizado formal	Até 4ª	5ª a 8ª	Médio	Superior
Leitura em geral	%	50	3	47	55	54	76
	milhões	88,2	0,5	23,6	23,3	26,5	14,1

Penetração e média de livros nos últimos 3 meses – por classe social

Média de livros lidos nos últimos 3 meses	TOTAL	CLASSE A	CLASSE B	CLASSE C	CLASSE D/E
Livros em geral	1,85	3,60	2,75	1,79	0,99
Livros inteiros	0,82	2,01	1,46	0,76	0,26
Livros em partes	1,03	1,59	1,29	1,03	0,73
Livros indicados pela escola	0,81	1,06	1,05	0,80	0,57
Livros lidos por iniciativa própria	1,05	2,64	1,71	0,99	0,42
Bíblia	0,17	0,22	0,17	0,19	0,9

Penetração de Leitura	Unidade	TOTAL	CLASSE A	CLASSE B	CLASSE C	CLASSE D/E
Leitura em geral	%	50	79	62	51	33
	milhões	88,2	2,3	25,6	46,2	14,1

Penetração e média de livros nos últimos 3 meses – estudante x não estudante

Média de livros lidos nos últimos 3 meses	TOTAL	Está estudando	Não está estudando
Livros em geral	1,85	3,41	1,13
Livros inteiros	0,82	1,47	0,53
Livros em partes	1,03	1,94	0,60
Livros indicados pela escola	0,81	2,21	0,15
Livros lidos por iniciativa própria	1,05	1,20	0,98
Bíblia	0,17	0,15	0,18

Penetração de Leitura	Unidade	TOTAL	Está estudando	Não está estudando
Leitura em geral	%	50	74	38
	milhões	88,2	42,1	46,1

Penetração de leitores 2007-2011 – por região

Total Brasil		
	2007	**2011**
Penetração (%)	55	50 ▼
Milhões leitores	95,6	88,2

Sul	**2007**	**2011**
% do total de leitores	14	13
Penetração (%)	53	43 ▼
Milhões leitores	13,2	11,3

Norte	**2007**	**2011**
% do total de leitores	8	8
Penetração (%)	55	47 ▼
Milhões leitores	7,5	6,6

Nordeste	**2007**	**2011**
% do total de leitores	25	29
Penetração (%)	50	51
Milhões leitores	24,4	25,4

Centro-Oeste	**2007**	**2011**
% do total de leitores	7	8
Penetração (%)	59	53 ▼
Milhões leitores	7,1	6,8

Sudeste	**2007**	**2011**
% do total de leitores	45	43
Penetração (%)	59	50 ▼
Milhões leitores	43,4	38,0

Penetração e média de livros nos últimos 3 meses – por região

Média de livros lidos nos últimos 3 meses	TOTAL	Norte	Nordeste	Sudeste	Sul	Centro-Oeste
Livros em geral	1,85	1,51	2,00	1,84	1,68	2,12
Livros inteiros	0,82	0,51	0,55	1,04 ⬆	0,93 ⬆	0,78
Livros em partes	1,03	1,00	1,45 ⬆	0,80 ⬇	0,75 ⬇	1,34 ⬆
Livros indicados pela escola	0,81	0,88	1,06 ⬆	0,64 ⬇	0,72 ⬇	0,87
Livros lidos por iniciativa própria	1,05	0,62	0,94	1,19 ⬆	0,96 ⬆	1,25 ⬆
Bíblia	0,17	0,13	0,19	0,18	0,10 ⬇	0,17

Penetração de Leitura	Unidade	TOTAL	Norte	Nordeste	Sudeste	Sul	Centro-Oeste
Leitura em geral	%	50	47	51	50	43 ⬇	53
	milhões	88,2	6,7	25,4	38,0	11,3	6,8

(%)
Perfil de idade e escolaridade – por região

IDADE	Total	Norte	Nordeste	Sudeste	Sul	Centro-Oeste
Base (em milhões)	(178,0)	(14,1)	(49,6)	(75,5)	(26,0)	(12,8)
5 a 10 anos	11	14	12	9	10	11
11 a 13 anos	6	8	7	5	5	4
14 a 17 anos	8	9	9	7	8	9
18 a 24 anos	13	14	14	12	12	13
25 a 29 anos	9	10	9	9	9	10
30 a 39 anos	16	17	16	16	16	18
40 a 49 anos	14	12	13	15	16	14
50 a 69 anos	18	13	15	20	20	16
70 anos e mais	5	3	5	6	6	4

ESCOLARIDADE	Total	Norte	Nordeste	Sudeste	Sul	Centro-Oeste
Base (em milhões)	(178,0)	(14,1)	(49,6)	(75,5)	(26,0)	(12,8)
Não alfabetizado formal	10	10	17	7	6	6
Até 4ª	28	32	28	27	31	26
5ª a 8ª	24	25	24	23	24	27
Ensino Médio	28	26	25	30	28	28
Superior	10	8	6	13	12	12

(%)
Está x não está estudando – por região

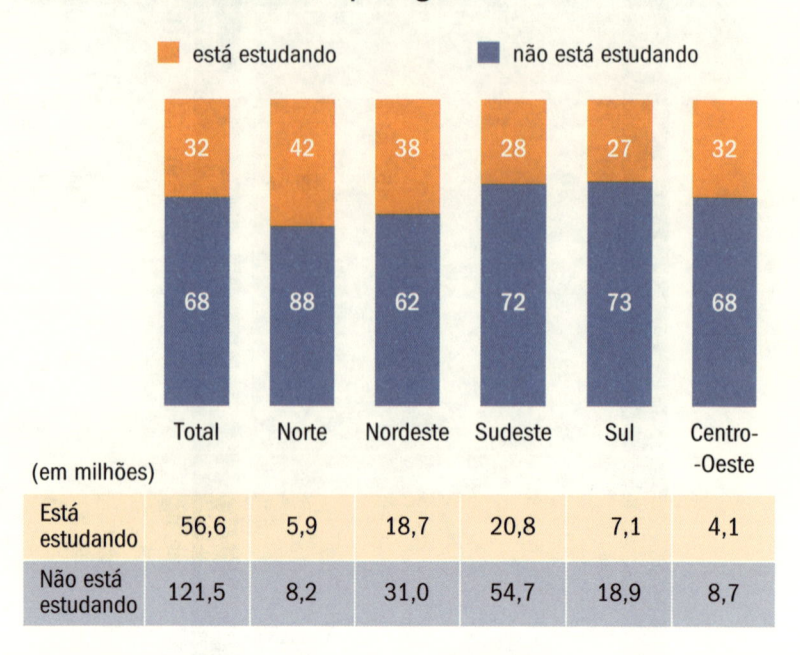

(em milhões)	Total	Norte	Nordeste	Sudeste	Sul	Centro-Oeste
Está estudando	56,6	5,9	18,7	20,8	7,1	4,1
Não está estudando	121,5	8,2	31,0	54,7	18,9	8,7

Base: População brasileira com 5 anos ou mais 2011 (178 milhões)

barreiras à leitura

(%)
Dificuldades para ler

Lê muito devagar — 19 / 16

Não tem paciência para ler — 20 / 11

Tem problemas de visão, ou outras limitações físicas — 13 / 8

Não tem concentração suficiente para ler — 12 / 7

Não compreende a maior parte do que lê — 8 / 7

Não sabe ler — 9 / 15

Não tem dificuldade nenhuma — 43 / 48

■ 2011   ■ 2007

Base: População brasileira com 5 anos ou mais 2007 (173 milhões) / 2011 (178 milhões)

(%)
Razão para não ter lido mais nos últimos 3 meses

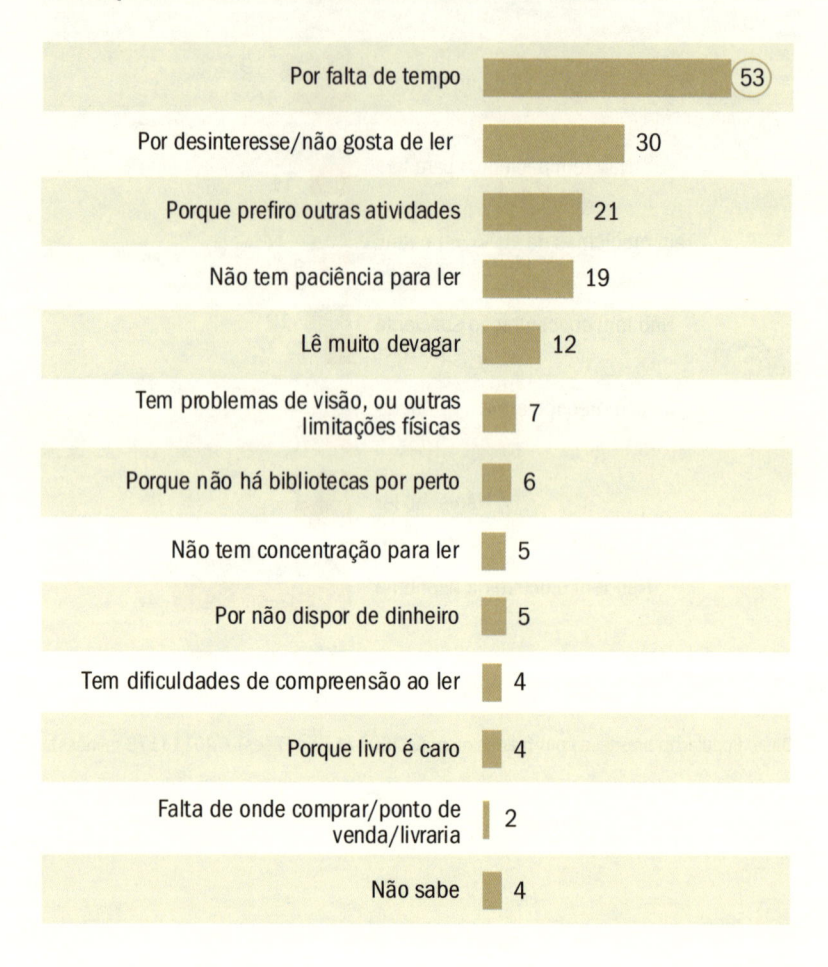

Por falta de tempo	53
Por desinteresse/não gosta de ler	30
Porque prefiro outras atividades	21
Não tem paciência para ler	19
Lê muito devagar	12
Tem problemas de visão, ou outras limitações físicas	7
Porque não há bibliotecas por perto	6
Não tem concentração para ler	5
Por não dispor de dinheiro	5
Tem dificuldades de compreensão ao ler	4
Porque livro é caro	4
Falta de onde comprar/ponto de venda/livraria	2
Não sabe	4

Base: Sabe ler (162,5 milhões)

leitura no imaginário dos brasileiros

(%)
O que a leitura significa

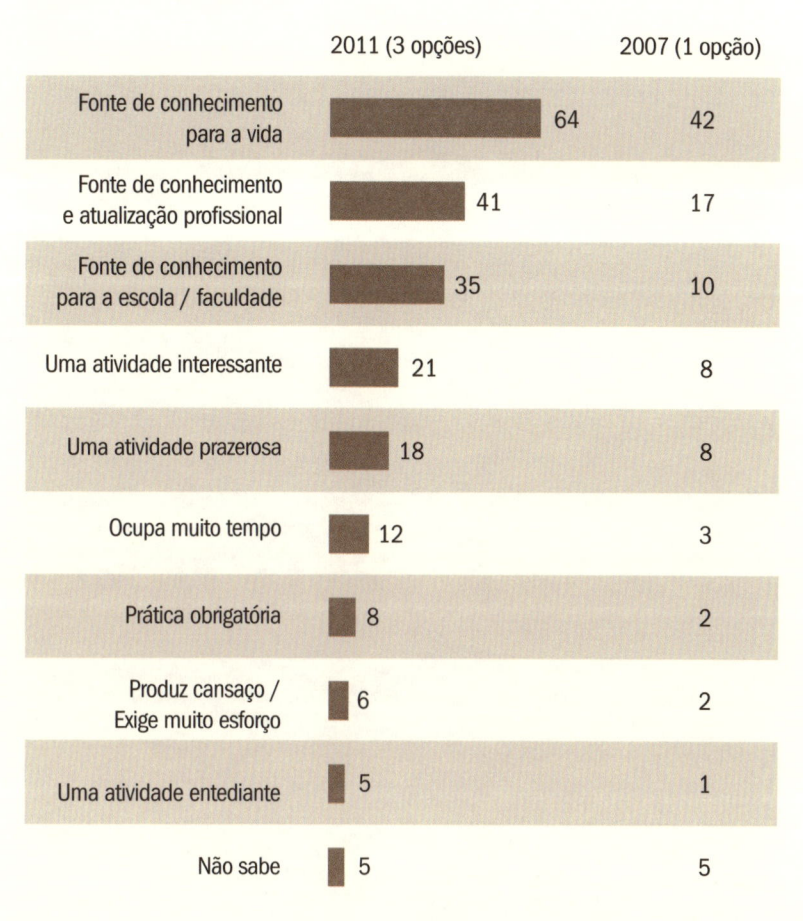

	2011 (3 opções)	2007 (1 opção)
Fonte de conhecimento para a vida	64	42
Fonte de conhecimento e atualização profissional	41	17
Fonte de conhecimento para a escola / faculdade	35	10
Uma atividade interessante	21	8
Uma atividade prazerosa	18	8
Ocupa muito tempo	12	3
Prática obrigatória	8	2
Produz cansaço / Exige muito esforço	6	2
Uma atividade entediante	5	1
Não sabe	5	5

Base: População brasileira com 5 anos ou mais 2007 (173 milhões) / 2011 (178 milhões)

interesse e motivações dos leitores

(%)
O que gostam de fazer em seu tempo livre

	2011	2007
Assistir televisão	↑ (85)	77
Escutar música ou rádio	52	54
Descansar	51	50
Reunir com amigos ou família	↑ 44	31
Assistir vídeos/ filmes em DVD	↑ 38	29
Sair com amigos	34	33
Ler (jornais, revistas, livros, textos na Internet)*	↓ 28	36
Navegar na internet	↑ 24	18
Praticar esporte	23	24
Fazer compras	23	24
Passear em parques e praças	19	19
Acessar redes sociais (*Facebook/Twitter/Orkut*)	18	-
Escrever	18	21
Ir a bares/ restaurante	18	15
Jogar videogames	13	10
Viajar (campo/ praia/ cidade)	15	18
Desenhar/ pintar	10	-
Ir ao cinema /ao teatro /dança / concertos /museus /exposições	10	9
Fazer artesanato e trabalhos manuais	6	12
Média de atividades por entrevistado	**5,3**	**4,8**
* 2011: Destes, 58% leem frequentemente		

Base: População brasileira com 5 anos ou mais 2007 (173 milhões) / 2011 (178 milhões)

(%)
Gosto pela leitura

- Gosta muito
- Gosta um pouco
- Não gosta
- Não sabe ler

2011   2007

Base: População brasileira com 5 anos ou mais 2007(173 milhões) / 2011 (178 milhões)

(%)
Lê mais por prazer ou por obrigação?

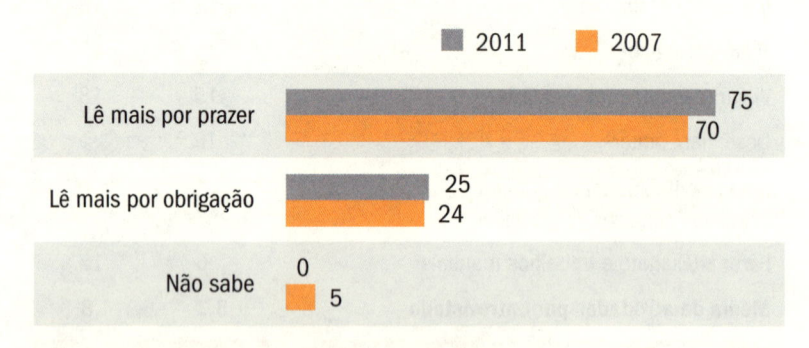

Base: Leitor 2007 (95,6 milhões) / 2011 (88,2 milhões)

(%)
Motivações para ler um livro

Atualização cultural / Conhecimentos Gerais	55
Prazer, gosto ou necessidade espontânea	49
Exigência escolar ou acadêmica	36
Motivos religiosos	31
Atualização profissional	23
Exigência do trabalho	9
Não sabe	1

Base: Leitor 2007 (95,6 milhões) / 2011 (88,2 milhões)

(%)

Fatores que mais influenciam na escolha de um livro

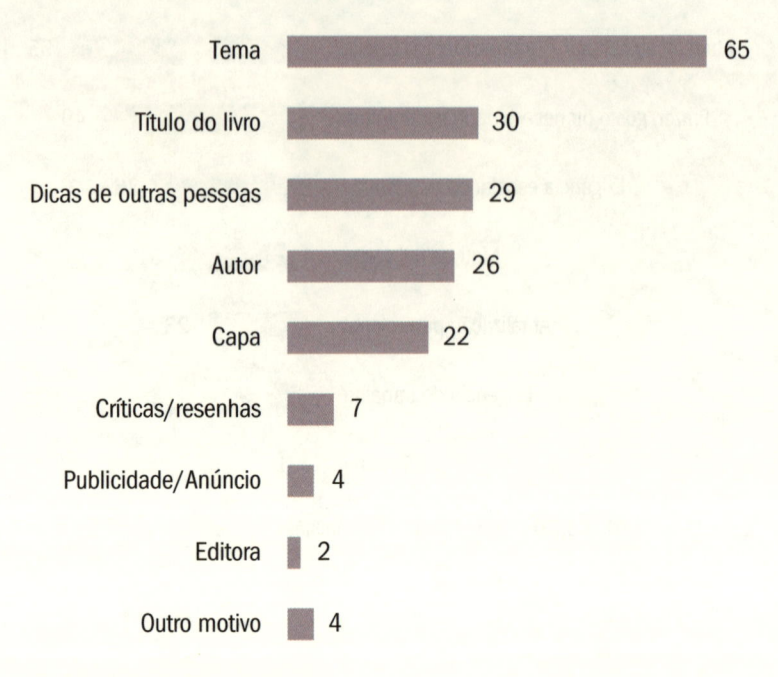

Tema	65
Título do livro	30
Dicas de outras pessoas	29
Autor	26
Capa	22
Críticas/resenhas	7
Publicidade/Anúncio	4
Editora	2
Outro motivo	4

Base: Leitor 2011 (88,2 milhões)

preferência dos leitores

(%)
Materiais lidos

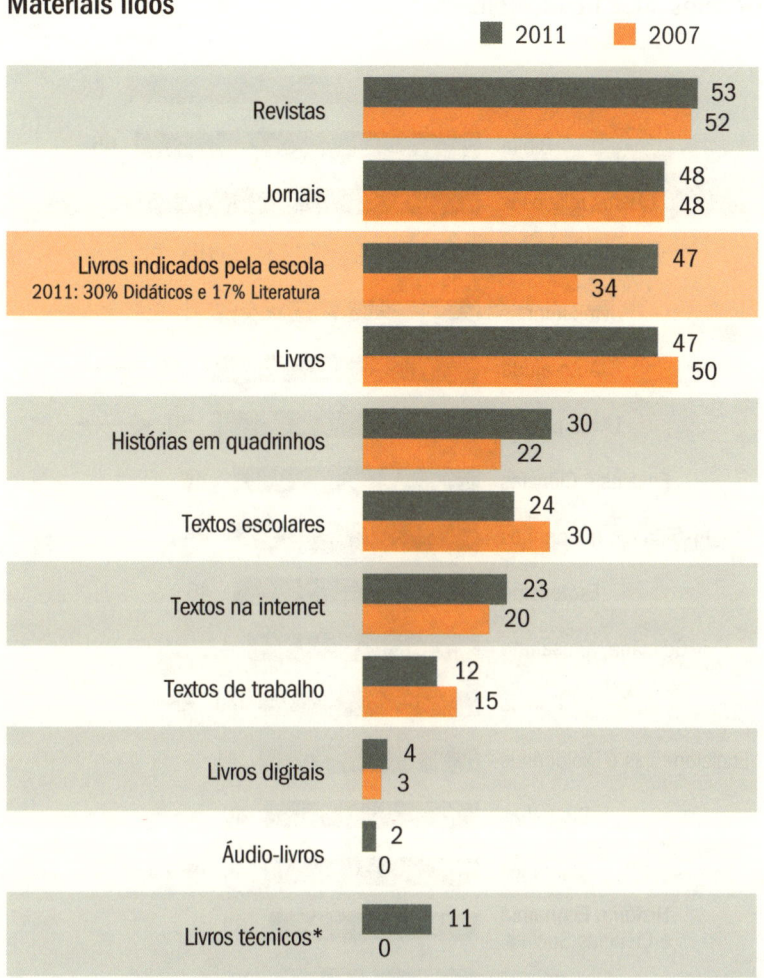

■ 2011   ■ 2007

Material	2011	2007
Revistas	53	52
Jornais	48	48
Livros indicados pela escola — 2011: 30% Didáticos e 17% Literatura	47	34
Livros	47	50
Histórias em quadrinhos	30	22
Textos escolares	24	30
Textos na internet	23	20
Textos de trabalho	12	15
Livros digitais	4	3
Áudio-livros	2	0
Livros técnicos*	11	0

* A opção Livros técnicos foi estimulada apenas em 2011

Média de materiais citados por entrevistado	
2011	3,01
2007	2,74

Base: Leitor 2007 (95,6 milhões) / 2011 (88,2 milhões)

(%)
Gêneros lidos frequentemente

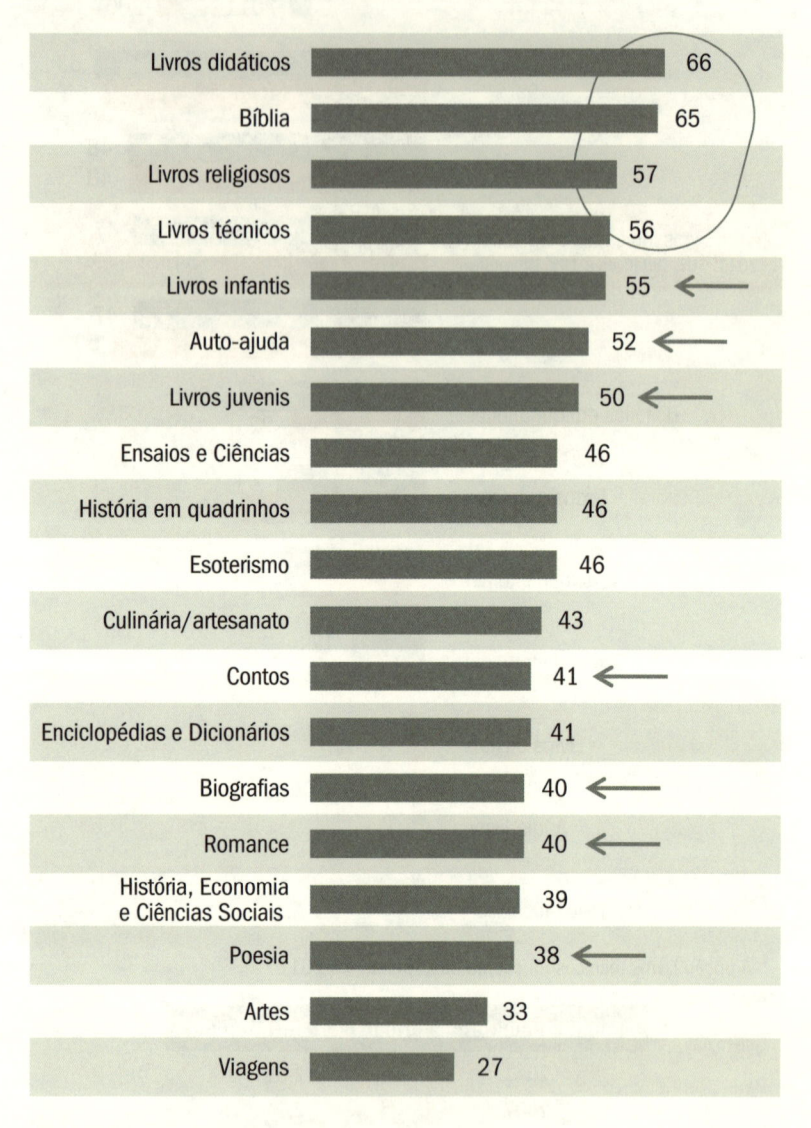

Gênero	%
Livros didáticos	66
Bíblia	65
Livros religiosos	57
Livros técnicos	56
Livros infantis	55
Auto-ajuda	52
Livros juvenis	50
Ensaios e Ciências	46
História em quadrinhos	46
Esoterismo	46
Culinária/artesanato	43
Contos	41
Enciclopédias e Dicionários	41
Biografias	40
Romance	40
História, Economia e Ciências Sociais	39
Poesia	38
Artes	33
Viagens	27

Base: Costuma ler cada gênero

Escritor brasileiro mais admirado

	2011	2007
Monteiro Lobato	1º	1º
Machado de Assis	2º	4º
Paulo Coelho	3º	2º
Jorge Amado	4º	3º
Carlos Drummond de Andrade	5º	7º
Maurício de Souza	6º	10º
José de Alencar	7º	9º
Vinícius de Moraes	8º	5º
Zibia Gasparetto	9º	13º
Augusto Cury	10º	17º
Érico Veríssimo	11º	8º
Cecília Meireles	12º	6º
Chico Xavier	13º	16º
Padre Marcelo Rossi	14º	-
Ziraldo	15º	15º
Manuel Bandeira	16º	14º
Paulo Freire	17º	19º
Fernando Pessoa	18º	-
Clarice Lispector	19º	25º
Ariano Suassuna	20º	18º
Graciliano Ramos	21º	22º
Mário de Andrade	22º	-
Mário Quintana	23º	11º
Silas Malafaia	24º	-
Pedro Bandeira	25º	-

Foram citados 197 escritores

De 2007 para 2011: Deixam de estar entre os 25 mais citados: Ruth Rocha, Edir Macedo, Castro Alves, Raquel de Queiroz e Luis Fernando Veríssimo.

Base: Leitor 2007 (95,6 milhões) / 2011 (88,2 milhões)

Livro mais marcante

	2011	2007
Bíblia	1º	1º
A cabana	2º	-
Ágape	3º	-
O sítio do pica-pau amarelo	4º	2º
Pequeno príncipe	5º	5º
Dom Casmurro	6º	7º
Crepúsculo	7º	-
Harry Potter	8º	4º
Violetas na janela	9º	9º
A moreninha	10º	23º
Capitães da areia	11º	14º
Código Da Vinci	12º	12º
Os três porquinhos	13º	6º
Romeu e Julieta	14º	18º
Iracema	15º	13º
O alquimista	16º	10º
O menino maluquinho	17º	16º
Branca de neve	18º	8º
Bom dia, espírito santo	19º	22º
O caçador de pipas	20º	-
O segredo	21º	-
Vidas secas	22º	-
Chapeuzinho vermelho	23º	3º
Cinderela	24º	11º
O monge e o executivo	25º	-

Foram citados 844 livros

De 2007 para 2011: Deixam de estar entre os 25 mais citados: Ninguém é de ninguém, A escrava isaura, Poliana, Gabriela cravo e canela, Pinóquio, O Primo Basílio e Peter Pan

Base: Leitor 2007 (95,6 milhões) / 2011 (88,2 milhões)

Último livro que leu ou está lendo

	2011	2007
Bíblia	1º	1º
Ágape	2º	-
A cabana	3º	-
Crepúsculo	4º	-
Violetas na janela	5º	7º
O caçador pipas	6º	11º
O pequeno príncipe	7º	-
Amanhecer	8º	-
Dom Casmurro	9º	12º
Harry Potter	10º	4º
Chapeuzinho vermelho	11º	6º
O segredo	12º	3º
O alquimista	13º	-
Eclipse	14º	-
A escrava Isaura	15º	-
Pais brilhantes, professores fascinantes	16º	-
Lua nova	17º	-
A bela e a fera	18º	-
A menina que roubava livros	19º	-
Iracema	20º	18º
Marley e eu	21º	-
Memórias póstumas de Brás Cubas	22º	-

Base: Leitor 2007 (95,6 milhões) / 2011 (88,2 milhões)

51% não estão lendo nenhum ou não se lembram do último livro que leram

E este livro está aqui?

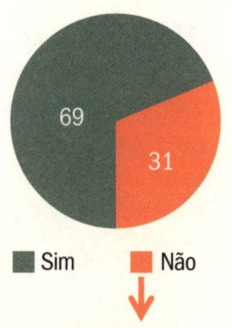

■ Sim   ■ Não

Onde ele está?

59% Devolveu para a biblioteca
22% Emprestou
7% Em outro lugar
2% Perdeu
2% Deu de presente
8% Não sabe

Base: O livro não está aqui (727)

principais influenciadores

(%)
Quem mais influenciou os leitores a ler

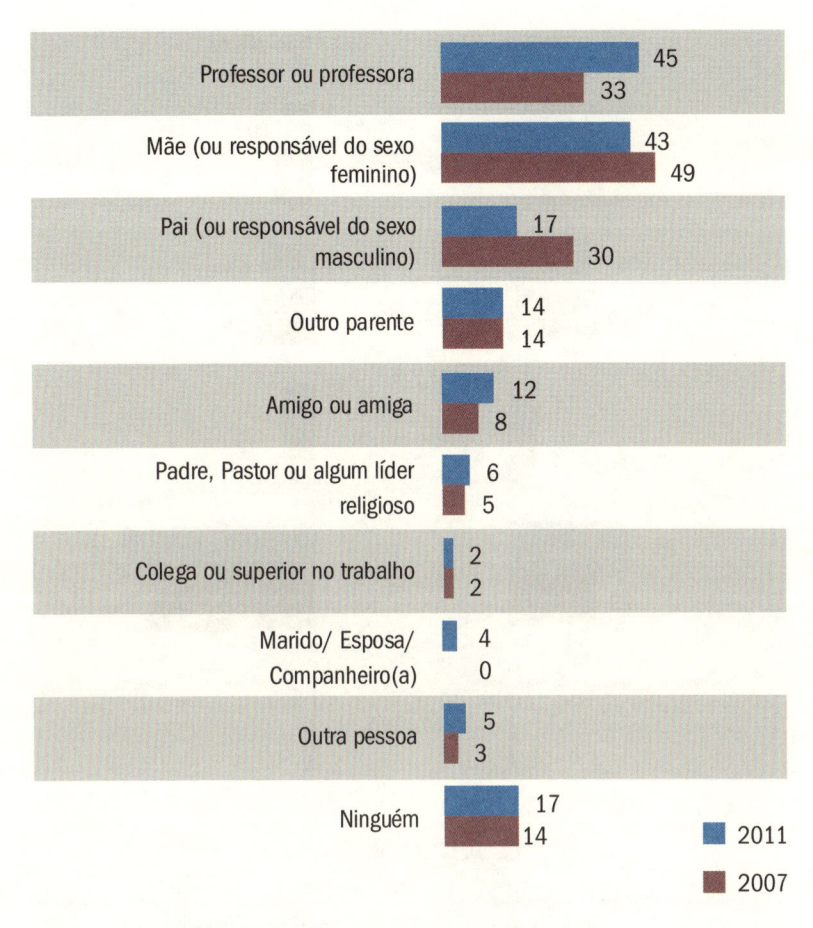

Base: Leitor que gosta de ler 2007/ 2011 (77,2 milhões)

(%)
Frequência com que veem/viam a mãe lendo

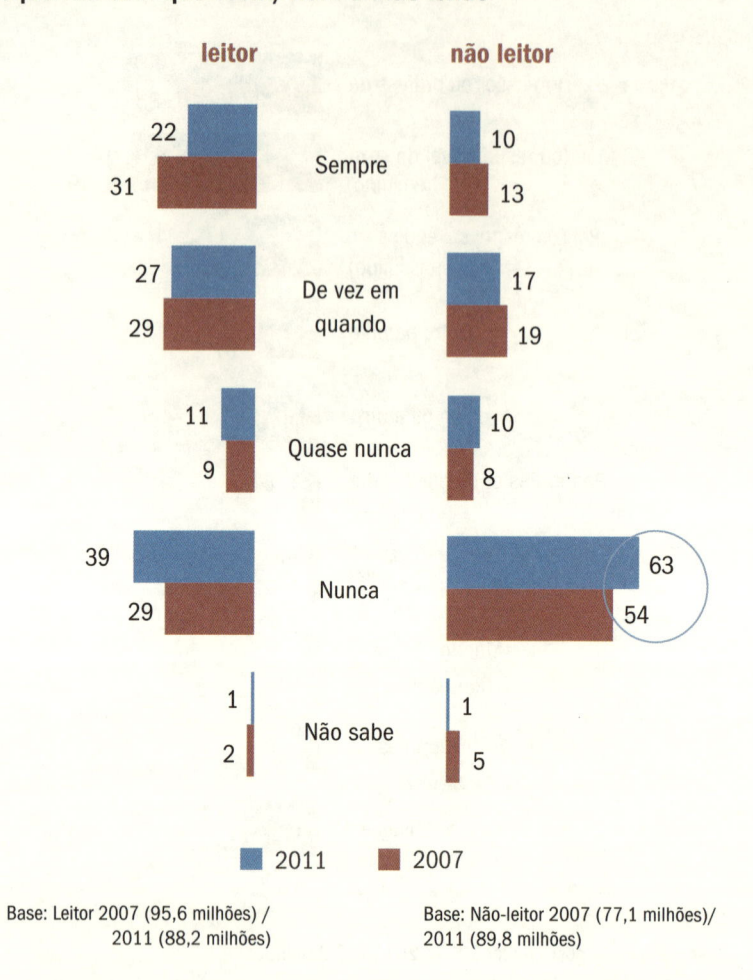

Base: Leitor 2007 (95,6 milhões) /
2011 (88,2 milhões)

Base: Não-leitor 2007 (77,1 milhões)/
2011 (89,8 milhões)

(%)
Frequência com que veem/ viam o pai lendo

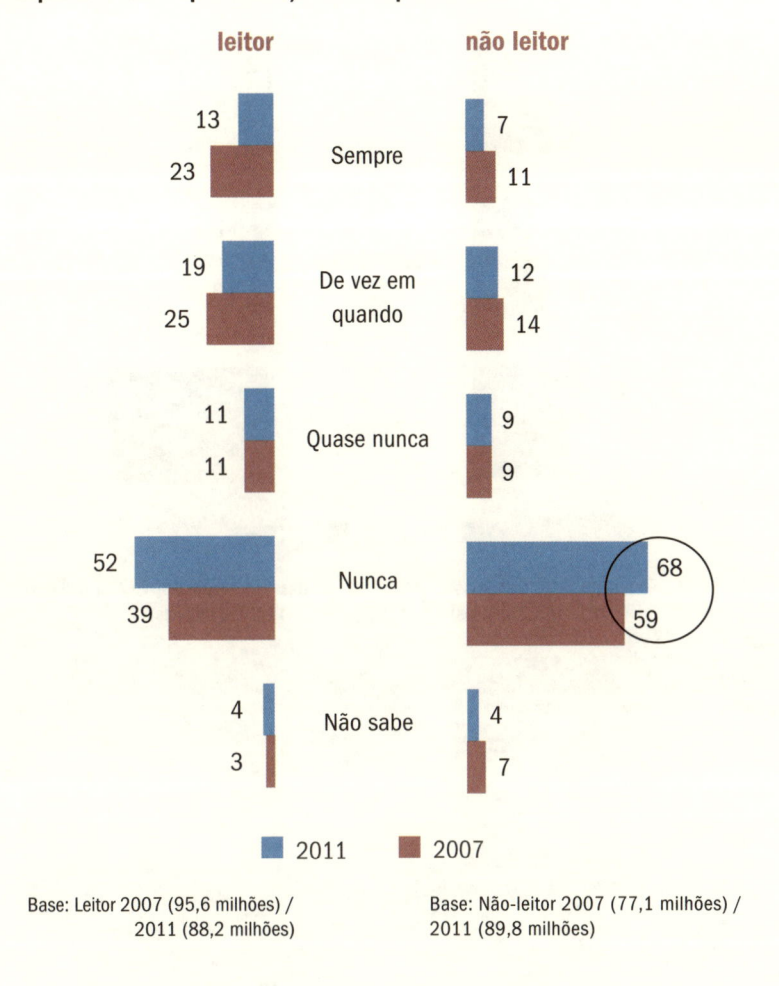

leitor　　　　**não leitor**

Sempre — leitor: 13 (2011), 23 (2007); não leitor: 7 (2011), 11 (2007)

De vez em quando — leitor: 19 (2011), 25 (2007); não leitor: 12 (2011), 14 (2007)

Quase nunca — leitor: 11 (2011), 11 (2007); não leitor: 9 (2011), 9 (2007)

Nunca — leitor: 52 (2011), 39 (2007); não leitor: 68 (2011), 59 (2007)

Não sabe — leitor: 4 (2011), 3 (2007); não leitor: 4 (2011), 7 (2007)

■ 2011　■ 2007

Base: Leitor 2007 (95,6 milhões) / 2011 (88,2 milhões)

Base: Não-leitor 2007 (77,1 milhões) / 2011 (89,8 milhões)

(%)
Frequência com que ganhou livros

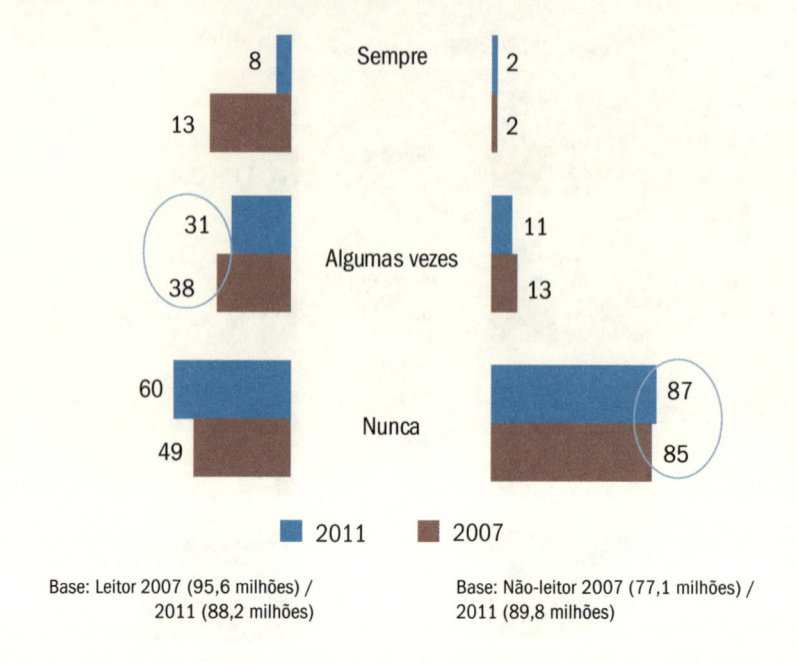

Base: Leitor 2007 (95,6 milhões) / 2011 (88,2 milhões)

Base: Não-leitor 2007 (77,1 milhões) / 2011 (89,8 milhões)

Principais formas de acesso aos livros

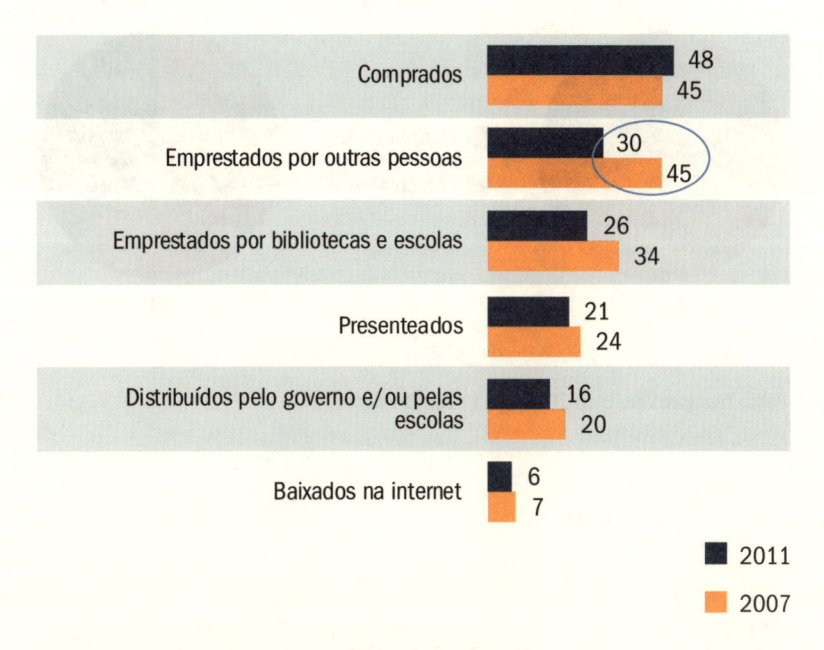

Comprados: 48 (2011), 45 (2007)
Emprestados por outras pessoas: 30 (2011), 45 (2007)
Emprestados por bibliotecas e escolas: 26 (2011), 34 (2007)
Presenteados: 21 (2011), 24 (2007)
Distribuídos pelo governo e/ou pelas escolas: 16 (2011), 20 (2007)
Baixados na internet: 6 (2011), 7 (2007)

■ 2011
■ 2007

Base: Leitor 2007 (95,6 milhões) / 2011 (88,2 milhões)

(%)
Costuma emprestar livros para outras pessoas?

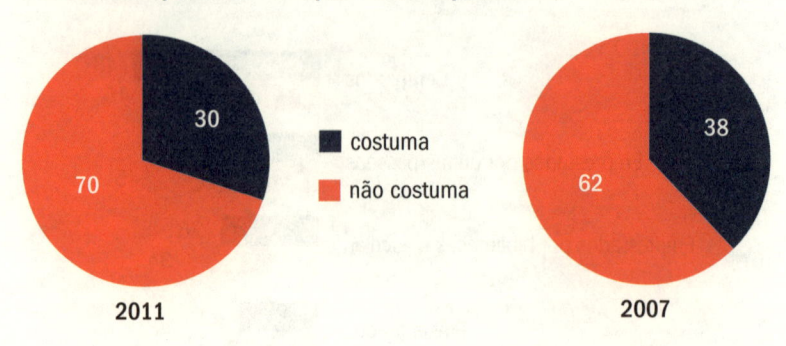

2011   2007

Base: Tem livros em casa 2007 2011 (159,3 milhões)

(%)
Livros comprados nos últimos 3 meses

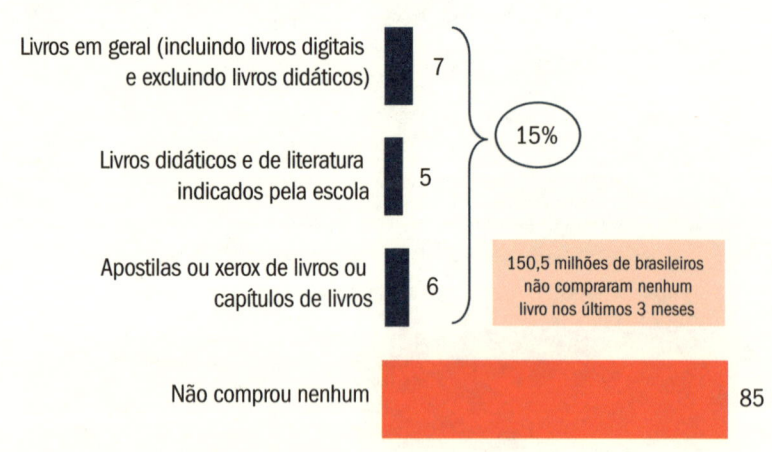

Base: População brasileira com 5 anos ou mais 2011 (178 milhões)

(%)
Onde compra livros

	Livros	Livros didádicos
Livrarias	65	59
Bancas de jornal e revista	18*	0
Sebos (Lojas de usados)	11	7
Na escola	7	14
Igrejas e outros espaços religiosos	7*	0
Bienais/ Feiras de livro	6	3
Na rua (vendedores ambulantes)	6	4
Na internet	6	4
Supermercados/Hipermercados	5*	0
Lojas de departamentos	5	4
Em casa ou no local de trabalho (porta a porta)	3	3
Em casa ou no local de trabalho (por catálogo)	2	1
Outros locais	4	4
Não respondeu/ Não compra livros didáticos	5	17

(*) Somente livros não didáticos

Base: Já comprou livros (78,3 milhões)

(%)
Motivos para escolher onde comprar livros

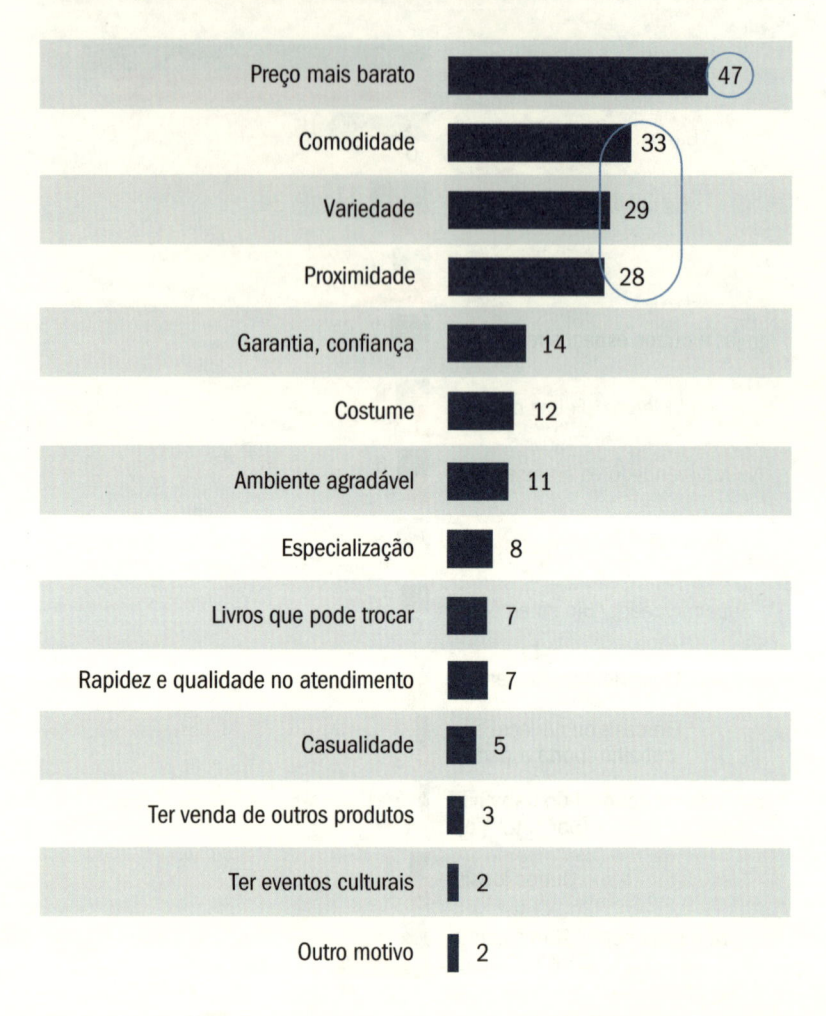

Motivo	%
Preço mais barato	47
Comodidade	33
Variedade	29
Proximidade	28
Garantia, confiança	14
Costume	12
Ambiente agradável	11
Especialização	8
Livros que pode trocar	7
Rapidez e qualidade no atendimento	7
Casualidade	5
Ter venda de outros produtos	3
Ter eventos culturais	2
Outro motivo	2

Base: Já comprou livros (78,3 milhões)

(%)
Motivações do consumidor para comprar um livro

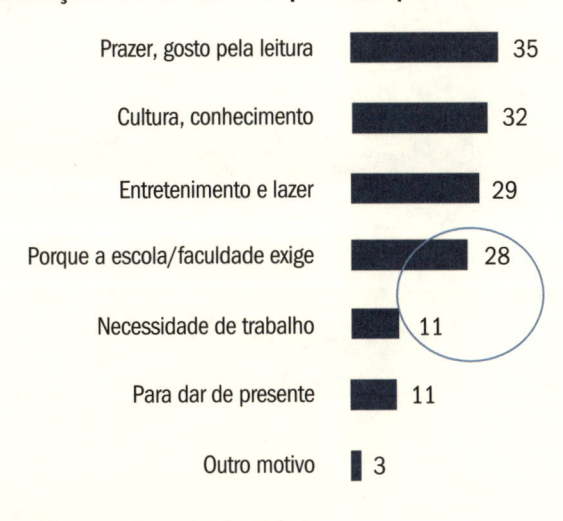

Prazer, gosto pela leitura — 35

Cultura, conhecimento — 32

Entretenimento e lazer — 29

Porque a escola/faculdade exige — 28

Necessidade de trabalho — 11

Para dar de presente — 11

Outro motivo — 3

Base: Já comprou livros (78,3 milhões)

(%)
Lugares onde costuma ler livros

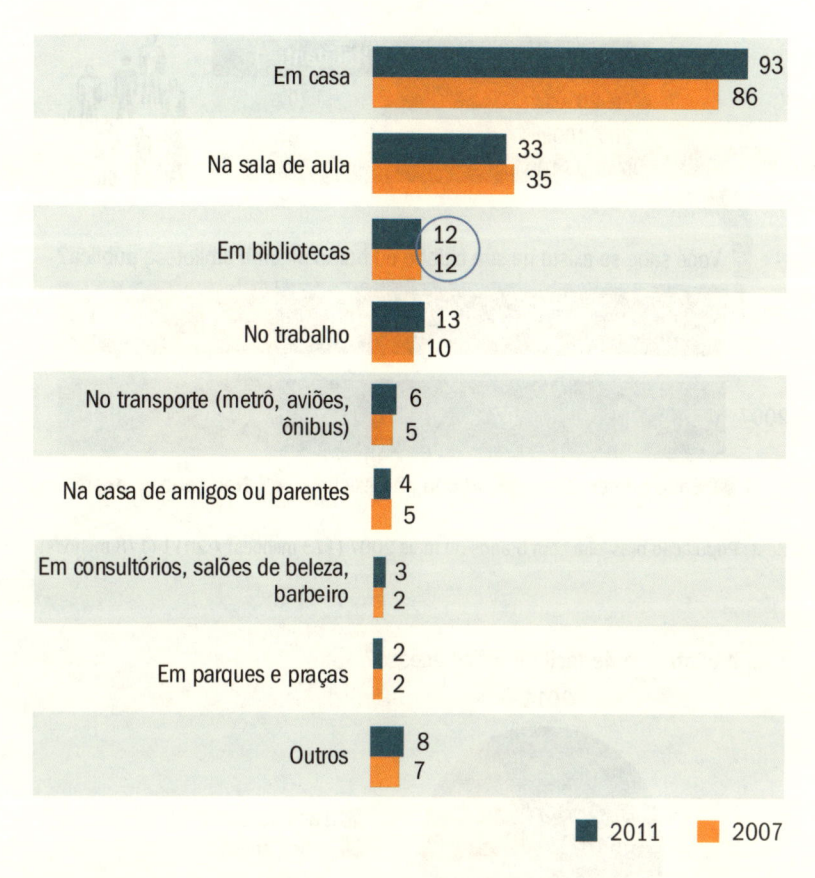

Em casa — 93 (2011) / 86 (2007)

Na sala de aula — 33 (2011) / 35 (2007)

Em bibliotecas — 12 (2011) / 12 (2007)

No trabalho — 13 (2011) / 10 (2007)

No transporte (metrô, aviões, ônibus) — 6 (2011) / 5 (2007)

Na casa de amigos ou parentes — 4 (2011) / 5 (2007)

Em consultórios, salões de beleza, barbeiro — 3 (2011) / 2 (2007)

Em parques e praças — 2 (2011) / 2 (2007)

Outros — 8 (2011) / 7 (2007)

■ 2011 ■ 2007

Base: Leitor 2007 (95,6 milhões) / 2011 (88,2 milhões)

(%)
Acesso a bibliotecas

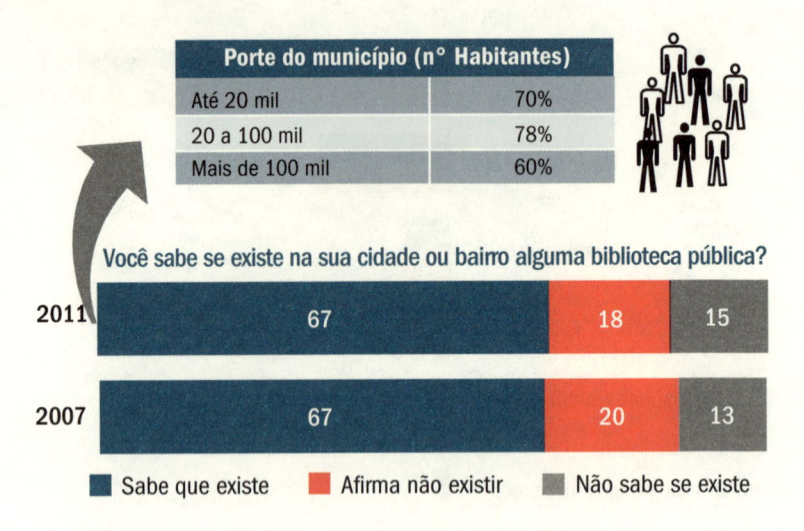

Porte do município (n° Habitantes)	
Até 20 mil	70%
20 a 100 mil	78%
Mais de 100 mil	60%

Você sabe se existe na sua cidade ou bairro alguma biblioteca pública?

2011 67 | 18 | 15

2007 67 | 20 | 13

■ Sabe que existe ■ Afirma não existir ■ Não sabe se existe

Base: População brasileira com 5 anos ou mais 2007 (173 milhões) / 2011 (178 milhões)

Esta biblioteca é de fácil ou difícil acesso?

2011

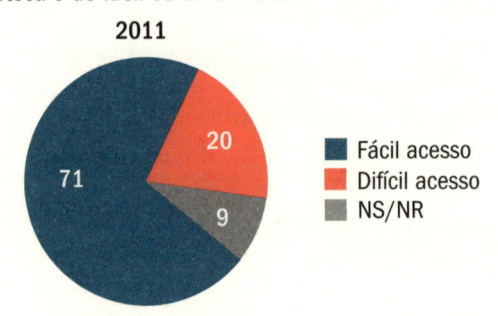

■ Fácil acesso
■ Difícil acesso
■ NS/NR

71 20 9

Base: Disse que existe biblioteca pública na cidade ou bairro 2011 (119,0 milhões)

(%)
O que a biblioteca representa

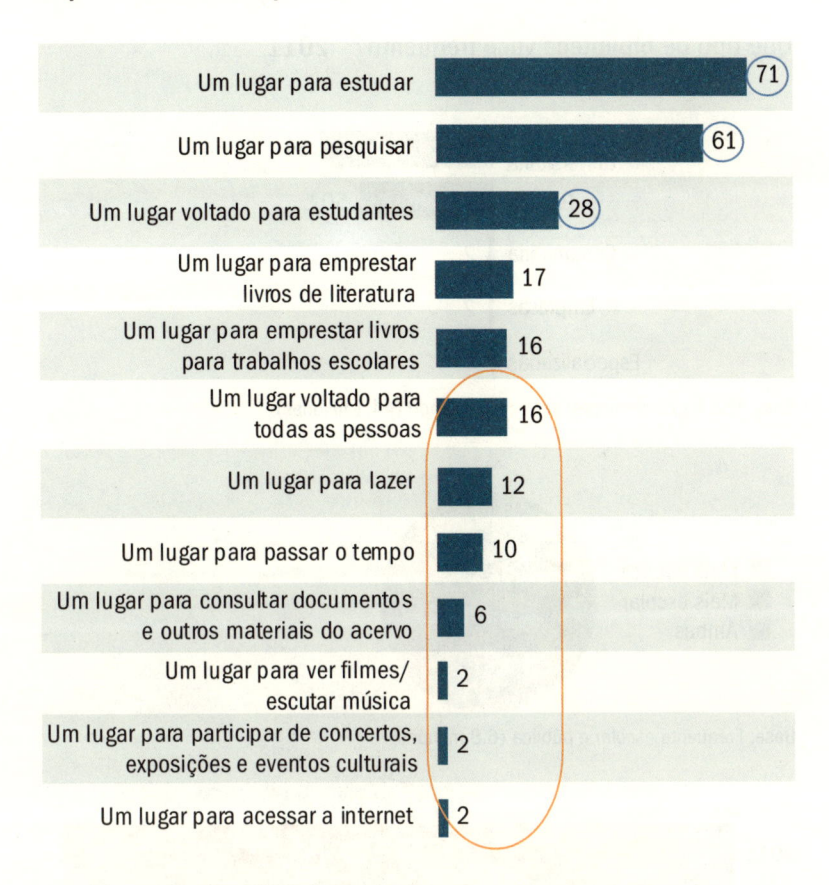

Um lugar para estudar	71
Um lugar para pesquisar	61
Um lugar voltado para estudantes	28
Um lugar para emprestar livros de literatura	17
Um lugar para emprestar livros para trabalhos escolares	16
Um lugar voltado para todas as pessoas	16
Um lugar para lazer	12
Um lugar para passar o tempo	10
Um lugar para consultar documentos e outros materiais do acervo	6
Um lugar para ver filmes/ escutar música	2
Um lugar para participar de concertos, exposições e eventos culturais	2
Um lugar para acessar a internet	2

Base: Já comprou livros (78,3 milhões)

(%)
Frequência com que costuma usar a biblioteca

Que tipo de biblioteca você frequenta?   2011

Base: Usa frequentemente/de vez em quando (44,1 milhões)

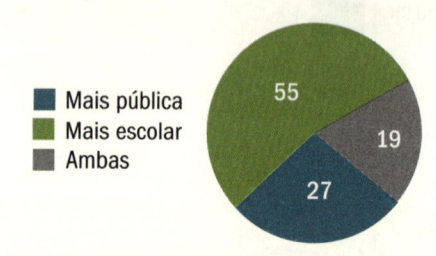

- Mais pública
- Mais escolar
- Ambas

Base: Frequenta escolar e pública (6,8 milhões)

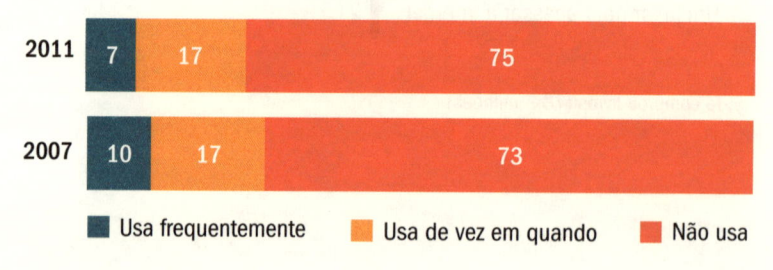

Base: População brasileira com 5 anos ou mais 2007 (173 milhões) / 2011 (178 milhões)

Penetração do uso de biblioteca
(Usa frequentemente + Usa de vez em quando)

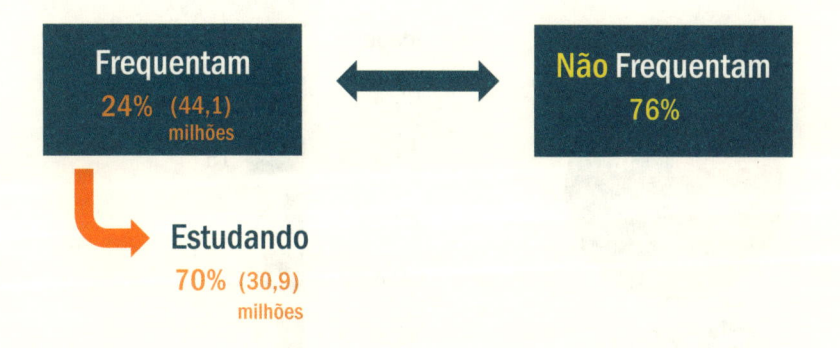

Frequentam
24% (44,1)
milhões

Não Frequentam
76%

Estudando
70% (30,9)
milhões

(%)

Perfil do usuário de biblioteca - sexo, idade, estudante ou não

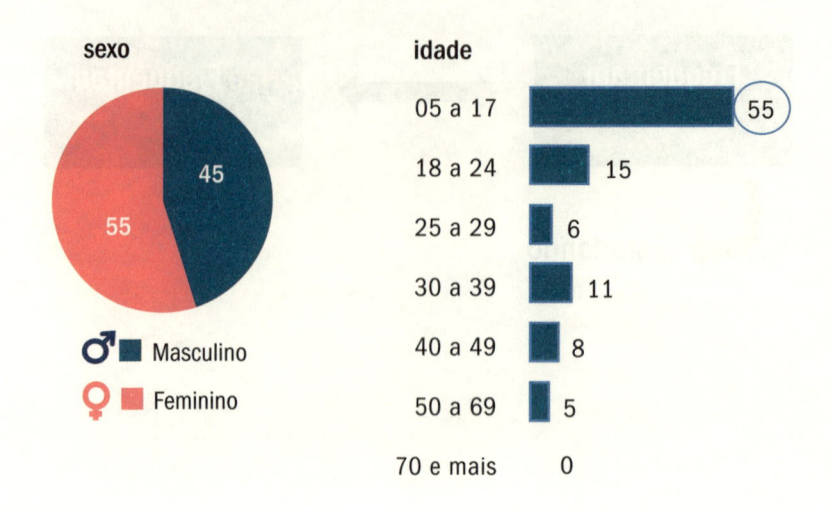

sexo

45
55

♂ ■ Masculino
♀ ■ Feminino

idade

05 a 17	55
18 a 24	15
25 a 29	6
30 a 39	11
40 a 49	8
50 a 69	5
70 e mais	0

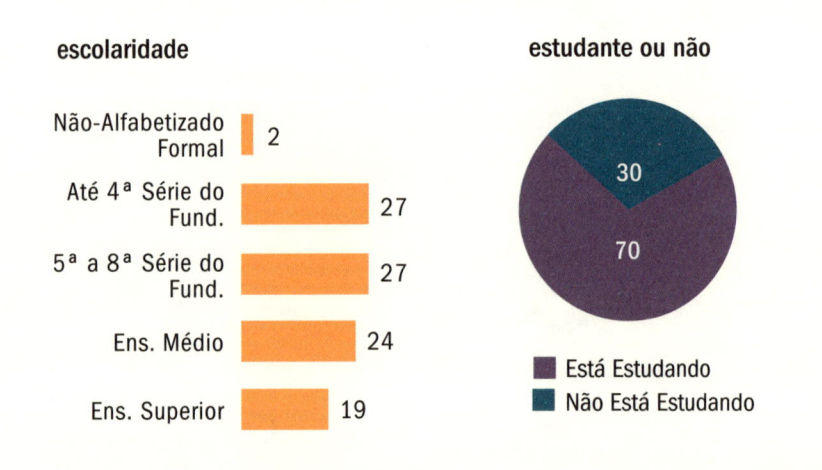

escolaridade

Não-Alfabetizado Formal	2
Até 4ª Série do Fund.	27
5ª a 8ª Série do Fund.	27
Ens. Médio	24
Ens. Superior	19

estudante ou não

30
70

■ Está Estudando
■ Não Está Estudando

Base: Usuário de biblioteca 2011 (44,1 milhões)

(%)

Perfil do usuário de biblioteca - classe social e região

região

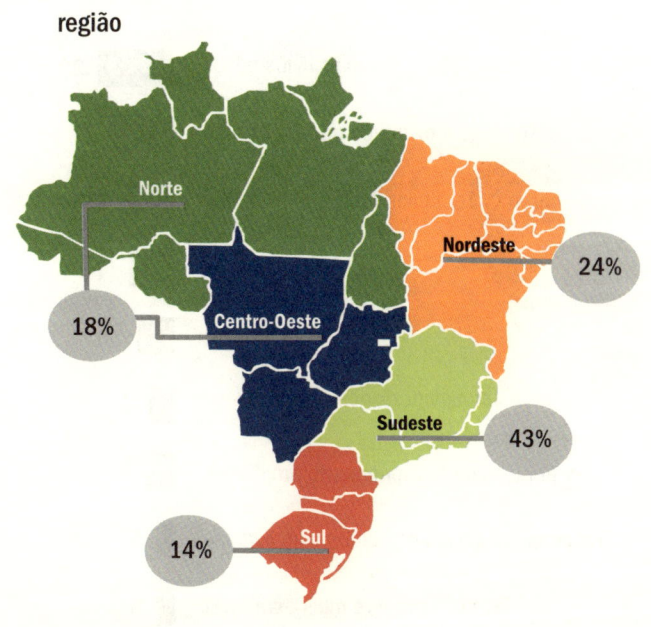

Classe Social

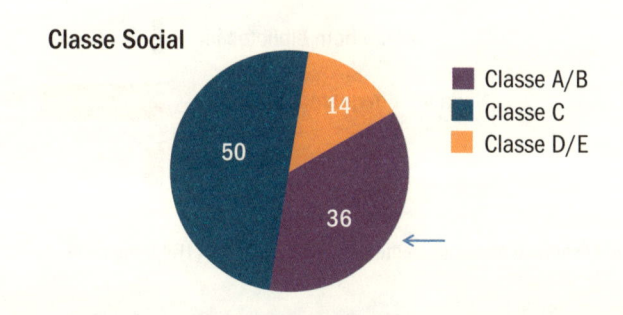

- Classe A/B
- Classe C
- Classe D/E

Indicadores de Leitura	
Penetração de leitura	82%
Média de livros lidos nos últimos 3 meses	3,84 livros

Base: Usuário de biblioteca 2011 (44,1 milhões)

(%)
O que o faria frequentar bibliotecas

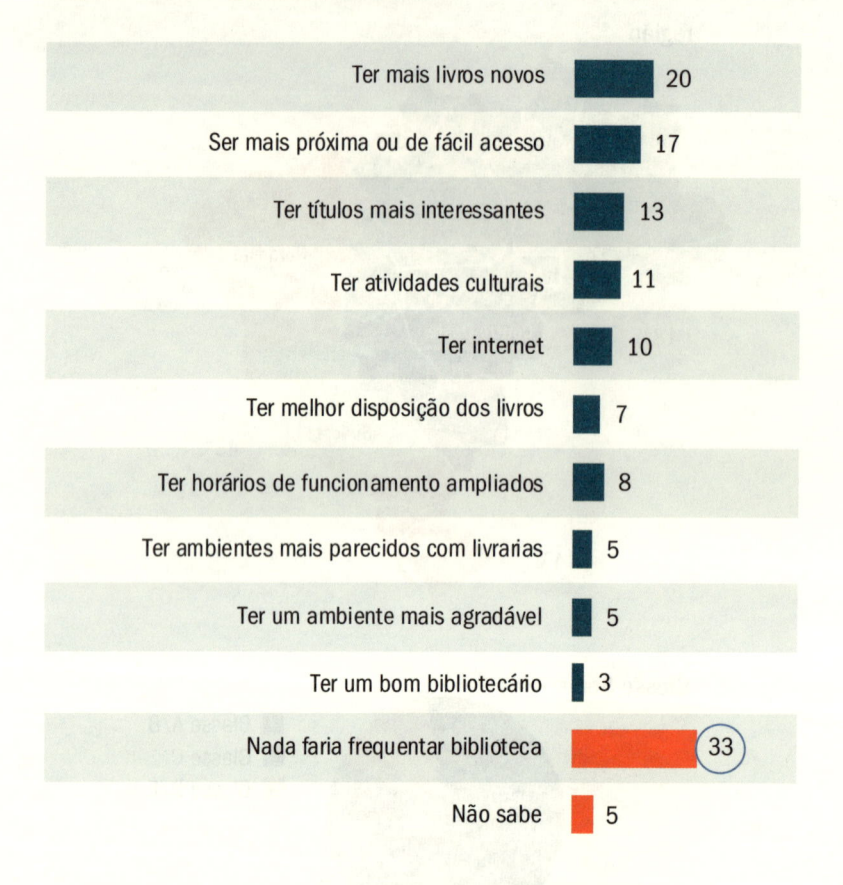

Ter mais livros novos	20
Ser mais próxima ou de fácil acesso	17
Ter títulos mais interessantes	13
Ter atividades culturais	11
Ter internet	10
Ter melhor disposição dos livros	7
Ter horários de funcionamento ampliados	8
Ter ambientes mais parecidos com livrarias	5
Ter um ambiente mais agradável	5
Ter um bom bibliotecário	3
Nada faria frequentar biblioteca	33
Não sabe	5

Base: Não costuma ir frequentemente a bibliotecas 2011 (164,8 milhões)

(%)

Avaliação da biblioteca que frequenta (pública e escolar)

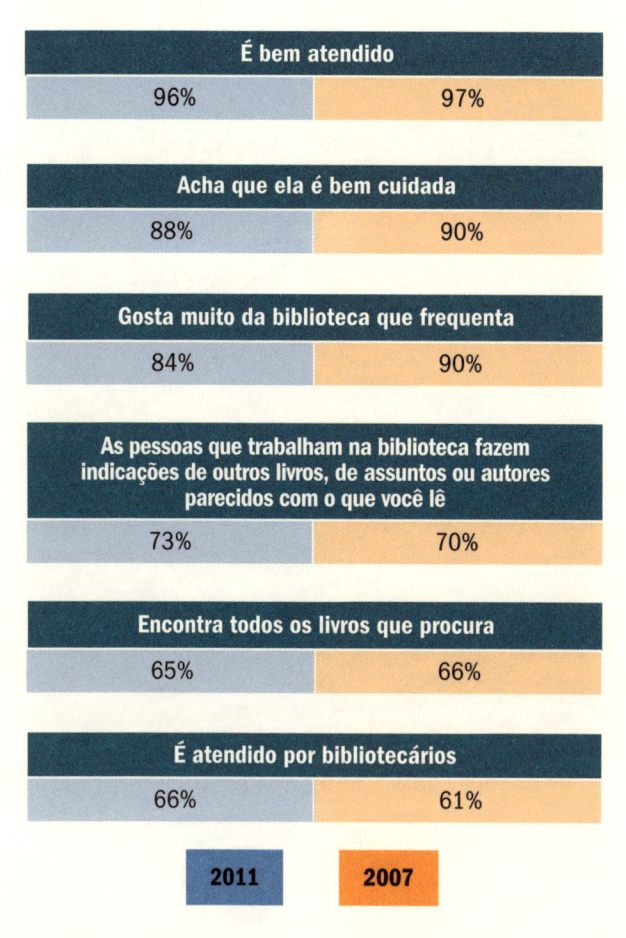

É bem atendido	
96%	97%

Acha que ela é bem cuidada	
88%	90%

Gosta muito da biblioteca que frequenta	
84%	90%

As pessoas que trabalham na biblioteca fazem indicações de outros livros, de assuntos ou autores parecidos com o que você lê	
73%	70%

Encontra todos os livros que procura	
65%	66%

É atendido por bibliotecários	
66%	61%

2011 **2007**

Base: Frequenta bibliotecas 2007/ 2011(44,1 milhões)

(%)
Frequência de acesso a internet

	05 a 17	18 a 29	30 a 49	50 e mais
Base (milhões)	43,3	39,4	54,24	41,1
Todos os dias	20	30	18	5
Algumas vezes na semana	23	22	11	4
Uma vez por semana	9	7	4	1
Raramente/de vez em quando	10	11	7	2
Não acessa	38	30	59	88

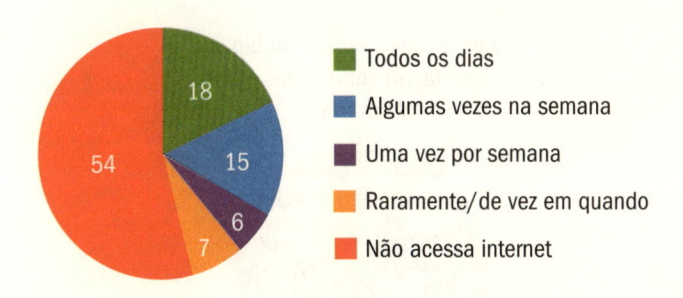

- Todos os dias
- Algumas vezes na semana
- Uma vez por semana
- Raramente/de vez em quando
- Não acessa internet

Base: População brasileira com 5 anos ou mais 2011 (178 milhões)

(%)
Uso que faz da internet

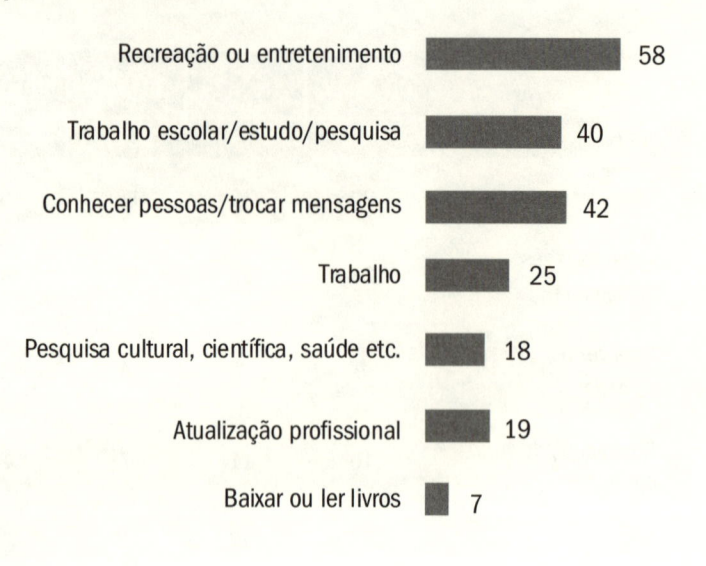

Recreação ou entretenimento	58
Trabalho escolar/estudo/pesquisa	40
Conhecer pessoas/trocar mensagens	42
Trabalho	25
Pesquisa cultural, científica, saúde etc.	18
Atualização profissional	19
Baixar ou ler livros	7

**Acessa redes sociais ou blogs
que falem sobre livros ou
literatura?**

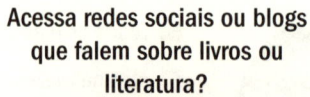

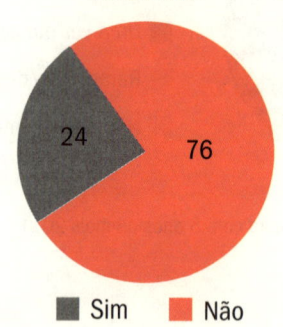

24	76

■ Sim ■ Não

Base: Usuário de internet (81,4 milhões)

(%)
E-books e livros digitais

Já ouviu falar?

- Já ouviu falar
- Nunca ouviu falar, mas gostaria de conhecer
- Nunca ouviu falar

Base: População brasileira com 5 anos ou mais 2011(178 milhões)

Já leu algum?	
Leu no computador	17%
Leu no celular	1%
Nunca leu	82%

Base: Já ouviu falar em livros digitais (53,0 milhões)

Penetração da leitura de livros digitais

Unidade	TOTAL
%	5
milhões	9,5

Unidade	Sexo		Escolaridade				
	Masculino	Feminino	Não alfabetizado	Até 4ª	5ª a 8ª	Médio	Superior
%	5	5	0	1	3	7	22
milhões	4,6	4,9	0	0,7	1,2	3,5	4,1

Unidade	Idade								
	5 a 10	11 a 13	14 a 17	18 a 24	25 a 29	30 a 39	40 a 49	50 a 69	70 e +
%	3	5	7	12	8	7	3	2	0
milhões	0,6	0,5	1,0	2,8	1,2	2,0	0,8	0,6	0

Unidade	Norte	Nordeste	Sudeste	Sul	Centro-Oeste	Classe A	Classe B	Classe C	Classe D/E
%	5	4	6	5	9	21	11	4	1
milhões	0,6	2,1	4,4	1,2	1,2	0,6	4,5	4,0	0,4

(%)
Perfil do leitor de livros digitais – sexo, idade, escolaridade e estudante

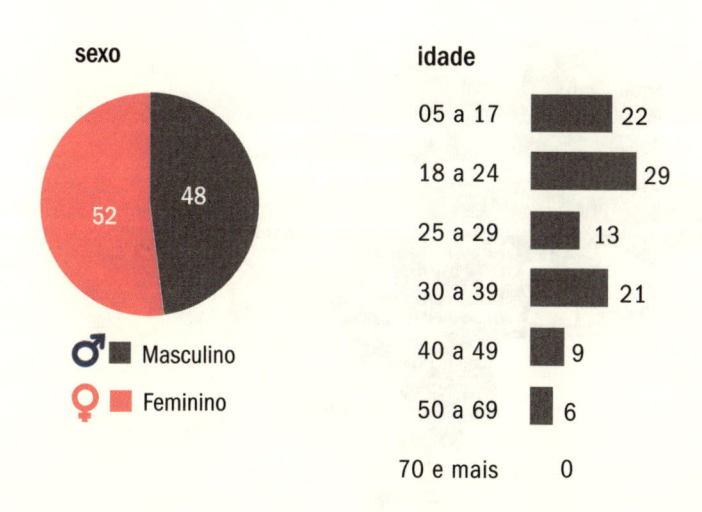

sexo

- ♂ ■ Masculino — 48
- ♀ ■ Feminino — 52

idade

05 a 17	22
18 a 24	29
25 a 29	13
30 a 39	21
40 a 49	9
50 a 69	6
70 e mais	0

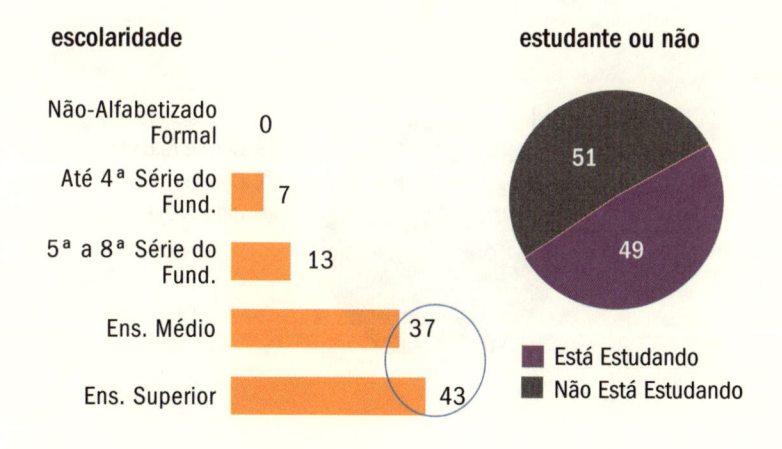

escolaridade

Não-Alfabetizado Formal	0
Até 4ª Série do Fund.	7
5ª a 8ª Série do Fund.	13
Ens. Médio	37
Ens. Superior	43

estudante ou não

- ■ Está Estudando — 49
- ■ Não Está Estudando — 51

Base: Usuário de livros digitais (9,5 milhões)

(%)
Perfil do leitor de livros digitais - região e classe social

região

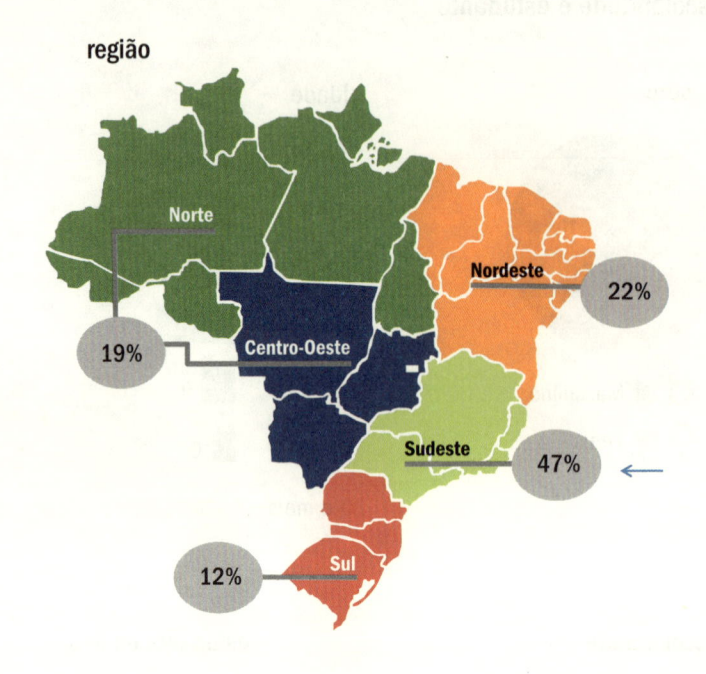

classe social

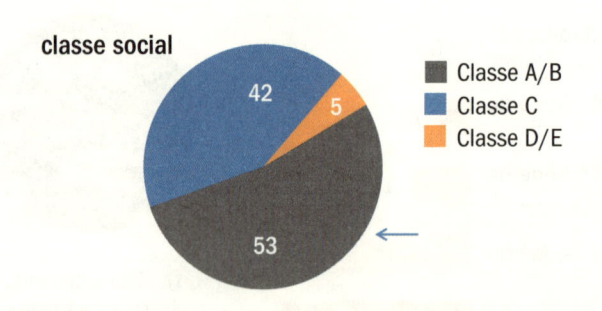

- ■ Classe A/B
- ■ Classe C
- ■ Classe D/E

(%)
Contato com *e-books* e livros digitais

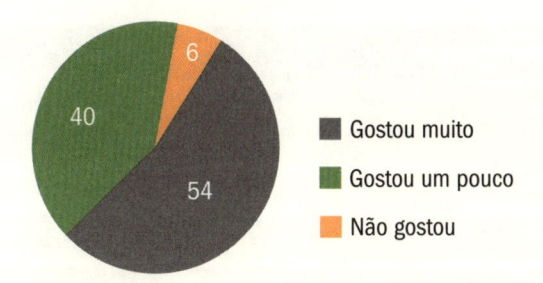

Base: Usuários de livros digitais (9,5 milhões)

Eram Piratas?

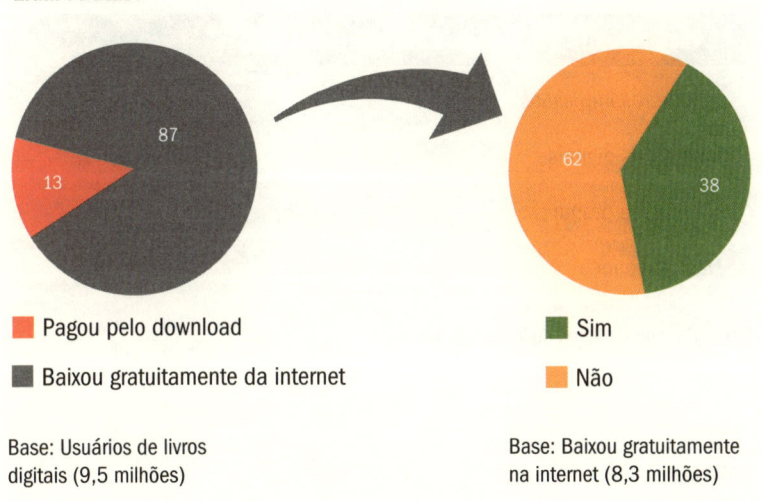

Base: Usuários de livros
digitais (9,5 milhões)

Base: Baixou gratuitamente
na internet (8,3 milhões)

(%)
Contato com *e-books* e livros digitais

Quantos livros digitais já leu? (%)	
1 livro	42
De 2 a 5 livros	49
De 6 a 10 livros	6
De 11 a 15 livros	1
Mais de 15 livros	2

E você acredita que de agora em diante vai ler...	
Mais livros impressos	37%
Mais livros digitais	34%
Na mesma proporção	23%
Não respondeu	7%

Base: Usuário de livros digitais (9,5 milhões)

(%)
Quem não leu livro digital

- ■ Pode vir a usar
- ■ Acredita que nunca fará uso dessa tecnologia
- ■ Não sabe

	Leitor	Não leitor	Já ouviu falar	Nunca ouviu falar	Nunca ouviu falar, mas gostaria de conhecer
Pode vir a usar	64	33	72	38	42
Acredita que nunca fará uso	20	45	21	40	33
Não sabe	16	22	7	22	25

Base: Não leu livro digital (168,5 milhões)

(%)
Livros impressos x livros digitais

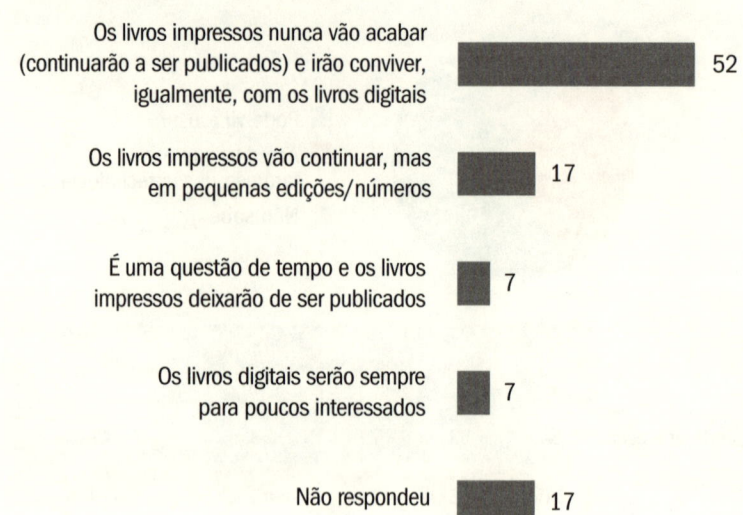

Os livros impressos nunca vão acabar (continuarão a ser publicados) e irão conviver, igualmente, com os livros digitais — 52

Os livros impressos vão continuar, mas em pequenas edições/números — 17

É uma questão de tempo e os livros impressos deixarão de ser publicados — 7

Os livros digitais serão sempre para poucos interessados — 7

Não respondeu — 17

Base: População brasileira com 5 anos ou mais 2011 (178 milhões)

indicadores

Número de livros lidos por ano (entre todos os entrevistados) sexo, região e idade

2011

2007

- · 4,0 livros por habitante/ano
- · 2,1 inteiros
- · 2,0 em partes

· 4,7 livros por habitante/ano

Sexo	Livros habitante/ano	
	2011	2007
Feminino	4,2	5,3
Masculino	3,2	4,1

Região	Livros habitante/ano	
	2011	2007
Norte	2,7	3,9
Centro-Oeste	4,2	4,5
Nordeste	4,3	4,2
Sudeste	4,0	4,9
Sul	4,2	5,5

Idade	Livros habitante/ano	
	2011	2007
5 a 10	5,4	6,9
11 a 13	6,9	8,5
14 a 17	5,9	6,6
18 a 24	3,6	4,4
25 a 29	3,5	3,7
30 a 39	3,6	4,2
40 a 49	2,6	3,4
50 a 59	2,0	3,8
60 a 69	1,5	2,2
70 ou mais	1,1	1,3

Número de livros lidos por ano (entre todos os entrevistados) escolaridade, renda familiar, estudante ou não

2011

2007

- · 4,0 livros por habitante/ano
- · 2,1 inteiros
- · 2,0 em partes

· 4,7 livros por habitante/ano

Escolaridade	Livros habitante/ano	
	2011	2007
Até 4ª	2,5	3,7
5ª a 8ª	3,7	5,0
Ens. Médio	3,9	4,5
Superior	7,7	8,3

Renda Familiar (SM)	Livros habitante/ano	
	2011	2007
Mais de 10	8,6	8,0
Mais de 5 a 10	5,1	6,0
Mais de 2 a 5	4,2	4,9
Mais de 1 a 2	2,9	3,9
Até 1	2,7	3,7

Estudante	Livros habitante/ano	
	2011	2007
Estudante	6,2	7,2
Não estudante	2,3	3,4

Comparação 2000-2007-2011

Foi separado para estudo em cada amostra um grupo com o mesmo perfil: população acima de 15 anos com no mínimo 3 anos de escolaridade, que leu pelo menos 1 livro nos últimos 3 meses (base - Amostra 2000)

Pesquisa 2011	71,9 milhõesde leitores	3,1 livros/ano
Pesquisa 2007	66,5 milhões de leitores	3,7 livros/ano
Pesquisa 2000	26 milhões de leitores	1,8 livros/ano

Dados Internacionais de Catalogação na Publicação
Biblioteca da Imprensa Oficial do Estado de São Paulo

Retratos da leitura no Brasil 3/ Organizadora Zoara Failla.
 – São Paulo : Imprensa Oficial do Estado de São Paulo :
 Instituto Pró-Livro, 2012.
344p. : graf., tab.

Vários autores.
ISBN 978-85-401-0085-5

 1.Leitores – Aspectos sociais   2. Leitores – Formação 3.
Livros e leitura – Brasil 4.Leitura – Brasil – Estatística I. Failla,
Zoara II. Instituto do Pró-Livro. III. Imprensa Oficial do Estado
de São Paulo.

CDD 028.9

Índice para catálogo sistemático:
1. Brasil : Leitura : Estatística 028.9

Instituto Pró-Livro
Rua Funchal, 263, cj. 33, Vila Olímpia
04551 060 São Paulo SP
www.prolivro.org.br
instituto@institutoprolivro.org.br
Tel. 011 3846 6475

Imprensa Oficial do Estado de São Paulo
Rua da Mooca 1921 Mooca
03103 902 São Paulo SP Brasil
Sac 0800 0123 401
sac@imprensaoficial.com.br
livros@imprensaoficial.com.br
www.imprensaoficial.com.br

**Imprensa Oficial do Estado
de São Paulo**

Coordenação editorial
Cecília Scharlach

Edição | capa
Edson Lemos

Revisão
Dante Pascoal Corradini
Wilson Ryoji Imoto

Coordenação do Projeto gráfico
Edson Lemos

desenvolvimento | diagramação
Marli dos Santos de Jesus
Ricardo Ferreira

Assistência à editoração
Ana Lucia Charnyai
Maria de Fatima Alves Consales
Robson Almeida Minghini

CTP, Impressão e Acabamento
Imprensa Oficial do Estado de São Paulo

**Governo do Estado
de São Paulo**

Governador
Geraldo Alckmin

Casa civil
Secretário-chefe
Sidney Beraldo

Imprensa Oficial
Diretor-presidente
Marcos Antonio Monteiro

formato   155 x 223 mm
tipologia   Franklin Gothic e Garamond Light
papel miolo   L'agenda 80 g/m²
papel capa   cartão supremo 250 g/m²
número de páginas   344
tiragem   2 000